应用型本科规划教材

大学生职业生涯发展与规划
——基于 OBE 理念

主　编	丁　锋	韩　棋	范金城
副主编	程传贺	冯雨晴	汪　芳
参　编	周建华	毛晓俊	吴　越
	高尉翀	周俊辉	程　浩

北京邮电大学出版社
www.buptpress.com

内 容 简 介

本书以基于学习产出的教育(Outcome-Based Education,OBE)理念为核心指导思想,以大学生为中心,充分考虑大学生的个体差异、兴趣爱好和职业发展需求,致力于为每一位大学生量身定制个性化的职业生涯规划方案。全书共分为八章,具体包括OBE理念导向的职业生涯规划、职业生涯规划理论体系、自我认知体系构建、职业环境认知方法论、职业生涯决策理论、职业生涯规划撰写及其实施、职业能力发展策略、职业素养提升工程。本书采用"项目导图＋学习目标＋案例导入＋知识点＋实践与思考＋拓展阅读"的教学模式,讲解大学生职业生涯发展与规划的相关知识点。本书配有微课资源,可供学习者阅读使用。

本书可以作为各大院校大学生职业生涯发展与规划课程的教材,也可作为相关领域研究者的参考书。

图书在版编目（CIP）数据

大学生职业生涯发展与规划：基于OBE理念 / 丁锋,韩棋,范金城主编. -- 北京：北京邮电大学出版社,2025. -- ISBN 978-7-5635-7607-4

Ⅰ. G647.38

中国国家版本馆CIP数据核字第2025C0Q873号

策划编辑：刘蒙蒙　　责任编辑：耿　欢　王小莹　　责任校对：张会良　　封面设计：七星博纳	
出版发行：北京邮电大学出版社	
社　　　址：北京市海淀区西土城路10号	
邮政编码：100876	
发 行 部：电话：010-62282185　　传真：010-62283578	
E-mail：publish@bupt.edu.cn	
经　　　销：各地新华书店	
印　　　刷：保定市中画美凯印刷有限公司	
开　　　本：787 mm×1 092 mm　1/16	
印　　　张：13.25	
字　　　数：338千字	
版　　　次：2025年8月第1版	
印　　　次：2025年8月第1次印刷	

ISBN 978-7-5635-7607-4　　　　　　　　　　　　　　　　　　　　　　　　定　价：46.90元

· 如有印装质量问题,请与北京邮电大学出版社发行部联系 ·

前　言

在当今社会快速发展、就业市场竞争日益激烈的背景下,大学生职业生涯规划教育已成为高校人才培养体系中不可或缺的重要环节。大学生职业生涯发展与规划课程是为大学生提供的一门必修课程,它是连接学生与职业选择之间的桥梁,在高等教育中的地位十分重要。一方面,经济结构调整与产业转型升级对高校毕业生的专业能力、实践技能和职业素养提出了更高要求;另一方面,传统的职业生涯规划教育模式在目标、教学方法和评价体系等方面存在一定局限性,难以充分满足学生职业发展的实际需求。基于此,将OBE理念融入大学生职业生涯规划教育,成为推动教育改革、提升人才培养质量的必然选择。

OBE理念注重结果导向,将职业能力与素养的培养目标细化为可观测、可衡量的具体成果,确保教学活动与学生的职业发展目标紧密对接。OBE理念强调持续改进,比如可通过对大学生职业生涯规划实施过程和成果的动态跟踪与反馈,不断优化教学内容和方法,实现职业生涯规划教育质量的持续提升。另外,OBE理念还强调以大学生的最终学习成果为导向,围绕大学生毕业后应具备的能力和素养反向设计课程体系、教学过程和评价方式。

本书以OBE理念为内核,通过整合真实案例、职业测评工具及决策理论,引导大学生从被动接受信息转向主动探索路径,最终实现个人职业愿景与社会需求的精准对接。本书具有以下特点。

1. 成果导向的顶层设计

本书以提升大学生的"职业核心竞争力"为终极目标,每章均设置可量化的成果指标。例如,第三章"自我认知体系构建"要求大学生完成霍兰德职业兴趣测试和MBTI性格测试,确保认知成果可视化。

2. 理论与实践的双向融合

本书引入企业的真实项目情境。例如,第四章"职业环境认知方法论"中的行业调研任务要求大学生通过访谈从业者、分析招聘数据、撰写行业研究报告,将理论工具应用于实际职业环境分析。又如,第七章"职业能力发展策略"结合专业课程、实习实训与技能认证,形成"学—练—证—用"的闭环。

3. 动态反馈与个性化路径

本书基于OBE理念的持续改进原则设置阶段性评估节点。例如,第一章"OBE理念导向的职业生涯规划"依托AI算法,实现职业生涯规划与人工智能的有效衔接。又如,第五章"职业生涯决策理论"中,大学生需使用决策平衡单(Balance Sheet)对比不同职业选项,并通过导师的一对一反馈调整目标。

4. 跨学科资源整合

在职业生态快速变化的背景下,本书融合管理学、心理学、教育学等多个学科的内容。例如,第二章"职业生涯规划理论体系"不仅涵盖了舒伯的生涯发展理论、霍兰德的职业兴趣理论等,还讲述了实施职业生涯规划的路径。

本书结构清晰,共分为八章,形成"目标锚定—认知深化—决策执行—能力跃迁"的逻辑闭环,兼具全面性、实践性与理论性,集知识点、拓展阅读以及实践与思考为一体,力图使大学生在理论知识、技能方法等方面融会贯通,有效引导大学生合理规划自己的职业生涯,更好地完成就业以及创新创业活动。通过学习递进式的八章内容,大学生将完成从自我探索到环境分析、从决策优化到行动落地的完整闭环,最终实现个人职业价值与社会贡献的协同进阶。

本书结合国内外大学生职业生涯规划的最新动态,针对大学生在生涯意识、自我认知、职业探索、素养提升、职业生涯规划、求职技巧等方面的问题,突破传统职业指导的"信息告知"模式,以OBE理念重塑职业生涯教育范式,致力于培养"目标清晰、能力复合、适应变革"的新型职业人才。本书包含微课资源,通过案例分析、角色扮演、小组讨论、视频学习、场景演练等形式,有针对性地指导大学生深入了解职业,掌握职业生涯规划的原则和方法,培育职业精神,提高就业竞争力。

本书可以作为各大院校大学生职业生涯发展与规划课程的教材,也可以作为相关领域研究者的参考书。本书在编写过程中参考了国内外同类教材和相关的文献资料,在此特向有关作者致以深切的谢意!

由于编者水平有限,加之时间仓促,因此本书难免存在错误和不足之处,恳请广大专家和读者不吝赐教,便于以后修订。

编 者

2025年2月29日

目 录

第一章　OBE 理念导向的职业生涯规划 …… 1

第一节｜OBE 理念与职业生涯规划的融合 …… 2
一、OBE 理念的定义、起源与发展以及核心要素 …… 2
二、职业生涯规划的目的与意义 …… 6
三、OBE 理念在职业生涯规划中的应用原理 …… 8

第二节｜发展目标的多维分析 …… 11
一、发展目标的理论基础 …… 11
二、发展目标的多维构成 …… 12
三、发展目标的动态调整与实现路径 …… 17

第三节｜AI 与职业生涯规划 …… 19
一、AI 的特点与发展趋势 …… 19
二、AI 在职业生涯规划中的应用 …… 21

第二章　职业生涯规划理论体系 …… 30

第一节｜职业生涯规划的基本概念 …… 31
一、职业生涯规划的定义、核心内涵及特点 …… 31
二、职业生涯规划的意义与作用 …… 33
三、职业生涯规划的四大要素 …… 35

第二节｜大学生职业发展理论解析 …… 43
一、舒伯的生涯发展理论 …… 43
二、霍兰德的职业兴趣理论 …… 47
三、克朗伯兹的社会学习理论 …… 50
四、认知信息加工理论 …… 52

第三节｜实施职业生涯规划的路径 …… 54
一、目标设定与分解 …… 54
二、资源整合与行动规划 …… 57
三、反馈机制与动态调整 …… 59

第三章　自我认知体系构建 ... 62

第一节｜自我评估理论框架 ... 63
一、自我评估的基本概念 ... 63
二、自我评估的重要意义 ... 65
三、常用的自我评估工具 ... 66
四、自我评估工具的作用 ... 68

第二节｜兴趣与职业匹配 ... 69
一、兴趣与职业选择的关系 ... 69
二、兴趣与职业选择的转化方法 ... 71
三、职业领域和岗位的选择 ... 72

第三节｜性格与职业匹配 ... 73
一、性格与职业匹配的关系 ... 73
二、性格调整 ... 75

第四节｜能力与职业需求 ... 77
一、核心能力与潜在能力 ... 78
二、制订切实可行的能力提升计划 ... 80

第五节｜价值观与职业选择 ... 82
一、价值观与职业选择的关系 ... 82
二、树立正确的职业价值观 ... 84

第四章　职业环境认知方法论 ... 87

第一节｜宏观职业环境分析 ... 88
一、PEST 模型解析 ... 88
二、行业生命周期与劳动力市场趋势 ... 89
三、科技革新对未来职业的影响 ... 91

第二节｜目标行业领域深度解析 ... 93
一、行业结构分析 ... 93
二、行业竞争格局及其关键影响因素分析 ... 99
三、岗位需求拆解 ... 101

第三节｜职业探索的多元途径 ... 105
一、参加校内外职业实践活动 ... 106
二、收集、分析、评估职业信息 ... 107
三、尝试职业测验 ... 108
四、进行职业访谈与行业调研 ... 109
五、采集数据与利用在线资源 ... 112

第五章 职业生涯决策理论 … 117

第一节 | 职业生涯决策理论基础 … 118
一、职业生涯决策的内涵与分类 … 118
二、职业生涯决策理论的类型 … 121

第二节 | 职业生涯决策方法 … 122
一、决策平衡单量化法 … 122
二、CASVE 循环法 … 124
三、决策树 … 127
四、认知信息加工模型 … 129
五、SWOT 分析法 … 131

第三节 | 职业生涯发展路径优化 … 134
一、战略定位优化 … 135
二、能力构建优化 … 136
三、资源整合优化 … 139
四、动态调适优化 … 141

第六章 职业生涯规划撰写及其实施 … 144

第一节 | 职业生涯规划撰写 … 145
一、结构与格式要求 … 145
二、内容撰写原则 … 148
三、撰写规范 … 149
四、注意事项 … 151

第二节 | 职业生涯规划实施保障及其作用 … 152
一、职业生涯规划实施保障 … 152
二、职业生涯规划实施保障的作用 … 153

第七章 职业能力发展策略 … 156

第一节 | 专业能力的精进路径 … 157
一、学科知识体系构建 … 157
二、行业前沿动态追踪 … 160
三、资格认证与能力证明 … 160
四、策略制订 … 162

第二节 | 通用技能的提升方案 … 164
一、核心通用能力模型构建 … 164
二、分场景训练 … 165
三、借助数字化工具 … 168

第八章 职业素养提升工程 172

第一节 职业道德体系构建 173
一、职业道德概述 173
二、职业道德体系的构建维度和构建框架 176
三、职业道德的培养途径 181
四、职业道德的培养过程 182
五、职业道德培养的实施 183

第二节 职业适应能力培养 184
一、职业适应能力的内涵与重要性 184
二、职业适应能力的构成要素 186
三、职业适应能力的培养途径 190

参考文献 193

附录 霍兰德职业兴趣测试 197
一、霍兰德职业兴趣测量表 197
二、评分标准 200
三、测试结果与职业匹配对照表 200

第一章 OBE 理念导向的职业生涯规划

项目导图

第一章　OBE 理念导向的职业生涯规划
　　|──学习目标
　　|──案例导入
　　|──第一节　OBE 理念与职业生涯规划的融合
　　|　　　|──OBE 理念的定义、起源与发展以及核心要素
　　|　　　|──职业生涯规划的目的与意义
　　|　　　|──OBE 理念在职业生涯规划中的应用原理
　　|──第二节　发展目标的多维分析
　　|　　　|──发展目标的理论基础
　　|　　　|──发展目标的多维构成
　　|　　　|──发展目标的动态调整与实现路径
　　|──第三节　AI 与职业生涯规划
　　|　　　|──AI 的特点与发展趋势
　　|　　　|──AI 在职业生涯规划中的应用
　　|──实践与思考
　　|　　　|──自我评估练习
　　|　　　|──自我目标设定讨论
　　|　　　|──职业生涯规划方案制订
　　|──拓展阅读

学习目标

1. 理解 OBE 理念的核心要素及其在职业生涯规划中的应用。
2. 掌握个人发展目标的多维度分析方法。
3. 能够运用所学知识进行自我评估，设定合理的职业生涯规划目标，并制订可行的职业生涯规划方案。

> **案例导入**
>
> **案例名称**：从迷茫到明确——小李的OBE职业生涯规划之路。
>
> **案例描述**：小李是一名大二学生，对未来职业发展感到迷茫。通过参加学校的OBE职业生涯规划课程，他学会了如何运用OBE理念进行自我评估和目标设定。经过一系列的自我探索和行业调研，小李最终明确了自己的职业方向，并制订了一份详细的职业生涯规划方案。现在，他正朝着自己的目标稳步前进。

第一节 OBE理念与职业生涯规划的融合

OBE理念以"学生最终取得的学习成果"为核心，强调教育目标、教学过程和评价体系的一致性，注重培养学生解决复杂问题的综合能力。将OBE理念融入职业生涯规划，可使个人能力培养与职业目标精准对接，提升职业生涯规划的科学性和落地性。

第一章第一节

一、OBE理念的定义、起源与发展以及核心要素

OBE理念强调以学习成果为导向，关注学习结束后所能达到的能力和形成的素质。

（一）OBE理念的定义、起源与发展

OBE理念最早出现于美国和澳大利亚的基础教育改革中。

1. OBE理念的定义

OBE理念又称为成果导向教育理念、能力导向教育理念、目标导向教育理念、需求导向教育理念（如图1-1所示），是一种以学习成果为导向的教育理念，强调教学设计、实施均要以学生为中心、以输出结果为导向，反向设计课程体系。

2. OBE理念的起源与发展

OBE理念于20世纪80年代在美国兴起，主要原因在于美国政府与民众对学校教育质量提升的关注。1981年，OBE理念在被美国学者威廉·斯派帝率先提出后，获得了广泛重视和应用。美国高质量教育委员会于1983年发布教育报告书《国家处于危险中：教育改革势在必行》后，学生在学校学到了什么以及学习效果如何等问题开始受到关注。1994年，斯派帝在《基于产出的教育模式：争议与答案》中对此进行了深入研究。该书的核心理念源于教育目标理论和精熟学习理论，斯派帝认为所有学生均能通过适当的教育路径获得成功，而非仅仅"学得快"或"有优势"的学生。

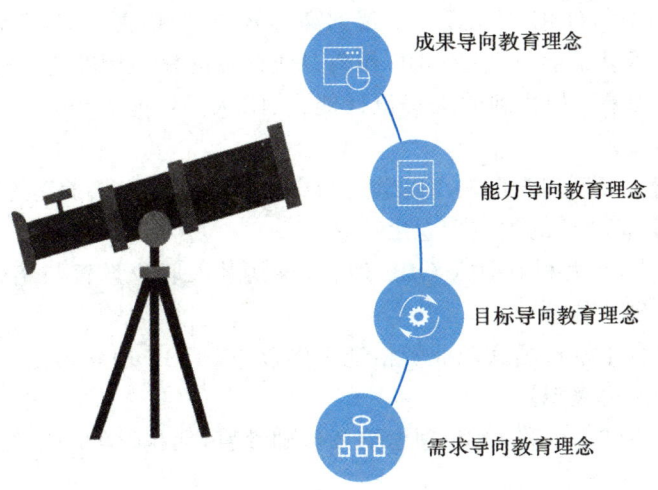

图 1-1　OBE 理念

(1) 理论基础与早期探索

OBE 理念最早可追溯至 20 世纪初的教育目标分类理论和掌握学习理论。早期的 OBE 理念如图 1-2 所示。

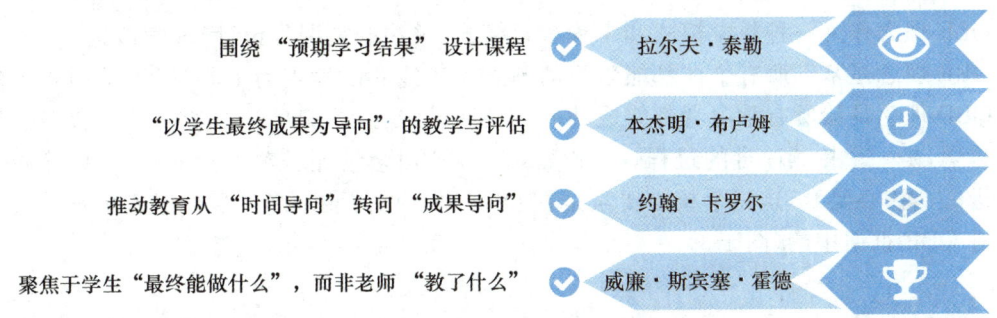

图 1-2　早期的 OBE 理念

拉尔夫·泰勒在《课程与教学的基本原理》中提出,应围绕"预期学习结果"设计课程,这一观点为"目标导向"的教育逻辑奠定了基础。

本杰明·布卢姆将教育目标分为认知、情感、动作技能三个方面的目标,并强调"以学生最终成果为导向"的教学与评估。

约翰·卡罗尔提出,只要给予足够时间和适当教学,大多数学生就都能掌握所学内容,这一观点推动教育从"时间导向"转向"成果导向"。

1981 年,美国教育家威廉·斯宾塞·霍德在《成果导向教育:争议与答案》中系统阐述了 OBE 理念,强调教育应聚焦于学生"最终能做什么",而非老师"教了什么"。

(2) 实践推广

1983 年美国高质量教育委员会发布的教育报告书《国家处于危险中:教育改革势在必行》指出美国存在教育质量危机,各州需通过引入 OBE 理念来提升学生的核心能力。1989 年,50 个州的教育厅长在华盛顿州斯波坎市签署《斯波坎宣言》,正式将 OBE 理念纳入基础教育改革框架,要求高校明确学生毕业时应达到的"成果标准"。

20世纪90年代后,OBE理念逐步渗透到高等教育领域,尤其是工程学、医学等专业领域。美国工程与技术认证委员会将OBE作为专业认证的核心标准,要求高校明确学生毕业时应取得的"学习成果"(如达到的工程设计能力、团队协作能力等),并通过课程体系和评价体系确保成果达成。

21世纪初至今,OBE理念因其"以学生为中心""聚焦能力培养"的特点,被全球60多个国家采纳,成为教育改革的主流理念之一。

20世纪90年代,澳大利亚引入OBE理念,将其融入职业教育与培训体系,强调"能力本位教育"与OBE理念的结合。

英国在职业教育中推行国家职业资格证书制度,以OBE理念设定技能标准,注重学习者在真实场景中的能力表现。

加拿大的魁北克省率先将OBE理念纳入基础教育,明确"学生应掌握的核心素养",并据此设计课程。

一些亚洲国家(如中国、日本、韩国、新加坡等)通过教育政策(如中国的《国家中长期教育改革和发展规划纲要》)引入OBE理念,这一概念在高等教育专业认证(如中国工程教育专业认证)中应用得尤为广泛。

(二)OBE理念的核心要素

OBE理念作为一种教学模式和工程教育模式,关注的是课程设计、教学改进等。

OBE理念是基于所有个体都能学习的理念而实施的以学生为中心、以结果为导向的设计。OBE理念是让所有学习者都能成功的一种承诺,是给予满足学习者需求的教育选择的一种哲学,是一个持续改进的过程。可以看出,OBE理念包含以学生为中心、结果导向和持续改进三个核心要素,这三个核心要素是在OBE理念的内涵不断扩展的过程中被集合式地吸纳进OBE框架中的(图1-3)。

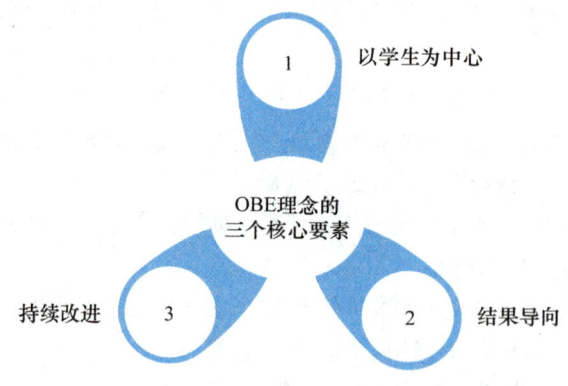

图1-3　OBE理念的三个核心要素

首先,OBE理念吸纳了人本主义心理学中以学习者(学生)为中心的思想。以学习者(学生)为中心是人本主义心理学的主要思想,其具体内容如下:构建以学习者(学生)为中心的学习理论,围绕学习者或者学生进行教学与教育改革设计,将教学目标聚焦于学生在毕业之后应该具备的能力,围绕学生能力培养设计教学内容,将学生的学习效果当作教学评价对象,指向学生的未来职业发展(图1-4)。

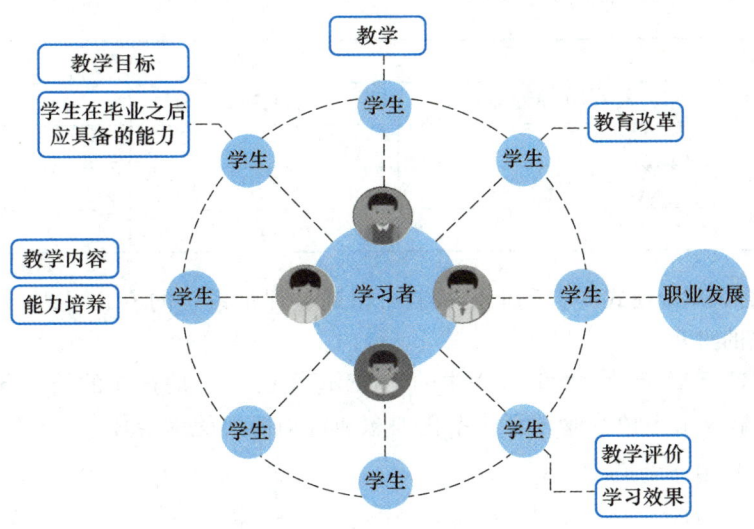

图 1-4 以学习者(学生)为中心

其次,结果导向是 OBE 理念的核心要素,OBE 理念强调课程之外的关键结果,重视真实生活需求与经验的联结。斯派帝将 OBE 理念下的学习结果定义为"情境中有意义学习的高质量成果",即学习结果的证明是彻底的、完整的;学习成果必须是有意义的结果,而不是内容本身;学习结果是学生在生活情境中需要的且能够让他们走向职业成功的学习结果。这种学习结果是学习之后确定能做到的事情,而不仅仅是知道或者了解的事情。

最后,OBE 理念的持续改进过程是一个"监测-分析-调整-验证"的循环过程:依据反馈精准识别薄弱环节,制定具有针对性的改进措施,通过下一轮教学实践验证效果,并将验证结果纳入新的监测体系。这一过程强调全员参与,以确保改进措施科学有效并最终实现学习成果的持续积累。

OBE 模式的成功运行需要外部质量保障体系、学校内部质量保障体系和自保障体系三个系统的循环往复。对于大学生职业生涯规划来说,OBE 模式具有一种自我保障机制。

课堂互动

OBE 理念追求预期目标和活动的一致性,重视反向设计,只要按照 OBE 模式运行就会形成一种自我保障机制,自我保障体现在自我评价的机制中,自我指导、自我评价、自我反思就是一种自组织机制,请根据表 1-1 测评自我保障机制。

表 1-1 测评自我保障机制

内容	自评		
	自我指导	自我评价	自我反思
学术表现			
个人品质			

续表

内容	自评		
	自我指导	自我评价	自我反思
社会活动			
兴趣爱好			
未来规划			

相比较而言，OBE 模式的自我保障机制可以通过评价系统的方式呈现，是一个动态的、活性的、开放式的过程。

总之，被广泛运用于职业生涯规划中的 OBE 理念已经不是狭义的结果导向教育理念。OBE 理念已经形成了一种专业教育体系化理念和行动框架的综合体，包含专业教育的核心思想、运行机制和结果要求。

二、职业生涯规划的目的与意义

职业生涯规划是个人发展的重要组成部分，它有助于明确职业方向、设定合理的职业目标，并制订可行的行动计划。通过职业生涯规划，一个人可以更好地了解自己的兴趣、能力和价值观，从而做出明智的职业选择。

（一）职业生涯规划的目的

在当今竞争激烈的社会，职业生涯规划显得尤为重要。一个人如果没有明确的职业方向，就无法有效地发挥自己的潜能和实现自我价值。职业生涯规划的目的如图 1-5 所示。

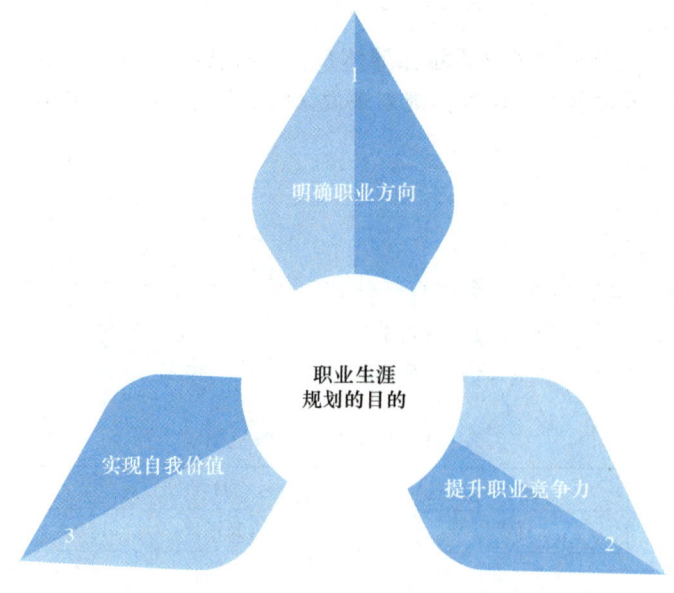

图 1-5 职业生涯规划的目的

1. 明确职业方向

职业生涯规划的首要目的是明确职业方向。在选择职业时,一个人会受到各种因素的影响,如兴趣、能力、教育背景等。通过职业生涯规划,一个人可以更好地了解自己的优势和劣势,明确自己的职业目标和方向。

2. 提升职业竞争力

随着经济的发展和社会的进步,职业竞争越来越激烈。要想在职场中立于不败之地,就必须不断提升自己的竞争力。通过职业生涯规划,一个人可以有针对性地提升自己的技能和能力,从而提升自己在就业市场上的竞争力。

3. 实现自我价值

进行职业生涯规划的最终目的是实现自我价值。每个人都有自己的潜能和天赋,通过职业生涯规划,都可以找到适合自己的职业和发展方向,从而更好地发挥才能,实现自我价值。

(二)职业生涯规划的意义

职业生涯规划是实现自我价值的途径,有助于个人发挥潜力和获得成就感。通过持续的学习与成长,可以提升知识技能和综合素质。职业生涯规划的意义如图1-6所示。

图1-6 职业生涯规划的意义

首先,职业生涯规划能促进自我认知与潜能开发。通过职业生涯规划,一个人可以系统分析自身的兴趣、能力、价值观,了解自身的优势与劣势,从而明确发展方向,也可以避免因盲目选择而导致的职业错配,减轻因"跟风"或"被动接受"而产生的职业倦怠感。通过制订合理的职业生涯规划,一个人能更清晰地认识到自己的独特之处和潜在价值,从而为自己的职业发展找到正确的方向。

其次,职业生涯规划对于确定职业目标至关重要。它不仅能明确个人的职业追求,还能根据个人情况给出职业成功的标准。例如,技术/职能型的人可能更看重在专业技术方面的成就,而管理型的人则更追求职位的晋升和管理机会的获得。因此,通过职业生涯规划,一个人可以更清晰地设定自己的职业目标,为未来的职业发展奠定基础。

再次,职业生涯规划能增强发展的目的性和计划性。在职业生涯中,有目标、有计划地前行是成功的关键。职业生涯规划要求个人主动了解行业动态、岗位需求及社会发展趋势，增强对职业环境的敏感度。好的职业生涯规划如同大海中的指南针，能让一个人不迷失方向，带领一个人走向成功的彼岸。

最后，职业生涯规划有助于提升工作技能和竞争力。在竞争激烈的社会中，一个人只有不断学习和提升自己，才能立于不败之地。通过明确目标，将时间、精力和资源集中投入关键领域，减少无效努力，可以有针对性地提升工作技能和竞争力，从而在激烈的竞争中脱颖而出。

综上所述，职业生涯规划对于职业发展而言意义非凡。它不仅有助于开发潜能、明确目标，还有助于增强发展的目的性和计划性，提升竞争力。因此，应该认真对待职业生涯规划，让它成为职业生涯中的得力助手。

三、OBE 理念在职业生涯规划中的应用原理

随着社会的不断发展，职业生涯规划越来越重要。在大学这个重要的阶段，职业生涯规划指导也变得越来越重要。将 OBE 理念应用于职业生涯规划中，首先要明确职业发展的最终目标，其次要逆向推导出达到这一目标所需具备的知识、技能和素质，最后要根据这些要求设计职业生涯规划课程和活动，持续评估和调整计划，以确保最终目标的实现。下面介绍基于 OBE 理念的职业生涯规划指导和 OBE 理念在职业生涯规划中的应用，如图 1-7 所示。

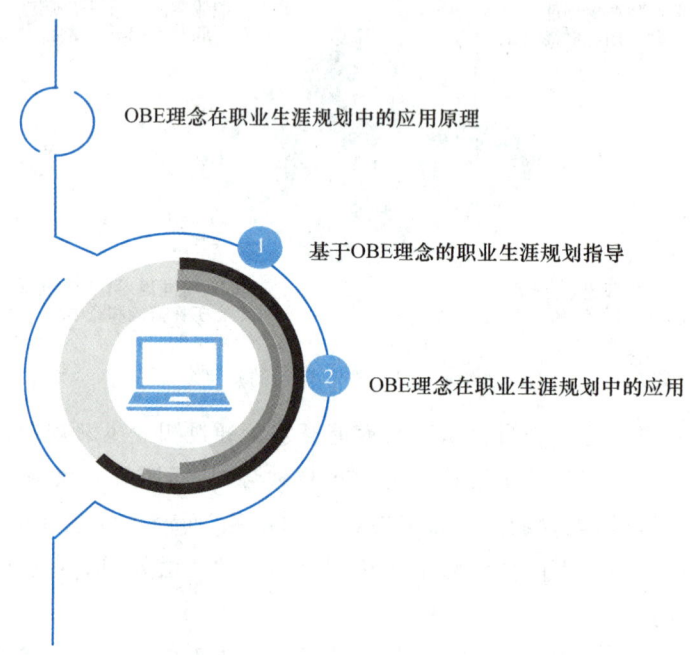

图 1-7　OBE 理念在职业生涯规划中的应用原理

（一）基于 OBE 理念的职业生涯规划指导

基于 OBE 理念的职业生涯规划指导强调职业生涯规划的学习成果。个人需要根据自

身特点、优势、兴趣和价值观,制订符合自己职业发展需求的职业发展目标,并需要通过系列实践活动,培养职业技能,积累实践经验,具体如下(图1-8)。

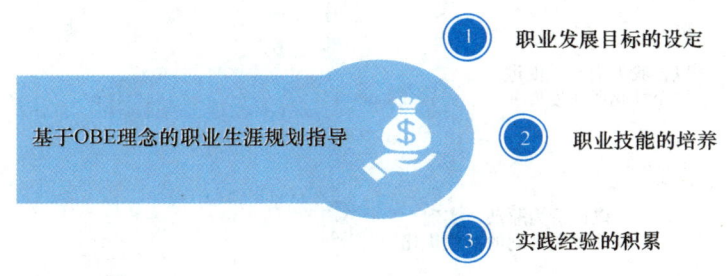

图1-8　基于OBE理念的职业生涯规划指导

1. 职业发展目标的设定

要明确自己的职业发展目标,并且制订具体的目标计划,同时将目标计划与就业市场中实际职业的需求相结合。个人不仅要制订职业发展目标,将自己的职业发展目标通过一系列的行动转化为实际的成果,还要考虑行业、企业、市场等因素,在已经存在的职业发展目标的基础上不断调整自己的计划。

2. 职业技能的培养

基于OBE理念的职业生涯规划指导的重点在于培养个人的职业技能,旨在让其更好地适应当今复杂多变的就业市场。职业生涯规划指导不仅应注重培养个人在专业知识方面的学习能力,还应注重培养其实践能力。

3. 实践经验的积累

个人除了要提升自己的职业技能外,还要参与到各种实践活动中去,以便更好地了解自己的职业方向。

通过参加职业导向的实践活动(如交流会或工作研讨会),你积累了哪些工作经验?

(二)OBE理念在职业生涯规划中的应用

随着社会就业压力的增大,职业生涯规划的地位越来越重要。作为一种以产出为导向的教学模式,OBE理念对职业生涯规划有着指导性的意义。OBE理念在职业生涯规划中的应用如图1-9所示。

1. 以成果为导向,明确职业发展目标

OBE理念强调从可衡量的成果出发规划职业路径,将模糊的职业愿景转化为具体、可操作的目标体系。OBE理念还强调通过逆向设计,将职业愿景拆解为阶段性成果,避免盲目尝试。OBE理念要求职业生涯规划紧密围绕社会需求与行业趋势,避免教育与实践的脱节。

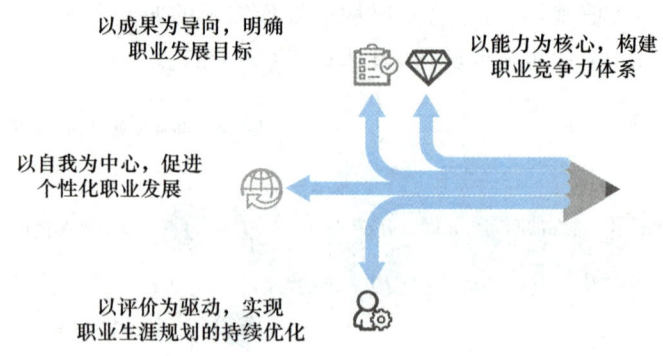

图1-9　OBE理念在职业生涯规划中的应用

2. 以能力为核心，构建职业竞争力体系

OBE理念聚焦于"能做什么"，推动职业生涯规划从"知识积累"转向"能力塑造"。要把基础能力与专业能力放在同等重要的位置，以形成多维竞争力。例如，职业本科教育通过将思政课程与技能课程融合，培养兼具职业素养与技术能力的复合型人才。可以通过多种途径将理论知识转化为实际成果。

3. 以自我为中心，促进个性化职业发展

OBE理念主张"因材施教"，尊重个体的差异性与独特性，通过职业测评工具识别个人潜能，制订差异化路径。例如，对于内向型的人，可优先培养其技术研发能力，而对于外向型的人，则侧重培养其管理与沟通能力。OBE理念注重提供多种学习资源，以适应不同学习风格。例如，视觉学习者通过视频课程掌握技能，而实践型的人则通过实战提升能力。个人将职业生涯规划与人生价值观结合起来，可以避免单纯追求物质回报。

4. 以评价为驱动，实现职业生涯规划的持续优化

OBE理念注重"闭环反馈"，通过评价机制推动职业生涯规划的动态调整。要有效运用多维度评价体系（图1-10），其中内部评价包括课程考核、技能测试、行为观察验证、能力达成度验证，外部验证包括实习单位评价、学校评价、教师评价、同学评价。利用学习管理系统追踪学习进度，可以识别薄弱环节。

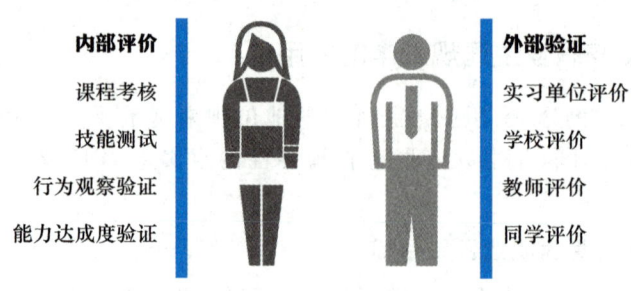

图1-10　多维度评价体系

> 如果基于OBE理念,通过多维度评价体系,你发现自己在团队项目中的领导能力不足,那么你认为自己应该进行哪些方面的培训?

基于OBE理念的系统、科学的职业生涯规划指导,有助于个人更好地实现自身的职业发展目标,在未来职场中获得成功。OBE理念与职业生涯规划的融合以目标驱动为核心,通过逆向设计明确职业能力需求,结合思政教育强化个人的社会责任感,并依托实践路径,动态调整培养方案,以匹配行业变革。OBE理念的闭环反馈机制能够确保职业生涯规划的科学性与可持续性,最终实现个人能力与社会需求的高效对接。

第二节 发展目标的多维分析

在高等教育普及化与职业竞争日益激烈的时代背景下,科学合理地设定发展目标是实现个人成长与职业理想的关键。发展目标并非单一维度的职业定位,而是涵盖学业发展、职业能力、个人素质、社会适应等多个维度的系统工程。本节将基于职业生涯规划理论,从多维视角深入剖析发展目标的理论基础、多维构成及实现路径等。

第一章第二节

一、发展目标的理论基础

发展目标的设定离不开科学理论的指导,职业生涯规划理论体系与全人发展理念为其提供了重要支撑。

(一)职业生涯规划理论体系

职业生涯规划理论历经百年发展形成了丰富的理论体系,这一理论体系为发展目标设定提供了重要指导。其中:特质因素理论强调个人特质与职业要求的匹配;霍兰德的职业兴趣理论将职业兴趣划分为六大类型,强调兴趣与职业的适配性;舒伯的生涯发展理论将人生划分为成长、探索、建立、维持和衰退五个阶段,明确大学阶段是探索的关键时期。职业生涯规划理论体系具有重要意义,主要体现在为个人分析自身优势、探索职业世界、制订发展策略提供科学的方法论支持(图1-11)。

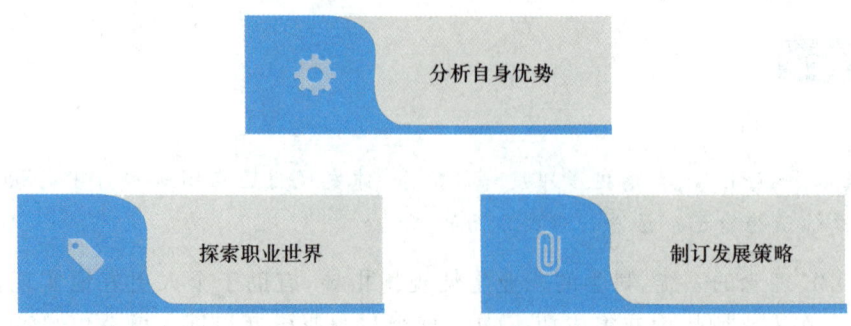

图 1-11　职业生涯规划理论体系的重要意义

（二）全人发展理念

全人发展理念倡导个体在认知、情感、能力、身体等多个维度的全面发展，这与发展目标的多维性高度契合。大学生不仅要追求专业知识的积累，还要注重综合素养（包括沟通能力、创新能力等方面）的提升。全人发展理念要求跳出单一的职业目标框架，从更广阔的视角审视自身发展需求，实现个人价值与社会价值的统一（图1-12）。

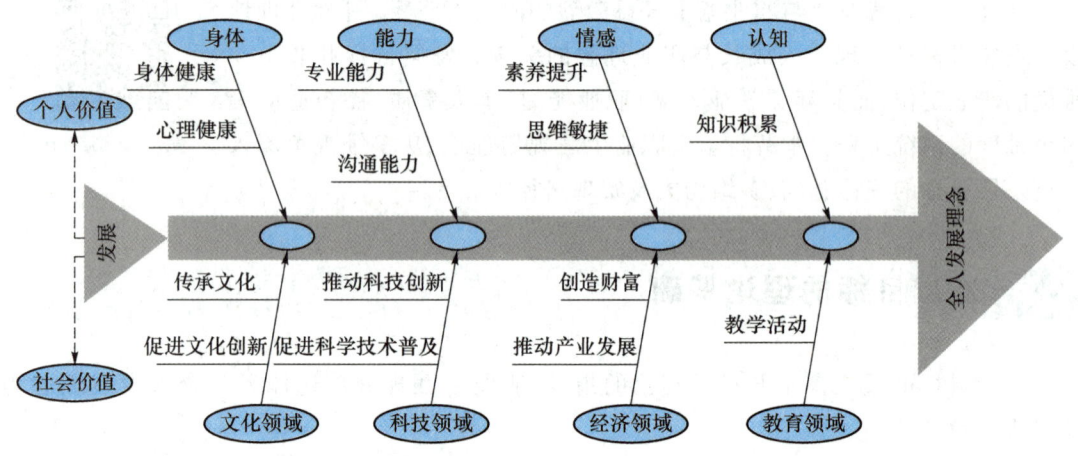

图 1-12　全人发展理念

二、发展目标的多维构成

发展目标呈现多维结构，各个维度相互关联、协同发展，共同支撑个体成长与职业发展。以下从学业发展目标、职业能力发展目标、个人素质发展目标以及社会适应发展目标四个维度进行介绍（图1-13）。

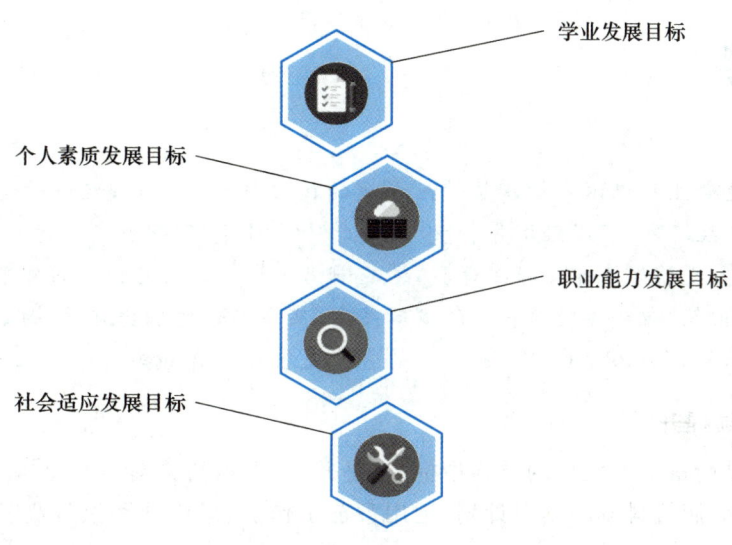

图 1-13　发展目标的多维构成

（一）学业发展目标

学业发展目标是个人成长与职业生涯规划的基石，其设定与实现需结合专业特性与个体需求，下面从专业知识体系构建、学业成绩提升、跨学科知识与技能拓展、自主学习能力和终身学习能力培养等多维度分析学业发展目标（图 1-14）。

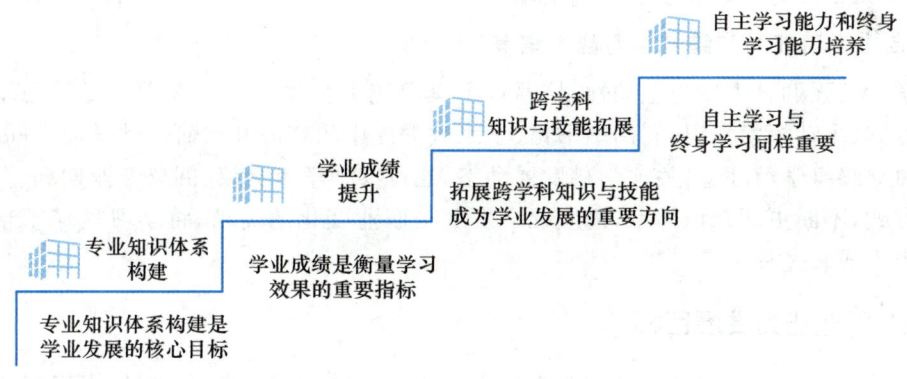

图 1-14　学业发展目标

1. 专业知识体系构建

专业知识体系构建是学业发展的核心目标。大学生应依据职业生涯规划的具体目标，系统掌握专业基础课程与核心课程的内容。

 课堂互动

> 分组讨论专业知识体系构建是学业发展的核心目标。比如,经济学专业的学生需认真学习微观经济学、宏观经济学、计量经济学等基础课程,理解经济运行规律,深入钻研产业经济学、发展经济学等核心课程,掌握前沿理论。学生可以通过绘制课程知识图谱、建立学科框架、梳理各门课程间的逻辑关系,实现知识的融会贯通,为后续学习与职业发展筑牢根基。那么计算机专业学生的学业发展目标有哪些呢?

2. 学业成绩提升

学业成绩是衡量学习效果的重要指标,也是升学、求职的关键参考指标。大学生应设定明确的成绩目标,制订科学的学习计划,运用番茄工作法、思维导图法等高效学习方法提升学习效率。

3. 跨学科知识与技能拓展

在学科交叉融合的时代背景下,拓展跨学科知识与技能成为学业发展的重要方向。大学生可以选修跨学科课程。例如:计算机专业的学生可以选修管理学课程,培养管理思维;文科生可以选修数据分析课程,提升数据处理能力。同时,大学生也可以在慕课平台上学习前沿知识,通过参加跨学科讲座、学术论坛,拓宽知识视野。此外,大学生还可以考取与专业相关的跨领域资格证书,如法律职业资格证、注册会计师资格证等,增强自身在就业市场的竞争力,为未来多元化职业发展创造条件。

4. 自主学习能力与终身学习能力培养

大学学习强调自主性与主动性,培养自主学习能力至关重要。大学生要学会制订个性化学习方案,主动探索知识,利用图书馆、学术数据库中的资源开展研究性学习。同时,大学生还要树立终身学习理念,关注学科发展动态,通过参加学术会议、阅读专业期刊、参与行业培训等方式,不断更新知识体系,适应社会发展与职业变化的需求,将学习贯穿于整个职业生涯与个人成长过程中。

(二)职业能力发展目标

职业能力发展目标旨在提升就业竞争力与职业可持续发展能力,需从通用职业能力培养与专业职业能力塑造两方面并行推进(图1-15)。关注行业动态与技术革新趋势,通过跨领域学习、项目实践等方式提升复合能力,将理论知识转化为职场实战优势,有利于最终实现职业能力与个人职业生涯规划的深度契合,为职业发展筑牢根基。

1. 通用职业能力培养

通用职业能力是在不同职业领域都需要具备的基本能力,包括沟通能力、团队协作能力、问题解决能力、时间管理能力等。在大学期间,可通过参加社团活动、实践活动等途径培养这些能力。

图 1-15　职业能力发展目标

请说明为何担任学生会干部组织校园活动,能够有效提升沟通能力与组织管理能力。参与企业实习能够锻炼问题解决能力与团队协作能力吗?

2. 专业职业能力塑造

专业职业能力是与所学专业直接相关的核心竞争力,不同专业对应不同的职业能力要求。例如:计算机专业的学生需要熟练掌握编程语言、软件开发工具,具备项目开发能力与系统维护能力;市场营销专业的学生需要具备市场调研能力、营销策划能力、客户关系管理能力等。大学生应结合职业目标,通过课程学习、专业实训、职业资格认证等方式系统提升专业职业能力。例如,考取注册会计师资格证、教师资格证等,增强在特定职业领域的竞争力。

(三) 个人素质发展目标

个人素质是个人成长成才的重要内核,个人素质发展目标是实现全面发展、提升核心竞争力的关键(图 1-16)。

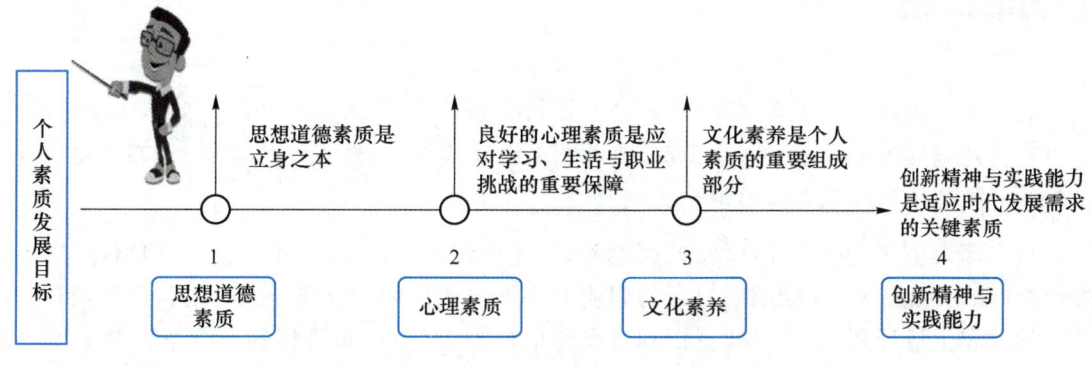

图 1-16　个人素质发展目标

1. 思想道德素质

思想道德素质是立身之本,包括社会责任感、职业道德、诚信意识等方面。大学生应通过上思想政治理论课、参与社会实践活动等,主动提升思想境界;积极参与志愿服务、公益活动,培养社会责任感;在学习与生活中恪守诚信原则,树立正确的价值观。

2. 心理素质

良好的心理素质是应对学习、生活与职业挑战的重要保障。当面临学业压力、职业压力等多重挑战时,大学生容易产生焦虑、抑郁等心理问题。因此,培养积极乐观的心态、提高情绪管理能力与抗压能力至关重要。

大学生可通过参加心理健康教育课程、心理咨询活动、体育锻炼等方式提升心理素质。例如,坚持跑步、做瑜伽等,不仅有助于身体健康,还能缓解心理压力和促进心理健康。

3. 文化素养

文化素养是个人素质的重要组成部分,能够丰富个人的精神世界。大学生应广泛涉猎文学、历史学、哲学等领域的经典著作,通过阅读中外名著,汲取人类文明的智慧结晶,拓宽文化视野,培养批判性思维和审美能力。

大学生应积极参与校园文化活动,如诗词朗诵、话剧表演、艺术展览等活动,在实践中感受文化魅力,提升艺术鉴赏水平;选修文化类通识课程,学习书法、刺绣等传统文化技艺,传承和弘扬中华优秀传统文化,增强文化自信;关注世界多元文化,通过国际交流项目、跨文化课程,了解不同国家和民族的文化习俗、价值观念,培养包容开放的心态,提升跨文化交流能力。

4. 创新精神与实践能力

创新精神与实践能力是适应时代发展需求的关键素质。大学生应敢于突破传统思维定式,培养创新意识和创新思维能力。在专业学习中,大学生应积极参与科研项目、学科竞赛,针对实际问题提出新颖的解决方案;关注学科前沿动态,勇于探索未知领域,尝试将新技术、新方法应用于学习和研究中。另外,大学生还应注重理论与实践相结合,通过参加实习实训、创新创业实践活动,将所学知识转化为实际操作能力。

课堂互动

你是否通过参与企业实习,了解了企业的实际运作流程,提升了解决实际问题的能力?你是否通过加入创新创业团队、参加创新创业实践活动,在市场调研、产品研发、营销策划等环节锻炼了自己的综合实践能力?

只有深入了解自己的性格特点、兴趣爱好、优势和劣势,利用自我反思、心理测评等方式进行全面的自我认知,才能明确自身的职业发展方向和目标。合理分配时间和精力,制订科学的学习和生活计划,培养自律意识和自我约束能力,对于确保目标的有效落实至关重要。同时,注重自我激励和自我提升,在面对困难和挫折时保持积极心态,及时总结经验教训,不断调整和完善自己的行为方式和思维模式,有利于实现个人素质的持续提升和全面发展。

（四）社会适应发展目标

社会适应发展目标聚焦于大学生从校园迈向社会的过渡需求，旨在提升其社会融入能力与社会发展能力。社会适应发展目标可以从多个角度助力大学生适应社会、实现长远发展（图1-17）。

图1-17　社会适应发展目标

1. 人际交往能力培养与社会关系构建

大学是从校园走向社会的过渡阶段，构建良好的人际关系网络对未来发展具有重要意义。大学生应积极拓展社交圈，与同学、老师建立良好关系，同时参与社会实践活动，接触不同群体，以提升人际交往能力与社会适应能力。例如，参加行业协会组织的活动，结识专业人士，为未来职业发展积累人脉资源。

2. 社会参与能力与公民意识培养

大学生作为社会未来的建设者，应积极参与社会事务，增强公民意识。大学生应通过参与社会调研、社区服务、政策讨论等活动，了解社会需求，培养社会参与能力，提升社会责任感。例如，大学生可参与乡村振兴社会实践项目，深入基层，为解决实际问题贡献自身的智慧与力量，同时提升自身的社会洞察力与实践能力。

三、发展目标的动态调整与实现路径

发展目标的实现并非静态过程，而是动态调整与持续推进的系统工程。由于认知提升、职业兴趣变化及社会环境更迭的原因，需在大学的不同阶段动态优化发展目标。只有以动态思维设定目标，以实际行动落实计划，才能在不断变化的发展环境中稳步实现理想的职业目标。

（一）发展目标的动态调整

发展目标并非一成不变，需要随着个人的成长、社会环境的变化对其进行有效的动态调整。在大学阶段，由于认知水平、职业兴趣、社会需求等因素都会发生变化，因此需要定期对发展目标进行评估与修正。

课堂互动

在大学阶段,你是否计划通过实习深入了解职业领域?当你发现之前设定的职业目标与实际情况存在偏差时,你是否会及时调整目标并重新规划发展路径?

(二)发展目标的实现路径

发展目标的实现路径如下:首先将总体目标分解为阶段性目标,制订清晰的行动计划;其次整合校内外资源,积极寻求师长、行业人士的支持;最后建立评估与反馈机制,通过成长记录、能力测评等方式定期复盘,结合外界反馈及时调整策略(图1-18)。

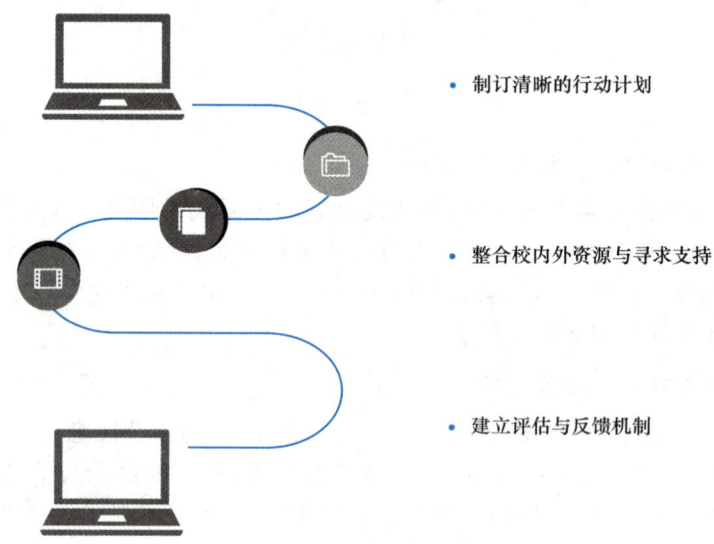

图 1-18 发展目标的实现路径

1. 制订清晰的行动计划

实现发展目标需要将总体目标分解为具体的阶段性目标,制订清晰的行动计划。例如,在大一阶段,以适应大学生活、了解专业方向为主,可设定掌握高效的学习方法、加入与专业相关的社团等目标;在大二阶段,重点提升专业能力,可计划参与科研项目、考取初级职业资格证书;在大三阶段,参与实习,积累工作经验;在大四阶段,聚焦于求职或升学,为毕业做准备。在每个阶段,都应有明确的任务与时间节点,以确保目标的有序推进。

2. 整合校内外资源与寻求支持

实现发展目标需要充分整合校内外资源。在校内方面,应利用图书馆、实验室中的资源,积极参与学术讲座、专业培训等活动;在校外方面,应主动联系实习单位,获取实践机会与职业指导。此外,实现发展目标还需要寻求家人、朋友的支持,分享目标与计划,获取建议与帮助。

3. 建立评估与反馈机制

实现发展目标需要定期对目标完成情况进行评估,分析成功经验与存在的问题。通过撰写成长日志、参与能力测评等方式记录发展轨迹,可及时发现差距并调整策略。同时,通过积极寻求老师、同学的反馈,可以从不同角度了解自身发展状况,不断优化发展路径。

发展目标的多维分析是一个复杂而系统的过程,需要运用科学的理论方法,结合个人实际与社会需求,从学业、职业、个人素质、社会适应等多个维度设定明确的发展目标,并通过动态调整与持续努力实现目标。希望通过本节内容的学习,每个大学生都能够掌握科学的目标设定方法,规划好大学生活,为未来的职业生涯与个人发展奠定坚实基础。

第三节 │ AI 与职业生涯规划

在科技飞速发展的当下,人工智能(Artificial Intelligence,AI)已逐渐渗透到社会的各个领域,对人们的生活、工作和学习方式产生了深远影响。对于即将步入职场的大学生而言,AI 在职业生涯规划中的应用具有重要作用,AI 的崛起为大学生的职业生涯规划带来了新的机遇与挑战。如何将 AI 有效地融入职业生涯规划中,已成为大学生群体关注的重要课题。

第一章第三节

一、AI 的特点与发展趋势

AI 以数据驱动与算法优化为核心特征,通过整合海量数据与高性能计算,赋能职业生涯智能化转型。

(一)AI 的特点

AI 与职业生涯规划的融合,标志着职业生涯规划指导从经验驱动转向数据驱动。通过构建"数据采集—智能分析—动态反馈"的闭环系统,AI 不仅提升了规划效率,还提高了个人与职业环境的适配精度。AI 的特点如图 1-19 所示。

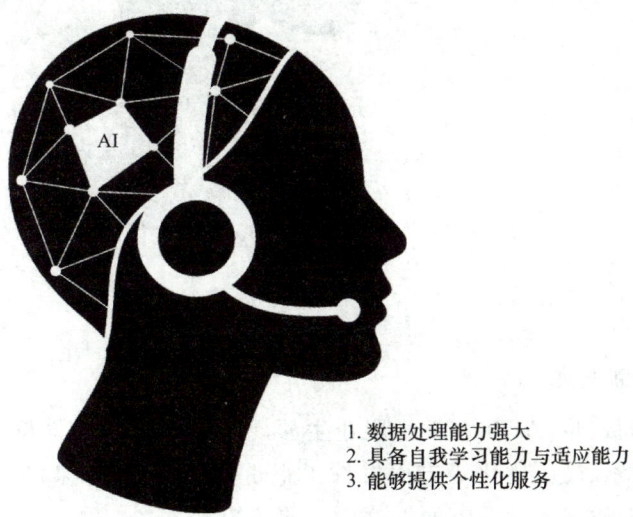

1. 数据处理能力强大
2. 具备自我学习能力与适应能力
3. 能够提供个性化服务

图 1-19　AI 的特点

1. 数据处理能力强大

AI 能够在短时间内处理海量数据，通过对数据的挖掘和分析，发现其中隐藏的模式和规律。例如，在职业生涯规划领域，AI 可以分析大量的职业信息、就业市场数据，并结合个人的学习、实习经历等信息，为个人职业生涯规划提供精准的建议。

2. 具备自我学习能力与适应能力

AI 具备自我学习能力，能够根据不断输入的数据和反馈信息，持续优化自身的模型和算法。这使得 AI 在进行职业生涯规划时，能够随着个人情况的变化以及职场环境的动态发展，及时调整规划方案，提供更具适应性的指导。

3. 能够提供个性化服务

基于对个体数据的深入分析，AI 可以为个人量身定制职业生涯规划。AI 提供的职业生涯规划充分考虑到了每个学生的兴趣爱好、特长、价值观等独特因素，与传统的通用型职业生涯规划相比，更贴合个人实际，也更能满足个性化需求。

（二）AI 的发展趋势

随着 AI 的持续进化，职业生涯规划将迈向更加个性化、更加具有前瞻性的新阶段，但发展 AI 仍需坚守"技术服务于人"的原则。AI 的发展趋势如图 1-20 所示。

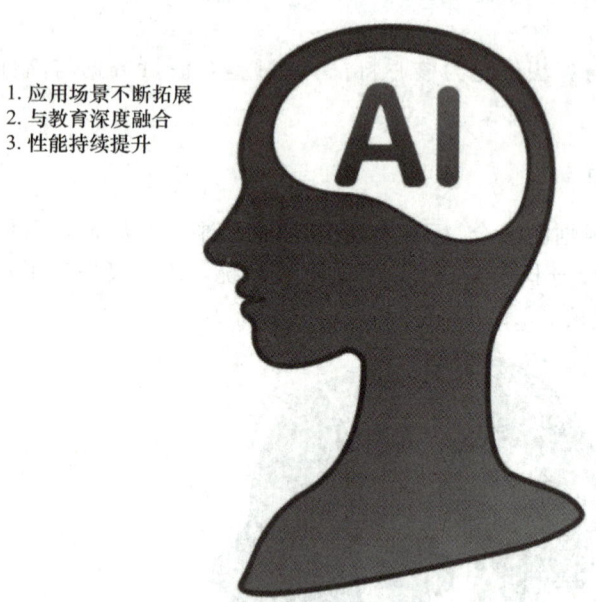

图 1-20　AI 的发展趋势

1. 应用场景不断拓展

随着技术的不断进步，AI 在大学生职业生涯规划中的应用场景将日益丰富。目前 AI 在职业测评、职业搜索、简历优化等方面发挥了很重要的作用，未来 AI 还可能在实习机会推荐、职场社交、职业发展模拟等方面发挥更大的作用。

 **课堂互动**

请你尝试通过虚拟现实技术和增强现实技术与 AI 的结合,模拟逼真的职场环境,在虚拟场景中体验不同职业的工作内容,从而更直观地了解自己是否适合某种职业。

2. 与教育深度融合

AI 将与教育深度融合,推动职业生涯规划模式的创新。教师可以根据学生的学习进度和掌握情况,自动调整教学内容和难度,实现个性化教学。同时,教师还可以利用 AI 提供的辅助教学工具,更好地了解学生的需求,提供具有针对性的职业生涯规划指导。

3. 性能持续提升

AI 的性能将不断提升,其准确性、可靠性和效率将得到进一步提高。例如:在职业测评方面,AI 将更加精准地评估学生的职业倾向和能力水平,减少误判和偏差;在数据安全和隐私保护方面,AI 将能更好地确保个人信息的安全。

二、AI 在职业生涯规划中的应用

AI 可以通过整合学业表现、技能标签及性格测评等多维度的数据,为大学生构建动态职业画像。例如,DeepSeek 可解析简历中的关键词,结合行业需求模型,生成职业竞争力分析报告,明确个人的优势与劣势,并为用户推荐适配岗位。此外,AI 还可以通过协同过滤算法为用户推荐与其职业画像相似的职业路径案例,降低职业探索的试错成本。

AI 在职业生涯规划中的应用如图 1-21 所示。

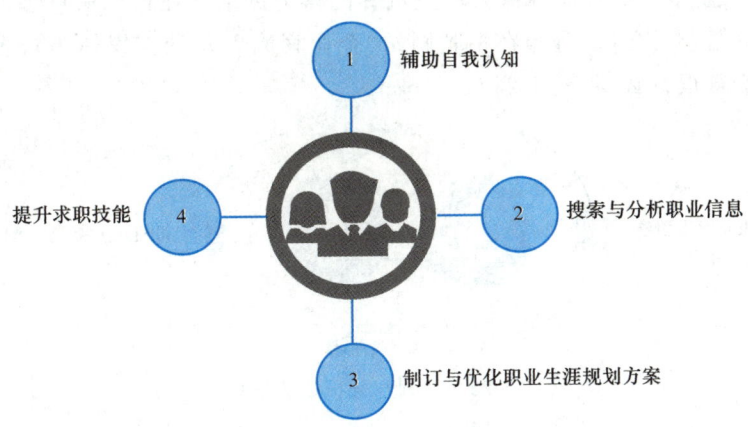

图 1-21　AI 在职业生涯规划中的应用

(一)辅助自我认知

AI 可以通过整合行为数据、心理测评结果及成就档案,构建动态的三维自我认知图谱。

> 📋 **课堂互动**
>
> 尝试利用DeepSeek工具解析"Python项目经验""学生会管理经历"等文本,分析性格测试数据,生成包含能力雷达图与职业倾向热力图的综合报告,为职业生涯规划提供数据支撑。

1. 职业测评

利用AI可以开发出精准和全面的职业测评工具。这些工具可以通过对兴趣爱好、能力倾向、性格特点、价值观等方面的数据进行收集和分析,利用复杂的算法模型,生成详细的个人职业测评报告。例如,一些AI职业测评系统不仅能够评估个人的职业兴趣类型,还能够根据个人的日常行为数据,深入地挖掘其潜在的兴趣和能力。

2. 学习过程与日常行为分析

AI可以对学习过程和日常行为进行跟踪和分析。通过分析学习成绩、作业完成情况、课堂参与度、参加社团活动的情况等数据,能够了解个人的学习能力、学习风格、团队协作能力、沟通能力等综合素质。这些信息可以帮助个人更全面地认识自己的优势和劣势,从而在职业生涯规划中更好地发挥优势和弥补不足。例如,如果AI通过分析某学生的日常行为发现其在团队项目中表现出色,具有较强的组织协调能力,那么该学生在进行职业生涯规划时,就可以重点考虑与团队管理相关的职业方向。

(二)搜索与分析职业信息

AI驱动的职业搜索引擎堪称探索职业世界的得力助手。在这个信息爆炸的时代,互联网上的职业信息繁杂且分散,分布在招聘网站、企业官网以及社交媒体等众多渠道,因此搜索与分析职业信息很有必要(图1-22)。

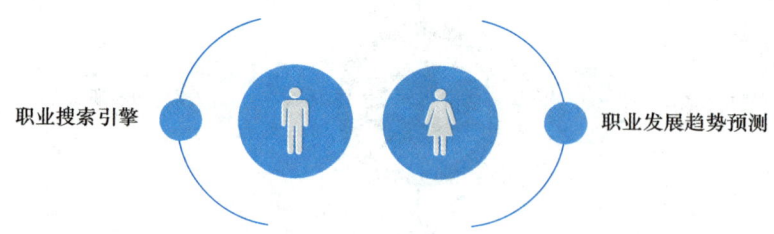

图1-22 搜索与分析职业信息

1. 职业搜索引擎

AI驱动的职业搜索引擎能够整合互联网上分散的职业信息,包括招聘网站、企业官网等多个渠道的数据。通过自然语言处理技术,可以用更自然、更灵活的方式输入自己的职业兴趣和需求,之后职业搜索引擎能够快速准确地筛选出符合条件的职业信息,并按照相关性和重要性进行排序。

 课堂互动

如果在智能工具中输入"对数据分析感兴趣,希望在互联网行业工作",那么职业搜索引擎将迅速列出互联网行业中与数据分析相关的岗位(如数据分析师、数据挖掘工程师等),并提供这些岗位的详细职责、技能要求、薪资水平、发展前景等信息。请你利用智能工具搜索出适合自己的岗位。

2. 职业发展趋势预测

利用大数据和AI算法对大量的职业数据进行分析,可以预测职业发展的趋势。例如,通过分析行业的发展动态、技术的创新趋势、政策法规的变化情况等,AI能够预测哪些职业将在未来几年成为热门职业,哪些职业可能面临淘汰的风险。对于大学生来说,了解这些信息有助于选择具有发展潜力的职业方向,提前做好相关准备。比如,如果AI预测随着物联网技术的普及,物联网工程师、智能硬件开发工程师等相关职业将迎来快速发展,那么你可以据此调整学习计划,选修相关课程,参加实践项目,为未来选择这些职业做好准备。

(三)制订与优化职业生涯规划方案

AI凭借强大的数据处理与分析能力,能够深度挖掘个人特质,为其量身定制职业生涯规划方案。这种方案不仅会考量兴趣爱好、性格特点、能力倾向和价值观,还会结合学业成绩、实习经历、项目经验等多维度的数据。下面介绍制订与优化职业生涯规划方案(图1-23)。

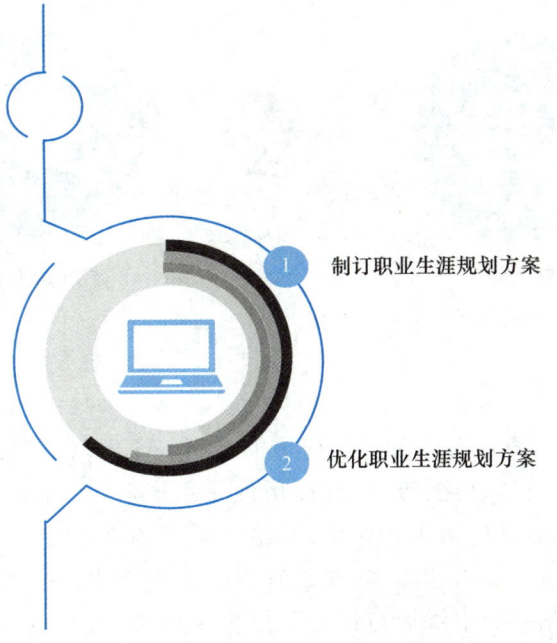

图1-23 制订与优化职业生涯规划方案

1. 制订职业生涯规划方案

AI可以根据自我认知结果以及职业信息搜索与分析结果,为个人量身定制个性化的职业生涯规划方案。规划方案包括短期、中期和长期的职业目标,以及具体的行动计划,如学习计划、实习计划、技能提升计划等。

> 对于一名对市场营销感兴趣的大学生,AI系统可能会建议他在大学期间参加与市场营销相关的社团活动,积累实践经验;学习市场调研、营销策划、数字营销等课程;利用假期到知名企业的市场部实习;毕业后先从市场专员做起,争取逐步晋升为市场经理、营销总监等。如果你对室内家居设计感兴趣,那么是否能利用AI系统规划自己的职业生涯?

2. 优化职业生涯规划方案

由于职场环境和个人情况是不断变化的,因此需要根据实际情况实时优化职业生涯规划方案。AI可以持续跟踪学习进度、实习经历、职业市场动态等信息。当发现规划方案与实际情况出现偏差时,AI可以及时提供调整建议。例如,如果AI发现一个人感兴趣的领域或者市场上某个职业的需求突然发生变化,那么它能够快速重新评估职业目标和发展路径,生成新的规划方案,确保规划方案始终具有可行性和有效性。

(四) 提升求职技能

下面从简历优化、面试模拟与辅导两个维度,展现AI对提升求职技能的作用(图1-24)。

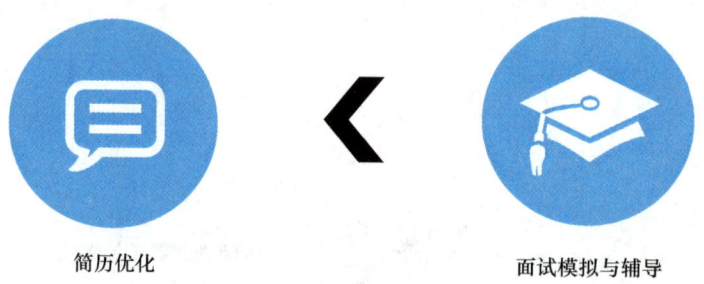

图1-24 提升求职技能

1. 简历优化

AI可以优化简历。通过对大量成功简历的分析,AI可以了解到不同行业、不同职位对简历的要求和偏好。将简历上传至AI简历优化系统后,系统会从内容结构安排、语言表达、关键词使用等方面对简历进行评估,并给出详细的修改建议。例如,系统可能会指出简历中的实习经历描述得不够具体,缺乏有力的数据支撑,建议补充具体的工作成果;也可能会提醒求职者在简历中添加与目标职位相关的关键词,以提高简历在招聘系统中的通过率。

2. 面试模拟与辅导

利用 AI 开发的面试模拟平台可以为求职者提供逼真的面试体验。求职者可以选择不同类型的面试场景(如结构化面试、行为面试、小组面试等)和行业岗位,与虚拟的 AI 面试官进行对话。AI 面试官会根据求职者的回答,从语言表达能力、逻辑思维、应变能力、专业知识等多个维度进行评估,并给出即时反馈和改进建议。例如:如果求职者在回答问题时存在语言重复、逻辑混乱的问题,那么 AI 面试官会建议其在回答前先厘清思路,在回答时多使用连接词;如果求职者对某个专业问题回答不准确,那么 AI 面试官会提供相关的知识讲解和案例分析,帮助求职者加深理解。

知识拓展

随着大语言模型技术的突破,全球就业市场正经历结构性重构。世界经济论坛发布的《2025 年未来就业报告》显示,到 2030 年,70% 的职业技能将发生根本性变化,3 亿个全职岗位将面临自动化替代风险。

上述变革催生了两类新职业形态:一类是技术融合型岗位,如"AI + 医疗"领域的智能诊断系统开发工程师,在这个岗位上的人需同时掌握医学影像分析技术与深度学习技术;另一类是人机协作型岗位,如 AI 训练师、数据标注工程师。据中国就业培训技术指导中心数据显示,我国 AI 人才供需比达到了 1∶10,算法工程师、AI 产品经理等核心岗位的年薪普遍超过 50 万元。

通过学习本章内容,你需要理解 OBE 理念与职业生涯规划的融合,掌握职业发展目标的多维分析方法,了解 AI 与职业生涯规划的有效融合,并能够运用所学知识制订个人的职业生涯规划方案。

实践与思考

1. 自我评估练习

请完成以下自我评估问卷,了解自己的兴趣、能力和价值观。

大学生自我评估问卷

一、基本信息

姓名:_____

年级:_____

专业:_____

二、学业情况

本学期平均绩点(GPA):_____

1. 本学期所学课程中,你认为自己掌握得较好(80 分及以上)的课程有哪些？（可多选）

  A. 公共基础课(如大学英语、高等数学等)   B. 专业基础课

  C. 专业核心课   D. 选修课程

  E. 其他(请注明)_____

2. 在学习过程中,你每周平均用于自主学习(包括预习、复习、阅读课外专业书籍等)的时间是多少?

  A. 小于 5 小时   B. 5～10 小时

  C. 11～15 小时   D. 16～20 小时

  E. 大于 20 小时

3. 你是否制订了本学期的学习计划?

  A. 是,并且严格按照计划执行

  B. 是,但执行过程中会根据实际情况调整

  C. 有大致计划,但执行不严格

  D. 没有制订学习计划

4. 对于本专业的未来发展方向,你的了解程度如何?

  A. 非常了解,明确自己的职业目标与专业发展路径

  B. 了解一些,有初步想法但不太清晰

  C. 只知道大概,没有深入思考过

  D. 完全不了解

三、社交与人际关系

1. 你在校园内参加了几个社团或学生组织?

  A. 0 个   B. 1 个   C. 2 个   D. 3 个及以上

2. 在社团或学生组织中,你担任什么角色?

  A. 普通成员   B. 项目负责人或组长

  C. 部门负责人   D. 核心管理层(如社长、主席等)

3. 你与室友的关系如何?

  A. 非常融洽,经常一起活动,相互帮助

  B. 比较融洽,日常交流顺畅,偶尔有小摩擦但能解决

  C. 关系一般,只是维持基本的宿舍生活秩序

  D. 不太融洽,存在一些矛盾和冲突

4. 你在校园内结识新朋友的频率是多少?

  A. 每周都能结识新朋友

  B. 每月结识几个新朋友

  C. 很少主动结识新朋友,通过他人介绍偶然认识新朋友

  D. 几乎不结识新朋友

5. 在与他人交流时,你觉得自己的沟通能力如何?

  A. 非常强,能够清晰表达自己的观点,也能够很好地理解他人的想法

  B. 较强,在大部分情况下都能有效沟通,但在某些复杂情境下稍显吃力

  C. 一般,沟通基本没问题,但有时会词不达意或误解他人

D. 较弱，经常在沟通中出现问题，不太擅长表达自己

四、个人成长与发展

1. 在本学期，你参加过哪些有助于个人技能提升的培训或讲座？（可多选）

    A. 职业技能培训（如计算机软件应用、语言技能方面的培训等）

    B. 学术讲座

    C. 心理健康讲座

    D. 其他（请注明）_____

2. 你是否有培养新的兴趣或爱好？

    A. 是，已经取得一定进展

    B. 有尝试，但还在探索阶段

    C. 有想法，但还未付诸行动

    D. 没有考虑过

3. 在面对压力和挫折时，你的应对方式通常是什么？

    A. 积极寻找解决办法，调整心态，往往能够很快恢复

    B. 会思考解决办法，但需要一定的时间调整心态

    C. 感到沮丧，需要他人帮助自己走出困境

    D. 逃避问题，不愿意面对

4. 你对自己未来的规划是什么？

    A. 毕业后直接就业，已明确目标行业与岗位，并正在为此做准备

    B. 准备考研深造，正在努力备考

    C. 计划出国留学，正在准备语言考试及申请事宜

    D. 还没有明确规划，比较迷茫

5. 你认为自己在大学期间最大的收获是什么？（可多选）

    A. 掌握了专业知识与技能

    B. 拥有良好的人际关系

    C. 提升了个人综合素质（如沟通能力、组织能力、领导能力等）

    D. 拥有明确的人生目标与职业生涯规划

    E. 其他（请注明）_____

五、生活习惯与健康

1. 你每周参加体育锻炼的次数是多少？

    A. 5 次及以上　　　　　　　　　　B. 3~4 次

    C. 1~2 次　　　　　　　　　　　　D. 几乎不锻炼

2. 你每天的睡眠时间大约是多少？

    A. 8 小时及以上　　　　　　　　　B. 大于 7 小时且小于 8 小时

    C. 不小于 6 小时且不大于 7 小时　　D. 小于 6 小时

3. 你的日常饮食情况如何？

    A. 非常健康，注重营养均衡，三餐规律

    B. 比较健康，大部分时间能合理饮食，但偶尔会吃垃圾食品或不按时吃饭

C. 一般,饮食没有特别注意,想吃什么就吃什么

D. 不太健康,经常吃外卖、零食,三餐不规律

4. 你是否有吸烟、酗酒等不良生活习惯?

A. 没有

B. 偶尔吸烟或饮酒

C. 吸烟或饮酒较为频繁

5. 你觉得自己目前的生活状态是否健康?

A. 非常健康,各方面都很规律且积极向上

B. 比较健康,虽有一些不足但整体良好

C. 一般,存在一些健康隐患但不严重

D. 不太健康,需要做出较大调整

六、其他方面

1. 你对自己目前的大学生活满意度如何?

A. 非常满意,各方面都符合自己的期望

B. 比较满意,虽然有些小遗憾但总体不错

C. 一般,感觉平平淡淡,没有特别的感受

D. 不太满意,很多方面与自己预期相差较大

2. 在大学生活中,你觉得最需要改进或提升的方面是什么?(可多选)

A. 学习成绩与专业能力

B. 社交与人际关系处理能力

C. 个人心理素质与抗压能力

D. 生活习惯与健康状况

E. 其他(请注明)_____

3. 你希望从学校或老师那里获得哪些帮助或支持?(可多选)

A. 学业指导与辅导

B. 职业生涯规划与就业指导

C. 心理健康咨询与支持

D. 更多的实践机会与平台

E. 其他(请注明)_____

2. 自我目标设定讨论

与小组成员分享自己的短期职业目标,讨论如何设定更合理、更具挑战性的目标。

3. 职业生涯规划方案制订

根据个人评估结果,制订一份职业生涯规划方案。

拓展阅读

1.《你的生命有什么可能》

作者:古典

出版社:湖南文艺出版社

出版时间:2014年

推荐理由:该书主要探讨了人生的各种可能性,内容涉及职场和生活中的各个领域,书中谈到了人生四个永恒的主题:影响力、爱、自由、智慧,并对年轻人如何追求自己的梦想、在这样的时代人的生命有什么可能、如何修炼自己在现实中活得更好的能力等问题做出了回答。

书中金句:一个人的自由之路无非有两条,一是给能力做加法,二是给欲望做减法;好的生命,是有事做,有人爱,有问题可想,有选择的自由。

2.《我的第一本人生规划手册》

作者:柏永辉

出版社:中国商业出版社

出版时间:2020年

推荐理由:该书主要讲述了如何基于自身的情况,快速定位自己人生规划的不同阶段,制订中长期发展规划,逐步盘活自己的人生。全书从人生规划大方向、资源配置、时间管理、专业知识学习以及职场实战落地等五个角度,针对同一个"人生规划"的问题,给出了深入浅出的回答,能帮助读者快速走出盲区。

书中金句:你得根据不同的场合,而不是基于时间段,随时切换自己的低频、中频、高频的学习状态。该学的时候认真学,该动手的时候认真动手,不要混淆场景,学会在最适合高强度学习的时候学习,在最适合动手练习的时候动手练习,在最应该休息的时候适当休息,然后根据自身的工作生活节奏调节自己的学习节奏。

第二章
职业生涯规划理论体系

项目导图

第二章　职业生涯规划理论体系
├──学习目标
├──案例导入
├──第一节　职业生涯规划的基本概念
│　　　├──职业生涯规划的定义、核心内涵及特点
│　　　├──职业生涯规划的意义与作用
│　　　├──职业生涯规划的四大要素
├──第二节　大学生职业发展理论解析
│　　　├──舒伯的生涯发展理论
│　　　├──霍兰德的职业兴趣理论
│　　　├──克朗伯兹的社会学习理论
│　　　├──认知信息加工理论
├──第三节　实施职业生涯规划的路径
│　　　├──目标设定与分解
│　　　├──资源整合与行动规划
│　　　├──反馈机制与动态调整
├──实践与思考
│　　　├──理论应用练习
│　　　├──案例分析讨论
├──拓展阅读

学习目标

1. 掌握职业生涯规划的核心概念与理论基础，理解其对个人发展的指导意义。
2. 熟悉经典职业发展理论的核心观点及其应用场景。
3. 能够结合理论框架制订个人职业生涯规划，并掌握动态调整的方法。

案例名称：小王的职业探索与理论实践。

案例描述：小王是一名大三学生,面临考研与就业的抉择时感到困惑。通过系统学习职业生涯规划理论,他运用舒伯的生涯彩虹图分析自己的多重角色,结合霍兰德职业兴趣测试(结果偏向"社会型"与"企业型"),明确了教育行业的职业方向。随后,他根据认知信息加工(Cognitive Information Processing,CIP)理论制订学习计划,并通过实习积累经验,最终成功入职一家教育科技公司,在该公司担任课程策划。小王的经历体现了理论与实践结合的重要性。

第一节 职业生涯规划的基本概念

职业生涯是一个人一生所有与职业相连的行为与活动以及相关的态度、价值观、愿望等连续性经历的过程,也是一个人一生中职业、职位的变迁及职业目标的实现过程,因此,大学生职业生涯的规划尤其重要,如果要对职业生涯做较好的规划,那么首先要了解职业生涯的基本概念。

第二章第一节

一、职业生涯规划的定义、核心内涵及特点

职业生涯规划将个人与组织相结合,在对一个人职业生涯的主/客观条件进行测定、分析、总结的基础上,对其兴趣、爱好、能力、特点进行综合分析与权衡,结合时代特点,根据其职业倾向,确定其最佳的职业奋斗目标,并为其实现这一目标做出行之有效的安排。

(一)职业生涯规划的定义

中国职业规划师协会认为,职业生涯是指人一生中的职业历程。一个人的职业生活是一个人全部生活的主体,在其一生中占据核心与关键的位置。人们一生的职业历程有着种种不同的可能:有的人从事这种职业,有的人从事那种职业;有的人一生变换多种职业,有的人终身位于一个岗位上;有的人不断努力、事业成功,有的人穷困潦倒、无所作为。造成人们职业生涯具有差异的原因有个人能力、心理、机遇方面的问题,也有社会环境的影响。

职业生涯这个概念的含义曾随着时间的推移发生过很多变化。20世纪70年代,职业生涯专指个人生活中和工作相关的各个方面。随后,又有很多新的意义被纳入职业生涯的概念中,其中甚至包含了生活中关于个人、集体以及经济生活的方方面面。职业生涯就是一个动态的过程,是指一个人一生在职业岗位上所度过的、与工作活动相关的连续经历,并不包含在职业上成功与失败或进步快与慢的含义。也就是说,不论职位高低,不论成功与否,每个工作着的人都有自己的职业生涯。

职业生涯是以心理开发、生理开发、智力开发、技能开发、伦理开发等人的潜能开发为基础(图2-1),以工作内容的确定和变化,工作业绩的评价,工资待遇、职称、职务的变动为标准,以满足需求为目标的工作经历。职业生涯管理,就是具体设计个人合理的职业生涯规划。

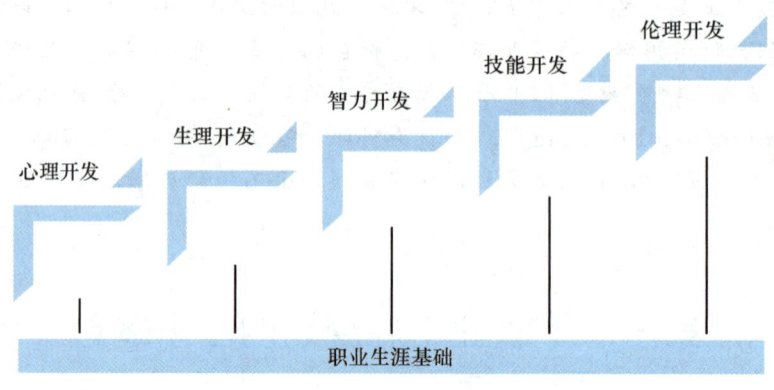

图 2-1　职业生涯基础

职业生涯规划要求一个人根据自己的兴趣、特点,将自己定位在一个最能发挥自己长处的位置,选择最适合自己的事业。职业定位是决定职业生涯成败的最关键的一步,同时也是职业生涯规划的起点。

职业生涯规划也叫作职业生涯设计,就是确定个人的近期和远景规划、职业定位、阶段目标、路径设计、评估与行动方案等一系列计划与行动,如图2-2所示。一个大学生进行职业生涯规划的目的绝不只是按照自己的资历条件找一份工作,达到和实现个人目标,更重要的是了解真正的自己,为自己定下事业大计,筹划未来,拟定一生的方向,进一步详细估量内、外环境的优势和限制,在"衡外情,量己力"的情形下设计出合理且可行的职业生涯发展方向。

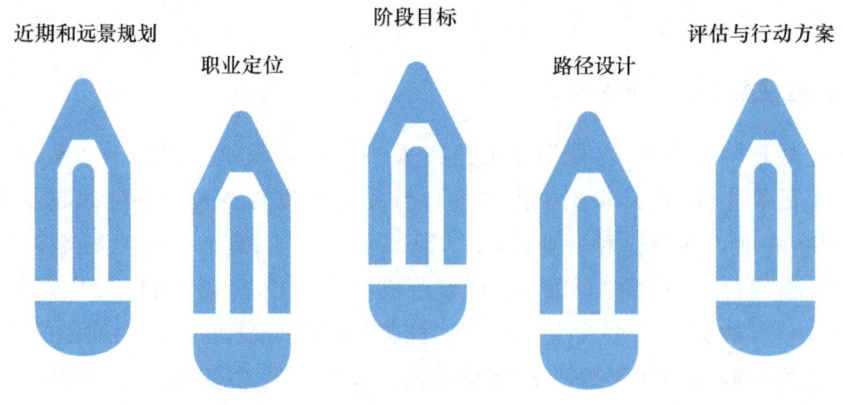

图 2-2　职业生涯规划

(二)职业生涯规划的核心内涵及特点

职业生涯规划的核心内涵是指个人结合自身的素质能力以及性格特征,并结合社会发展需求制订的中长期发展规划。职业生涯规划主要包含两部分的内容:第一是能力发展的规划,主要是结合自身特质,规划自身未来需要提升哪些能力,确定是向复合型人才转化还是向专精型人才转化,以及是向与人打交道的岗位转化还是向与设备、技术打交道的岗位转化,等等;第二是职位发展的规划,主要是结合企业所能够提供的职位,明确不同类型职位的要求和所需的能力。

良好的职业生涯规划具有可行性特点,规划要有事实依据,并非美好的幻想或不着边际的梦想,否则将会延误生涯良机;良好的职业生涯规划具有适时性特点,规划是预测未来的行动,确定将来的目标,因此各项主要活动何时实施、何时完成,都应有时间和时序上的妥善安排;良好的职业生涯规划具有适应性特点,规划未来的职业生涯目标牵涉多种可变因素,因此规划应有弹性,以增加其适应性;良好的职业生涯规划具有持续性特点,规划应使人生的每个发展阶段都连贯起来。

二、职业生涯规划的意义与作用

职业生涯规划至关重要,它不仅关乎个人职业发展,还影响社会整体的人才配置和经济发展。因此,一个人应当重视职业生涯规划,尽早开始思考和规划自己的职业生涯。

(一)职业生涯规划的意义

职业生涯规划对一个人一生的发展具有重要意义,如图 2-3 所示。

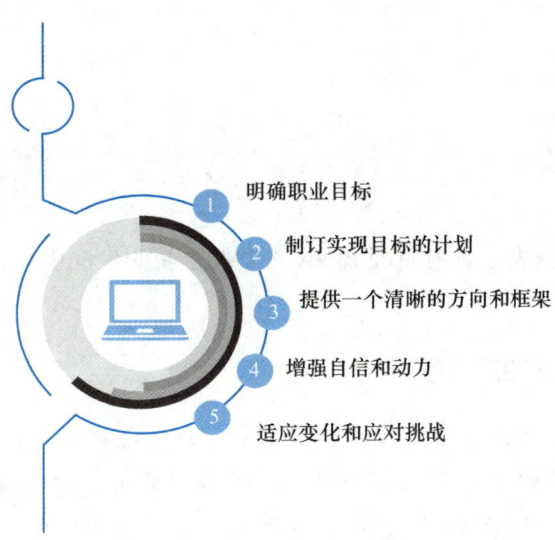

图 2-3　职业生涯规划的意义

1. 明确职业目标

职业生涯规划可以帮助一个人明确自己的职业目标。一个人通过深入思考自己的兴趣、价值观、能力和目标,可以确定自己想要追求的职业方向。这有助于一个人更加专注地提升自己的技能,提高自己的职业竞争力。

2. 制订实现目标的计划

职业生涯规划不仅包括设定目标,还包括制订实现这些目标的具体计划。应将长期目标分解为中期和短期目标,并为每个目标设定明确的行动步骤和时间表。这有助于一个人更好地管理时间和资源,提高工作效率和执行力。

3. 提供一个清晰的方向和框架

职业生涯规划为一个人提供了一个清晰的方向和框架。一个人应根据自己的职业目标和计划,选择适合自己的学习、培训和工作机会。这有助于一个人避免盲目追求机会,减少时间和精力的浪费,更有针对性地提升能力和积累经验。

4. 增强自信和动力

职业生涯规划可以增强一个人的自信和动力。当有明确的职业目标和计划时,一个人会更加自信地面对挑战和困难,更有动力去追求梦想。这有助于一个人保持积极的心态和高效的工作效率,提高工作表现和促进职业发展。

5. 适应变化和应对挑战

职业生涯规划使一个人对变化和挑战更加敏感、更加适应。一个人在不断变化的职场环境中,需要不断调整职业目标和计划,以适应新的需求和机会。职业生涯规划可以帮助一个人更好地应对变化和挑战,提升职业竞争力和适应能力。

> 通过以上学习,你认为职业生涯规划对于大学生而言具有哪些现实意义?请展开讨论。

综上所述,职业生涯规划具有重要意义,一个人在职业生涯中应该重视并积极进行职业生涯规划。

(二)职业生涯规划的作用

职业生涯规划不仅有助于个人实现职业目标、提升自我管理能力、增强竞争力,还能促进组织的发展和社会经济的进步。因此,应该重视职业生涯规划,积极开展职业生涯规划活动。职业生涯规划在职业发展中扮演着至关重要的角色,其主要作用如图2-4所示。

1. 具有明确职业目标和发展方向的作用

职业生涯规划可以帮助一个人根据自己的兴趣、能力和市场需求,明确自己的职业目标和发展方向。通过设定短期、中期和长期的目标,一个人可以更有方向地进行学习和工作,避免盲目尝试和浪费资源。

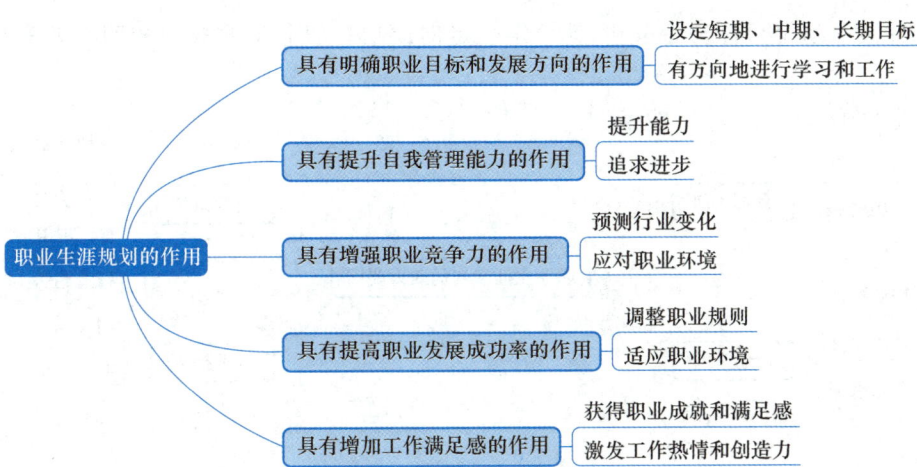

图 2-4　职业生涯规划的作用

2. 具有提升自我管理能力的作用

在职业生涯规划的过程中,一个人需要对自己的能力、兴趣、价值观等进行深入反思。这不仅有助于一个人更好地认识自己,还能帮助一个人有计划地提升自己的能力,不断追求进步。

3. 具有增强职业竞争力的作用

通过职业生涯规划,一个人可以预测和应对职业环境的变化,不断提升自身能力,从而在职业竞争中更具优势,在激烈的竞争中脱颖而出。

4. 具有提高职业发展成功率的作用

在职业发展中,一个人应有明确的目标和计划。在实现职业目标的过程中,一个人要不断调整自己的职业规划,以适应职业环境的变化。这种有目标的行动比盲目努力更加有效,可以提高职业发展成功率。

5. 具有增加工作满足感的作用

当一个人通过职业生涯规划实现了职业发展目标,获得了职业上的成就和满足感时,这种满足感会进一步激发其工作热情和创造力,为其职业发展注入新的动力。同时,职业生涯规划也有助于一个人更好地平衡工作与生活的关系,提高生活品质和幸福感。

在未来的职业生涯中,你认为职业生涯规划具有哪些作用?请分组讨论并得出结论。

三、职业生涯规划的四大要素

职业生涯规划可以帮助一个人最大化地实现自我价值,只要确定努力的方向,制订固定的目标,并按照这个目标努力奋斗,就一定会走向成功。职业生涯规划的四大要素如图 2-5 所示。

图 2-5　职业生涯规划的四大要素

(一)自我认知

自我认知是个人成长与职业发展的基石,涉及对兴趣、能力、价值观的系统性探索。在职业生涯规划中需构建清晰的自我认知框架,下面从三个维度展开分析,如图 2-6 所示。

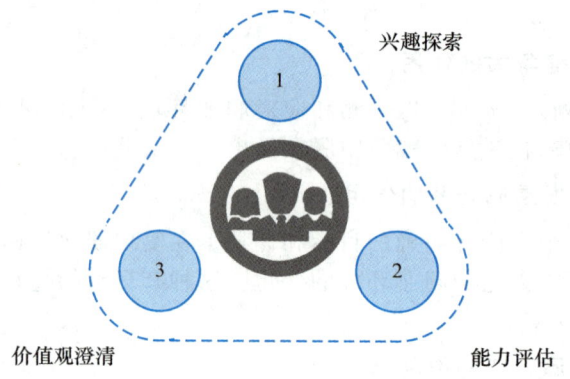

图 2-6　自我认知框架

1. 兴趣探索

兴趣是驱动行动的核心动力,通过多维度尝试,如参加社团、体验新技能和深度反思,可以逐步筛选出真正热爱的领域。例如,一个人若在编程社团中获得解决问题的成就感,或在志愿服务中获得情感满足,则表明相关领域可能成为其长期兴趣方向。建议采用"兴趣四象限法":将活动按愉悦度和投入度分类,优先聚焦于高愉悦、高投入的领域。

2. 能力评估

能力包括现有技能(如语言表达、数据分析等能力)以及可培养潜力(如逻辑思维、团队协作等能力)。建议通过以下方法或工具对能力进行系统性评估。

① 成果回溯法。梳理过往成就事件,如在学科竞赛中获奖、成功策划项目,提炼背后体现的核心能力。

② 多元测评工具。借助霍兰德职业兴趣测试、MBTI 性格测试等,量化分析能力倾向。

③ 实践验证法。通过短期实习、学科实验等场景,验证理论能力与实际表现的匹配度。

例如,某学生发现自己在数学建模竞赛中展现出出色的抽象思维能力,但在即兴演讲中暴露出表达短板,则可有针对性地强化抽象思维能力,同时进行沟通训练。

3. 价值观澄清

价值观是决策的隐形指南针,包含职业回报偏好(如薪酬、稳定性等)、意义追求(如社会贡献、创新价值)等方面。建议通过以下方法明确价值观优先级。

① 价值观排序法。列举 10 项重要价值观,如自由、成就、人际关系等,逐步剔除次要选项,保留核心的 3～5 项。

② 情景模拟法。设想不同的职业场景,如高薪但高压的工作和收入不高但时间灵活的职业,观察内心倾向。

③ 榜样分析法。研究值得敬佩的人物的选择逻辑,提炼其价值观内核。

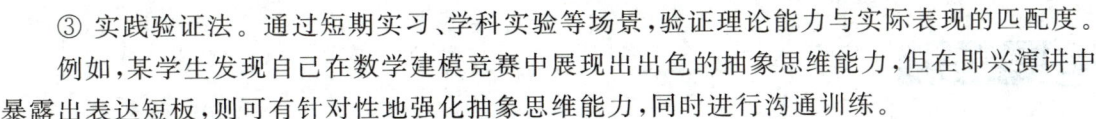

如果某学生发现自身更重视"创造社会价值"而非"物质回报",那么其是否可优先考虑教育、环保等公益属性强的领域?

(二)职业探索

1. 行业趋势

当前中国经济正经历结构性转型,职业生涯规划应把握时代脉搏,锁定潜力赛道。以下四大领域展现出强劲的发展势头,如图 2-7 所示。

图 2-7　行业趋势

(1) 人工智能与数字经济

2025 年,人工智能市场规模预计突破 3 000 亿元,智能网联汽车、量子计算、生物制造等前沿领域加速落地。"十四五"规划明确提出"三年建设 200 个高标准数字园区",企业数字化转型催生大量算法工程师、数据分析师岗位。

课堂互动

试分析数字经济领域的数字技术工程师、跨境电商产品经理等岗位需求,了解在该领域需要掌握哪些技能。

（2）绿色能源与可持续发展

科技的高速发展推动光伏、储能、氢能等产业爆发,2025 年,绿色能源投资预计超 5 万亿元。海南发布《海南省氢能产业发展中长期规划（2023—2035 年）》,重点培育新能源技术专家、碳管理师等人才。储能项目经理岗位要求熟悉光伏产业链和融资租赁业务,该岗位的薪资可达 1.5 万元/月,而质量管理工程师岗位要求掌握 ISO9001 体系及检测设备操作等知识。

（3）健康养老与民生服务

老龄化社会催生银发经济,2025 年,养老护理员缺口达 600 万人。国家卫生健康委员会计划新增 66 万个普惠托位,康复治疗师、心理医生等岗位需求增加。

（4）高端制造与低空经济

工业机器人、无人机等领域迎来机遇,2024 年东莞无人机组装测试岗位需求增长 82.7%,深圳智能制造专场招聘会提供了上千个岗位。海南临空经济区聚焦于航空维修、跨境电商,2024 年其营收突破千亿。航空物流、供应链管理等岗位的薪资较传统行业岗位的高 12%～20%。

2. 岗位需求

不同行业对人才的技能要求呈现差异化特征,求职者如果能具有较强的职业生涯规划能力,则能够抢占就业先机。下面以技术型岗位、服务型岗位、复合型岗位为例讲述岗位需求,如图 2-8 所示。

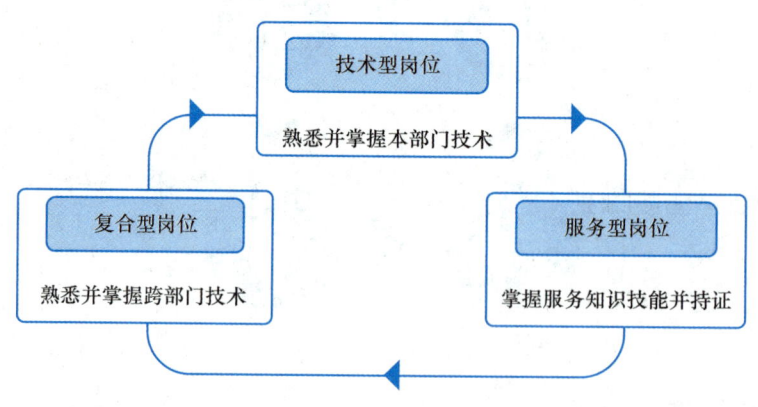

图 2-8　岗位需求

① 技术型岗位。AI 算法工程师需精通 PyTorch 框架,掌握自然语言处理技术,具备 3 年以上的项目经验;绿色能源领域的储能系统工程师需熟悉锂电池、PACK 工艺等。

② 服务型岗位。健康管理师需持有国家职业资格证书,掌握慢性病管理与营养配餐知

识;低空经济领域的无人机运维工程师需考取 AOPA 执照,熟悉空域管理法规。

③ 复合型岗位。跨境电商产品经理需兼具外语能力与数据分析技能;数字经济规划专家须具备区域产业研究能力,能够参与政府专项债项目咨询工作。

3. 职业环境

职业环境需从政策、地域、企业三个维度综合考量。

① 政策红利。《"十四五"现代能源体系规划》明确支持氢能、储能技术研发,相关企业可申请专项补贴。国内多个沿海城市实施"双15%"税收优惠政策,对 A 类人才提供最高 200 万元的住房补贴,跨境电商、旅游等领域享受进口免税政策。

② 地域差异。一线城市(如广州、深圳)聚焦于高端研发,AI 算法岗位的平均薪资为 2 万～4 万元/月;新一线城市承接产业转移,武汉光谷将 AI 技能培训纳入"新工匠计划",成都高新区提供最高 50 万元的安家补贴。依托自贸港政策,海南旅游业、现代服务业岗位增长显著,2025 年计划新增 20 个百亿级产业集群。

③ 企业环境。需关注企业的行业地位、管理模式与发展前景,优先选择行业龙头或细分领域领先企业,其资源与平台更利于职业成长;关注企业的管理风格是否开放包容、激励机制是否透明合理;评估企业的战略布局与技术创新能力,判断其在市场变革中的抗风险能力与可持续发展潜力。这些直接决定了职业发展的天花板与稳定性。

4. 行动建议

对职业能力的不同理解影响职业生涯规划的设计,新时代的大学生要增强竞争力,积极获取就业市场动态,主动实践,以实现可持续发展,如图 2-9 所示。

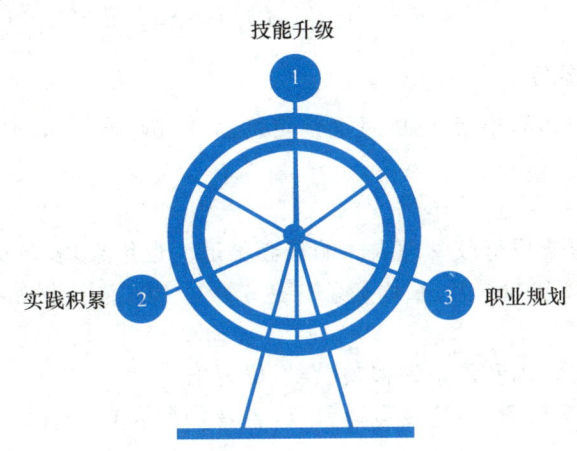

图 2-9　行动建议

① 技能升级。参与"数字技术工程师培育项目",考取 AI、大数据领域的职业资格证书;关注行业峰会,如中国种子大会、国际青年英才交流会,拓展人脉资源。

② 实践积累。通过各种人才交流活动获取实习机会,参与跨境电商、航空物流等领域中的重点项目;加入社区,积累项目经验,提升技术影响力。

③ 职业规划。利用 SWOT 分析法明确优势与劣势,制订"3 年技能进阶＋5 年管理转型"路线图;定期参加员工帮助计划(Employee Assistance Program,EAP),缓解职业倦怠感,保持心理健康。

职业生涯规划需以行业趋势为导向,以岗位需求为标尺,以职业环境为依托。在人工智能、绿色能源等赛道中,技术能力与政策敏感度成为核心竞争力;跨文化沟通与资源整合能力决定发展上限。唯有持续学习、主动适应,方能在变革中把握机遇,实现职业价值最大化。

(三)目标去向

在当今社会,大学生在职业生涯中面临着多元化的目标去向,目标去向主要可归纳为公务员和事业单位、国家项目、市场就业、升学深造四大模块,如图2-10所示。每个模块都有其独特的发展路径、职业特点和发展前景,大学生全面了解这些去向,有助于合理规划职业生涯,实现个人职业理想与社会价值。

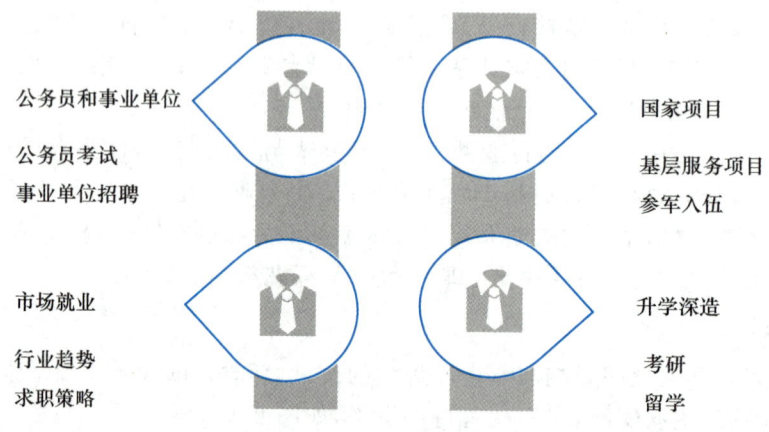

图2-10 目标去向的四大模块

1. 公务员和事业单位

公务员和事业单位作为稳定性强、社会认可度高的就业方向,是大学生在进行职业规划时的重要选择。

(1)公务员考试

公务员考试是国家选拔行政管理人才的核心渠道。近年来,公务员报考人数持续攀升,2024年国考报名人数突破300万,平均竞争比达70∶1。热门岗位(如税务、海关、市场监管等岗位)的竞争尤为激烈。

优势:职业稳定性高,福利体系完善,社会地位突出。

挑战:考试内容涵盖行测、申论及专业科目,备考周期长;岗位的地域、层级差异导致发展空间不均。

准备策略:提前1~2年系统复习,关注政策文件与时政热点;结合自身专业选择匹配岗位,如法学专业的大学生可报考司法系统。

(2)事业单位招聘

事业单位涵盖教育、医疗、科研等领域,招聘方式包括统考(如各省联考)和单位自主招聘。以2024年的数据为例,教育类岗位占比超40%,医疗、技术岗位需求增长显著。

优势:专业对口性强,工作节奏相对稳定,部分岗位提供编制。

挑战:部分单位实行"员额制"改革,编制逐渐缩减;专业技术岗位对学历、资格证书的要求较高。

准备策略:考取教师资格证、医师资格证等专业证书;关注目标单位的官网及人社部门的公告,把握校招机会。

2. 国家项目

国家项目提供了锻炼能力、服务社会的平台,是"曲线就业"的热门选择。

(1)基层服务项目

大学生村官:服务期为2~3年,期满可定向考录公务员或参加事业单位招聘考试。

西部计划:面向中西部偏远地区开展教育、医疗等志愿服务,服务期满的志愿者可享受考研加分、考公务员优先录用等政策。

"三支一扶":支农、支教、支医和帮扶乡村振兴,在2024年扩招至4.5万人,部分省份期满转编比例达80%。

优势:能够积累基层经验、享受升学和就业的优惠政策。

挑战:工作环境较艰苦,服务期收入偏低。

准备策略:提前参与社会实践,从而锻炼适应能力;关注各省项目差异,如江苏省"三支一扶"对本地户籍考生有倾斜。

(2)参军入伍

大学生参军可享受学费补偿、考研专项计划等优待。2024年,征兵政策优化,重点招收理工类、技能型人才,直招军士比例提升至30%。

优势:能够强健体魄、培养纪律性,退役后考公、创业享专项扶持。

挑战:军事训练强度大,在服役期间学业中断。

准备策略:加强体能训练,了解兵种需求。

3. 市场就业

当前就业市场呈现"结构性矛盾",新兴行业人才的缺口大,而传统行业的竞争加剧。

(1)行业趋势

高增长领域:人工智能、新能源、生物医药等领域的招聘规模年增20%以上,算法工程师、电池研发工程师等岗位的年薪达50万~65万元。

传统行业转型:制造业向智能制造业升级,需要"技术+管理"复合型人才;金融业侧重金融科技、绿色金融方向。

(2)求职策略

技能提升:考取职业资格证书。

实习积累:在头部企业的实习经历可成简历的"加分项",2024年腾讯、字节跳动实习转正率超30%。

灵活就业:短视频运营、自由职业等新业态吸纳了约10%的毕业生,需注重个人品牌建设与风险规避。

4. 升学深造

升学是延缓就业压力、提升竞争力的重要途径,需结合学术兴趣与职业生涯规划理性选择。

(1) 考研

2024年,考研报名人数为438万,较上年下降4%,但"双一流"高校竞争的热度不减;跨专业考研的比例增至35%,计算机、法学、教育学成考研热门专业。

备考建议:提前联系目标院校导师,参与科研项目或发表论文;关注"硕博连读""申请-考核制"等多元化招生渠道。

(2) 留学

美国、英国、澳大利亚、新加坡等仍是主流的留学目的地,2024年留学申请量回升至疫情前的90%。商科、计算机、传媒专业的申请占比超过60%,部分学生转向性价比更高的欧亚国家(如德国、日本)。

规划要点:尽早准备雅思/托福考试,GPA保持3.5以上;参加国际竞赛或海外夏校;关注STEM专业的就业优势。

需结合个人兴趣、能力与外部环境对职业生涯规划进行动态调整。建议建立"1+N"目标体系(1个主方向+N个备选方案),通过实习、考证、学术探索等途径持续提升职业竞争力,最终实现高质量就业。

(四)行动策略

行动策略的选择对于职业生涯规划至关重要。下面从资源整合、技能提升、实践反馈三个方面介绍一些常见的行动策略,如图2-11所示。

图2-11 行动策略

1. 资源整合

制订具体的行动计划,将目标分解为具体的任务,并设定明确的时间节点和预期成果,确定各个任务的优先级,确保重要且紧急的任务优先处理。将整个计划分解成小的、具体的阶段性目标,以便实施和评估。合理分配时间、金钱、人力等资源,确保关键领域得到足够支持。

2. 技能提升

积极行动并进行自我激励,采用深呼吸、放松训练、冥想和做瑜伽等方法来提高专注力和缓解压力。找到行动的内驱力,保持积极的态度。尝试自己做决定,学会从结果中获取反馈。培养自我管理能力,学会维护自己的合法权益。学会识别可能出现的风险和障碍,制订相应的应对策略。

3. 实践反馈

有效利用沟通与协作的渠道，建立有效的沟通机制，确保信息交流畅通。鼓励团队协作，共同解决问题，达成目标。持续改进与创新，关注个人成长，提出改进意见和建议。

鼓励提出创新性的想法和建议，推动职业生涯规划的持续发展和进步。定期对行动计划的执行情况进行监控和评估。根据评估结果及时调整行动计划，以确保目标的实现。根据具体情况对职业生涯规划进行调整，以达到最佳的行动效果。

第二节 | 大学生职业发展理论解析

职业发展理论为大学生规划职业生涯提供了系统性框架。本节结合舒伯、霍兰德、克朗伯兹等学者的经典理论，以及当代职业规划实践案例，解析职业发展的核心逻辑与实践路径。

第二章第二节

一、舒伯的生涯发展理论

舒伯的生涯发展理论有国际化的视角，已经广泛应用于各国的各级学校和社会机构。作为著名职业生涯规划师，舒伯首次提出了职业生涯的概念。舒伯的生涯发展理论的提出是生涯辅导发展史上的分水岭，实现了职业指导到生涯辅导的转变。他建构了一套完整的生涯发展理论，其理论观点是现今生涯辅导的重要理论基础。

（一）舒伯的生涯发展阶段

舒伯根据自己"生涯发展形态研究"的结果，参照布勒的分类，将生涯发展阶段划分为成长、探索、建立、维持与衰退五个阶段（图 2-12），具体分述如下。

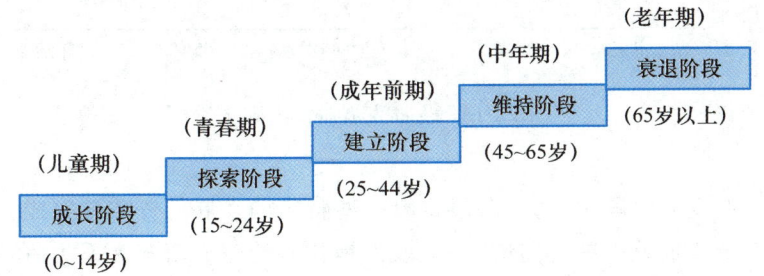

图 2-12 舒伯的生涯发展阶段

1. 成长阶段

成长阶段（0～14 岁）：该阶段的儿童开始发展自我概念，以各种不同的方式来表达自己的需要，且经过对现实世界的尝试，不断更新自己的角色。这个阶段的发展任务是发展自我形象，并了解工作的意义。

2. 探索阶段

探索阶段（15~24岁）：该阶段的青少年通过参加学校的活动、打零工等对自身的能力及角色、职业作了一番探索，因此在选择职业时有较大弹性。这个阶段的发展任务是使职业偏好逐渐具体化、特定化并实现职业偏好。

3. 建立阶段

建立阶段（25~44岁）：由于经过上一阶段的尝试，人们可能会谋求变迁或作其他探索，因此人们在该阶段基本能确定在整个职业生涯中属于自己的"位子"。在31岁至44岁，人们开始考虑如何保住这个"位子"。

4. 维持阶段

维持阶段（45~65岁）：个体仍希望继续保住属于自己的"位子"，同时会面对新的人员挑战。这一阶段的发展任务是维持既有成就与地位。

5. 衰退阶段

衰退阶段（65岁以上）：由于生理及心理机能日渐衰退，个体不得不面对现实，从积极参与转变为逐渐隐退。在这一阶段，个体往往注重寻求新的人生角色。生涯发展阶段矩阵如图2-13所示。

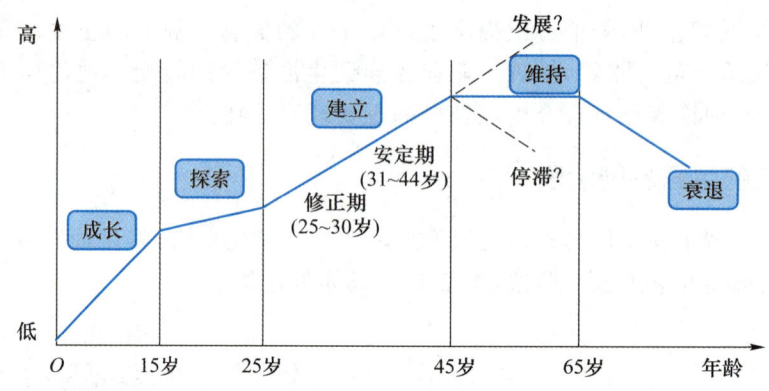

图2-13 生涯发展阶段矩阵

在舒伯的生涯发展阶段中，每一阶段都有一些特定的发展任务需要完成，每一阶段需达到一定的发展水准或成就水准，而且前一阶段发展任务的完成情况关系到后一阶段的发展。

（二）舒伯的生涯发展理论应用工具

1. 生涯彩虹图理论

生涯彩虹图是在职业生涯规划理论领域非常具有代表性的人物——舒伯的研究成果，如图2-14所示。它集合了生活广度、生活空间的生涯发展观。生涯彩虹图形象地展现了生涯发展的时空关系，更好地诠释了生涯的定义。使用它的目的是梳理过去、觉知当下、规划未来。目前，生涯彩虹图是国内在生涯教育环节中的生涯意识唤醒模块较为常用的工具。

图 2-14 揭示了人生是多种角色的整合(子女、学生、休闲者、公民、工作者、持家者等),工作只是为了更好地生活,工作不是生活的全部。同时,舒伯提出生涯发展有阶段性的任务,按照时间顺序,整个生涯发展阶段会分为成长、探索、建立、维持和衰退五个大的阶段周期,而在这五个大的阶段周期内,还有小的阶段周期。生涯彩虹图通过直观的彩虹图展示了人们在一生中需要扮演的各种角色以及在每个阶段的主要任务,以便人们能够更好地规划和理解自己的生涯。它没有局限于职业发展,还涵盖了个人生活中的多个方面,如家庭、休闲、社会参与等,强调了生涯的全面性和多维度。

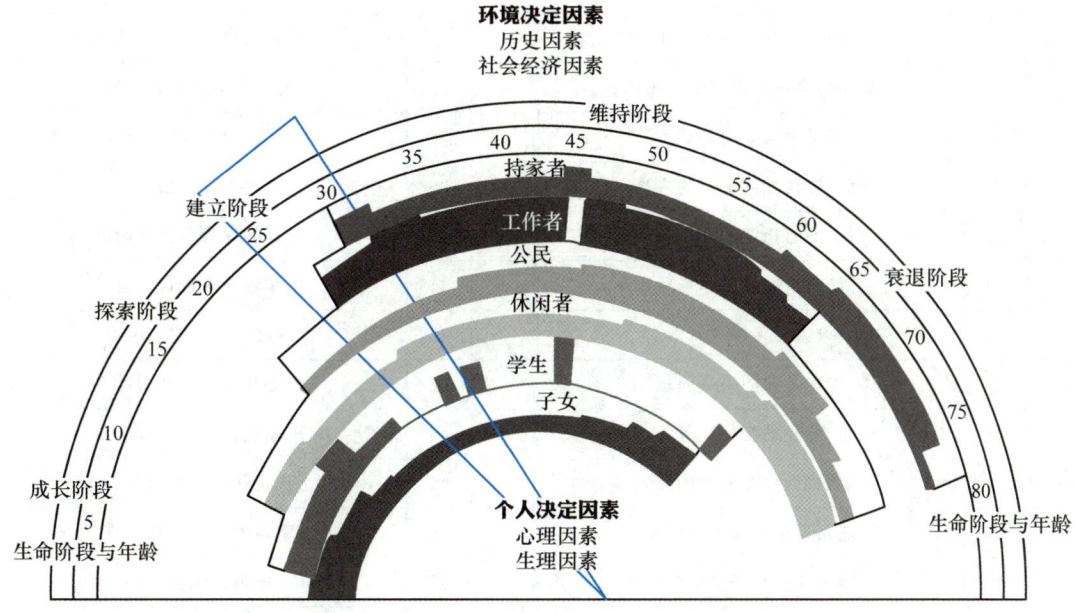

图 2-14 生涯彩虹图

舒伯的理论研究非常注重实际应用。在他的理论基础上,生涯辅导策略形成了,该策略对实践中的生涯评估、辅导措施以及指导方式有很大的指导意义。他在职业生涯晚期专门从事生涯发展理论应用的研究工作。舒伯和他的同事研究出职业生涯决策的评估工具,这些评估工具成为舒伯生涯发展评估和辅导模式的核心。这些评估工具大多数都已经被国际研究工作组采用,有深远的国际影响。

2. 职业价值观量表

职业价值观就是一个人对职业以及自己的职业行为结果的意义、作用、效果和重要性的评价和看法。职业价值观量表可以帮助人们了解自己的职业价值观。

请你仔细阅读表 2-1,并在每题前方填上 1~5 的数字,该数字代表对应选项对你的重要性。其中 5 代表非常重要,4 代表很重要,3 代表重要,2 代表不太重要,1 代表不重要。

表 2-1　职业价值观量表

分值	题号	题目	分值	题号	题目
	1	能参与救灾济贫的工作		31	能够减少别人的苦难
	2	能经常欣赏完美的艺术作品		32	能运用自己的鉴赏力
	3	能经常尝试新的构想		33	常需构思新的解决方法
	4	必须花精力去思考人生		34	必须不断地解决新的难题
	5	在职责范围内有充分自由		35	能自行决定工作方式
	6	可以经常看到自己的工作成果		36	能知道自己的工作绩效
	7	能在社会扮演很重要的角色		37	能让你觉得出人头地
	8	能知道别人如何处理事务		38	可以发挥自己的领导能力
	9	收入能比相同条件的人高		39	可使你存下很多钱
	10	能有稳定的收入		40	有好的保险和福利制度
	11	能有清净的工作场所		41	工作场所有现代化设备
	12	主管善解人意		42	主管能采取民主领导方式
	13	能经常和同事一起玩		43	不必和同事有利益冲突
	14	能经常变换职务		44	可以经常变换工作场所
	15	能成为你想成为的人		45	工作常让你觉得如鱼得水
	16	能帮助贫困和不幸的人		46	常帮助他人解决困难
	17	能增添社会的文化气息		47	能创作优美作品
	18	可以自由地提出新颖的想法		48	常提出不同的处理方案
	19	只有不断学习才能胜任		49	需对事情进行深入的分析和研究
	20	工作不受他人干涉		50	可以自行调整工作进度
	21	常觉得自己的辛劳没有白费		51	工作结果受到他人的肯定
	22	能使你的社会地位更高		52	能自豪地介绍自己的工作
	23	能够分配、调整他人的工作		53	能为团体拟定工作计划
	24	能常常加薪		54	收入高于其他行业
	25	生病时能有妥善的照顾		55	不会轻易被解雇或裁员
	26	工作地点的光线和通风好		56	工作场所整洁又卫生
	27	有一个公正的主管		57	主管的学识和品德让你敬佩
	28	能与同事建立深厚友谊		58	能够认识很多有趣的伙伴
	29	工作性质常会变化		59	工作内容会随时间变化
	30	能实现自己的理想		60	能充分发挥自己的专长

职业价值观量表的记分和解释如表 2-2 所示。

表 2-2　职业价值观量表的记分和解释

得分	对应题号	职业价值观	得分	对应题号	职业价值观
	1,16,31,46	利他主义		9,24,39,54	经济报酬
	2,17,32,47	对美的追求		10,25,40,55	安全稳定
	3,18,33,48	创造发明		11,26,41,56	工作环境
	4,19,34,49	智力激发		12,27,42,57	上司关系
	5,20,35,50	独立自主		13,28,43,58	同事关系
	6,21,36,51	成就满足		14,29,44,59	多样变化
	7,22,37,52	声望地位		15,30,45,60	生活方式
	8,23,38,53	管理权力			

如果你在表 2-2 中有好多个高分项,那么这表示你对工作的期待值很高。找到核心价值观后,可以把它作为将来求职的指南针。可从高分项中,认真地选择你最为看重的三项,并且对它们进行排序,这是一个发现自己的过程。

通过以上维度的评估,你是否全面了解了自己的职业发展状况?能否做出更明智的职业决策?请分组讨论。

舒伯的职业价值观量表可以广泛应用于招聘、职业咨询、人才管理等领域。在了解职业价值观后,人们可以提高职业满意度和绩效。需要注意的是,舒伯的职业价值观量表仅是一种辅助工具,其结果并不具有绝对的准确性。职业价值观在不同的阶段和环境下可能会有变化,因此应该结合其他评估工具和自身情况对其进行综合分析和解读。

二、霍兰德的职业兴趣理论

霍兰德是美国约翰·霍普金斯大学的心理学教授,也是美国著名的职业指导专家。他于 1959 年提出了具有广泛社会影响力的职业兴趣理论,认为人的人格类型、兴趣与职业密切相关,兴趣是人们活动的巨大动力,凡是能够触发个人兴趣的职业都可以提高人们的积极性,促使人们积极地、愉快地从事该职业,且职业兴趣与人格类型之间存在很高的相关性。

(一)职业兴趣理论简介

霍兰德的职业兴趣理论的优点之一是它提供了一个非常简单易懂的分类系统,把众多的职业兴趣归结为六种清晰的类型,无论是职业咨询师在指导大学生求职时,还是普通大众在探索职业兴趣时都非常容易理解和运用这个理论。

霍兰德的职业兴趣理论不仅对职业兴趣进行了简单的划分,还对每种类型的人格特征、行为偏好、职业倾向等方面进行了多维度的详细描述。这种多维度描述与图形辅助工具大大加强了大学生对自己以及他人在职业兴趣类型方面的理解,并且有助于大学生在职业规划中权衡不同职业兴趣类型之间的联系和差异。

霍兰德认为职业兴趣可分为现实型(R)、研究型(I)、艺术型(A)、社会型(S)、企业型(E)、常规型(C)六类,强调"人格类型-职业环境"匹配,如图2-15所示。

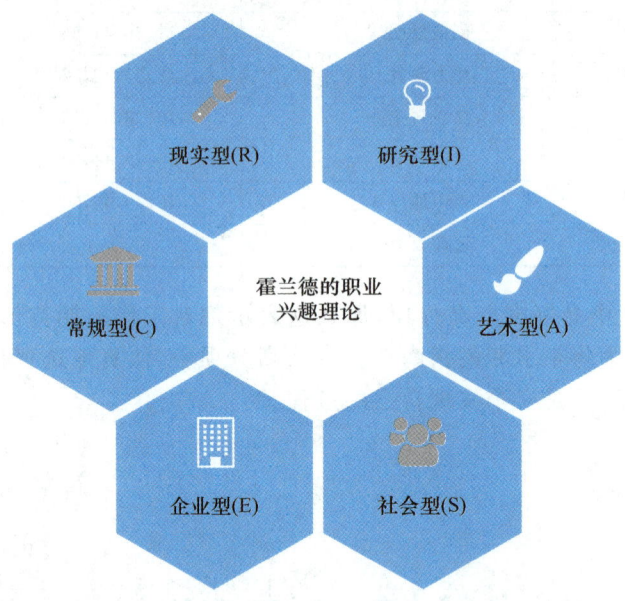

图2-15 霍兰德的职业兴趣理论图解

1. 现实型(R)

具有现实型职业兴趣的个体的共同特点是愿意使用工具从事操作性工作,动手能力强,手脚灵活,动作协调;偏好于具体任务,不善言辞,做事保守,较为谦虚;缺乏社交能力,通常喜欢独立做事。

典型职业:技术性职业(计算机硬件人员、摄影师、制图员、机械装配工)、技能型职业(木匠、厨师、技工、修理工、农民)等。

2. 研究型(I)

具有研究型职业兴趣的个体的共同特点是善于思考,具有较强的抽象思维能力和求知欲,肯动脑,不愿意动手;喜欢独立的和富有创造性的工作;知识渊博,有学识才能,不善于领导他人;考虑问题理性,做事严谨,喜欢逻辑分析和推理,不断在探讨未知的领域。

典型职业:科学研究人员、工程师、计算机编程人员、医生、系统分析员等。

3. 艺术型(A)

具有艺术性职业兴趣的个体的共同特点是有创造力,乐于创造新颖、与众不同的成果,渴望表现自己的个性,实现自身的价值;做事理想化,追求完美,不注重实际;具有一定的艺术才能;善于表达,比较怀旧。

典型职业:艺术方面的职业(演员、导演、艺术设计师、雕刻家、建筑师、摄影家、广告制作人)、音乐方面的职业(歌唱家、作曲家、乐队指挥)、文学方面的职业(小说家、诗人、剧作家)等。

4. 社会型(S)

具有社会型职业兴趣的个体的共同特点是喜欢与人交往,不断在结交新的朋友,善言谈,愿意教导别人;关心社会问题,渴望发挥自己的社会作用;希望寻求广泛的人际关系,比较看重社会义务和社会道德。

典型职业:教育工作者(教师、教育行政人员)、社会工作者(咨询人员、公关人员)等。

5. 企业型(E)

具有企业型职业兴趣的个体的共同特点是追求权力和物质财富,具有领导才能;喜欢竞争,敢冒风险,有野心,有抱负;习惯用权力、地位、金钱等来衡量做事的价值,做事有较强的目的性。

典型职业:项目经理、销售人员、营销管理人员、政府官员、企业领导、法官、律师等。

6. 常规型(C)

具有常规型职业兴趣的个体的共同特点是尊重权威和规章制度,喜欢按计划办事,细心,有条理,习惯接受他人的指挥和领导,自己不谋求领导职务;喜欢关注实际和细节情况,通常较为谨慎和保守,缺乏创造性,不喜欢冒险和竞争,富有自我牺牲精神。

典型职业:秘书、办公室人员、记事员、会计、行政助理、图书馆管理员、出纳员、打字员、投资分析员等。

霍兰德所划分的六大类型的职业兴趣并不是并列的、有着明晰边界的。他以六边形标示出六种职业兴趣的关系。每一种职业兴趣都与其他职业兴趣之间存在着不同程度的关系,这些关系大体可描述为三类。

① 相邻关系,如 RI、IR、IA、AI、AS、SA、SE、ES、EC、CE、RC 及 CR。属于这种关系的两种类型的个体之间的共同点较多,例如,具有现实型职业兴趣、研究型职业兴趣的人都不太偏好人际交往。

② 相隔关系,如 RA、RE、IC、IS、AR、AE、SI、SC、EA、ER 及 CS,属于这种关系的两种类型的个体之间的共同点较相邻关系少。

③ 相对关系,即在六边形上处于对角位置的两种类型之间的关系,如 RS、IE、AC、SR、EI 及 CA,属于相对关系的两种类型的个体之间的共同点少,因此,一个人同时对处于相对关系的两种职业环境都很感兴趣的情况较为少见。

人们通常倾向选择与自我兴趣类型匹配的职业环境,如具有现实型职业兴趣的人希望在现实型的职业环境中工作,从而可以最好地发挥个人的潜能。但在职业选择中,个体并非一定要选择与自己兴趣完全对应的职业环境。一是因为个体本身通常是多种兴趣类型的综合体,单一类型显著突出的情况不多,因此个体的兴趣类型也时常由其在六大类型中得分居前三位的类型组合而成,组合时根据每种类型的得分高低依次排列字母,从而得到其兴趣类型,如 RCA、AIS 等;二是因为影响职业选择的因素是多方面的,在进行职业选择时,不能完全依据兴趣类型,还要参照社会的职业需求及获得职业的现实可能性,因此,个体在进行职业选择时可能会不断妥协,寻求相邻的职业环境,甚至相隔的职业环境,在这种环境中,个体需要逐渐适应。

> 课堂互动
>
> 如果你寻找的是相对的职业环境,即所进入的是与自我兴趣完全不同的职业环境,在工作时可能会难以适应,那么你还会选择相对的职业环境吗?

(二)职业兴趣理论的应用场景

霍兰德的职业兴趣理论主要从职业兴趣的角度探索职业指导的问题。他明确提出了职业兴趣的人格观,使人们对职业兴趣的认识有了质的变化。霍兰德职业兴趣理论的应用场景反映了他长期专注于职业指导的实践经历,把对职业环境的研究与对职业兴趣个体差异的研究有机地结合起来,使其职业兴趣理论的应用场景更加具象化,而在霍兰德的职业兴趣理论被提出之前,二者的研究是相对独立进行的。霍兰德以职业兴趣理论为基础,先后编制了职业偏好量表和自我导向搜寻表两种职业兴趣量表。这两种量表可以作为职业兴趣的测查工具。霍兰德力求为每种职业兴趣找出两种相匹配的职业能力。兴趣测试和能力测试的结合在职业指导和职业咨询的实际操作中起到了促进作用。

三、克朗伯兹的社会学习理论

20世纪70年代,班杜拉提出社会学习理论,它以经典行为主义、强化理论和认知信息加工理论为基础。后来,美国斯坦福大学的教育和心理学教授克朗伯兹将此理论应用在生涯辅导的领域里,进而讨论影响个人做决定的一些因素,并设计出一些辅导方案,以提升个人的决策能力。克朗伯兹提出的社会学习理论继承和发展了班杜拉的社会学习理论,该理论最主要的价值集中在两个方面:一方面是对生涯决定的研究;另一方面是对偶发事件与生涯发展之间关系的研究。

(一)生涯决定

克朗伯兹认为个人的生涯发展历程相当复杂,他提出社会学习理论的主要目的是说明影响某一个人决定进入某一个职业领域的因素。他提出,个人的社会成熟度在很大程度上依赖对他人行为的学习和模仿,并由此决定个人的职业导向。影响职业决策的主要因素(图2-16)有四种:遗传素质及特殊能力、环境及重要事件、学习经验、任务取向的技能。这些因素共同作用,形成了关于自我和职业世界的信念系统、问题解决技能和试验性行动,并最终决定了职业生涯的选择。

克朗伯兹认为,在个人发展的历程中,上述四种因素相互作用,从而形成了个人对自我和世界的推论。个人学习经验的不足或不当,可能会导致形成错误的推论、得出单一的比较标准、产生夸大式的灾难情绪等种种问题,从而有碍于职业生涯的正常发展。因此,克朗伯兹特别强调丰富而适当的学习经验对职业生涯发展尤为重要。

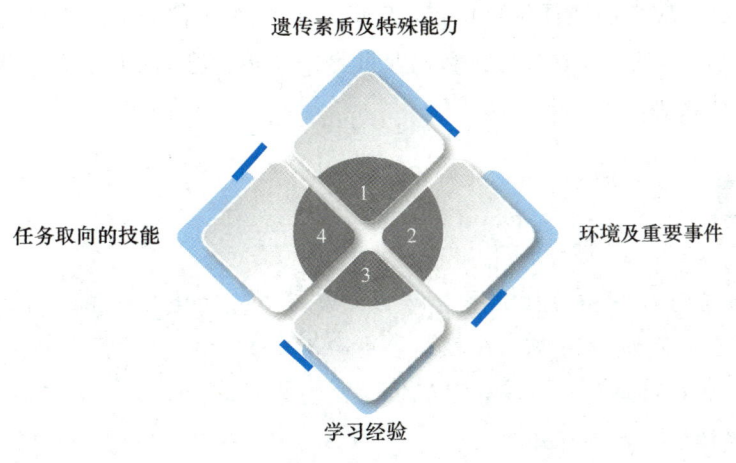

图 2-16　影响职业决策的主要因素

> 在克朗伯兹论及的信念系统里,关于自我的信念核心是对自己表现的评估和对未来的预测,而关于职业世界的信念核心是对环境及未来事物的评估与展望。你如果不能对自己的信念做出明确抉择,那么将在很大程度上对自我和职业世界存在限制性信念,请分析你的限制性信念有哪些。这些限制性信念是否会影响你的职业生涯规划?

(二)机缘规划

克朗伯兹认为,一直以来生涯理论都在试图尽可能地减少生涯选择所面临的不确定性,使所有事合乎情理,但忽视了不可避免的偶发事件的重要性。面对偶发事件,机缘规划就显得非常重要。结合克朗伯兹的机缘理论,职业生涯的机缘规划要把握图 2-17 所示的四点。

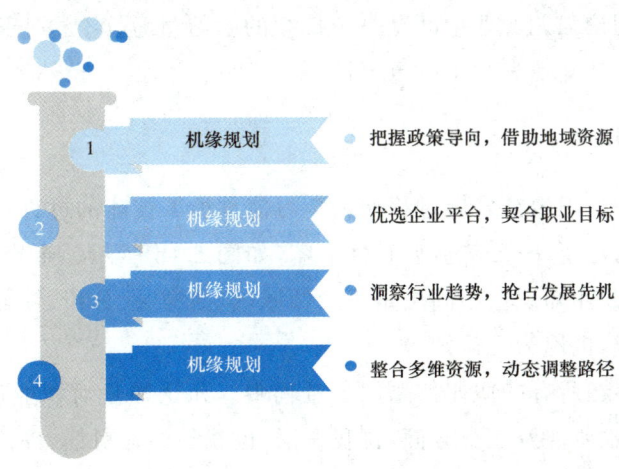

图 2-17　机缘规划

克朗伯兹强调,应该制造偶发事件,辨认偶发事件,并把偶发事件整合进自己的职业生涯规划中;积累学习经验,形成对自我和职业世界的积极信念,从而了解工作技能提升的方法,提升职业行动意愿。

  如果你的情感状态和动机水平会影响行为的受关注度及评估,从而调节认知、情感、行为及环境因素,那么强调个体在环境中的主动适应能力是否有必要?通过分析对他人职业行为的观察与模仿可揭示社会成熟度与职业导向之间的关系,你认为这些是否会为职业生涯规划提供理论依据?

四、认知信息加工理论

  认知信息加工理论认为生涯发展就是看一个人如何做出生涯决策以及在生涯问题解决和生涯决策过程中如何使用信息。1991年,盖瑞·彼得森、詹姆斯·桑普森、罗伯特·里尔登合著了《生涯发展和服务:一种认知的方法》一书,阐述了这一理论。

(一)基本假设

  生涯选择以认知与情感的交互作用为基础;进行生涯选择是一种问题解决活动;生涯问题解决者的能力取决于个人的认知水平;生涯问题解决是一项记忆负担繁重的任务;生涯决策要求有动机;生涯发展包括知识结构的持续发展和变化;生涯成熟取决于一个人解决生涯问题的能力;生涯咨询的最后目标是促进来访者信息加工技能的提高;生涯咨询的最终目的是提高来访者解决生涯问题和制订决策的能力。

  认知信息加工理论强调职业生涯是一个持续的学习过程,它区别于其他理论的最主要的方面是着重强调了认知信息加工的重要性。

(二)核心模型

  认知信息加工理论把生涯发展过程视为学习信息加工技能的过程。该理论的提出者按照信息加工的特性构建了一个信息加工金字塔,如图2-18所示。金字塔的底层是知识领域,包括自我知识和职业知识。中间层是决策领域,包括沟通、分析、综合、评估、执行五个阶段。顶层是执行领域,也称为元认知。

  元认知一直贯穿在所有的职业信息加工过程中。元认知是对职业认知过程的认知,起到反思调整的作用,主要涉及三个方面:自我言语,也就是内在对话,确认自己对职业信息的认知是否清楚和正确;自我觉察,管理自己的情绪和行为;控制和监督,时刻监督自己在CASVE循环模型中的每一个环节都进行元认知监测,确保自己遵循了元认知的规则要求。

信息加工金字塔可以作为了解职业生涯发展状况的一个框架。在职业生涯规划中,可以针对信息加工金字塔中的每一个领域使用相应的策略和方法。

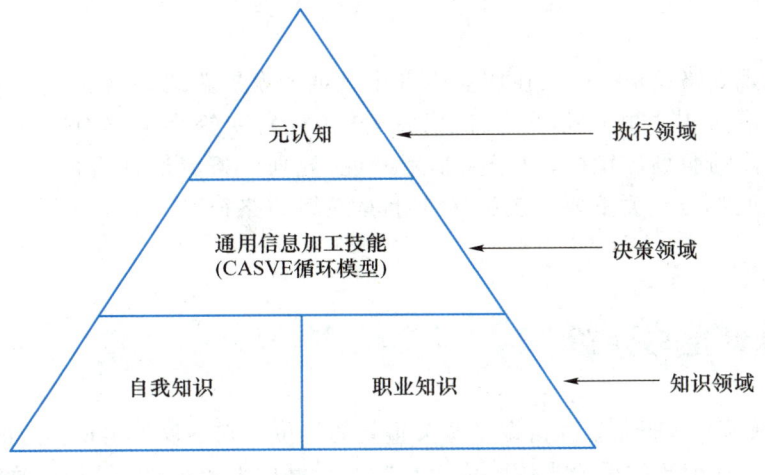

图 2-18 信息加工金字塔

(三)应用方法

认知信息加工理论认为,知识领域相当于计算机的数据文件,需要我们将各类信息存储起来;决策领域相当于计算机的程序软件,需要我们对所存储的信息进行加工;执行领域相当于计算机的工作控制功能,需要我们操纵计算机,使其按指令执行程序。决策技能可以通过学习五阶段循环模型(即 CASVE 循环模型)获得,这个模型包括五个阶段,如图 2-19 所示。利用 CASVE 循环模型可解决职业决策问题。

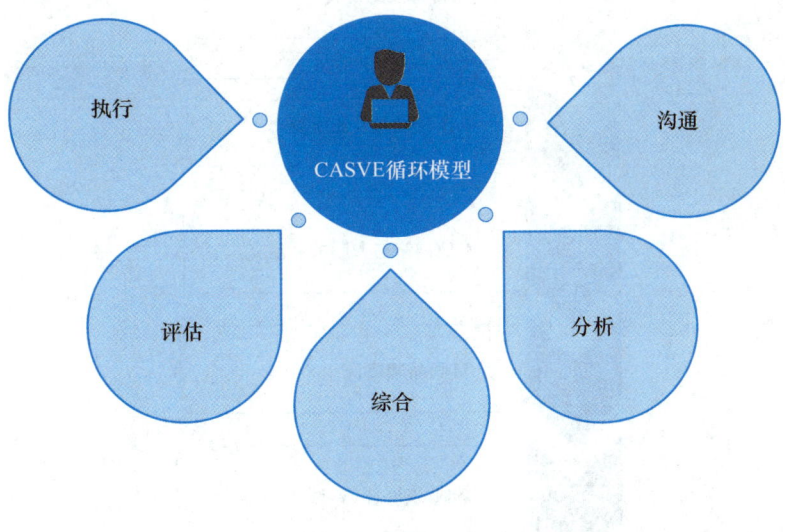

图 2-19 CASVE 循环模型

第三节 实施职业生涯规划的路径

职业生涯规划路径是指个人在职业生涯中预期的发展路线,它包括个人在职业发展过程中的目标设定、能力提升、角色转变等多个方面。在当今竞争激烈的职场环境中,对于大学生来说,规划一条清晰且适合自己的职业发展路径至关重要。实施职业生涯规划的路径可分为以下核心步骤。

第二章第三节

一、目标设定与分解

在人生的旅途中,职业生涯占据了至关重要的地位。它不仅是实现梦想的重要舞台,也是获得满足感和成就感的重要来源。为了在职业生涯中取得成功,需制订并实施一份全面的职业生涯规划。首先,要对目标进行设定和分解,目标分解是将一个大的目标或项目分解成多个更小、更具体、更易于管理和执行的任务单元的过程。

(一) 长期目标(如 5～10 年)

长期目标是指时间跨度在五年以上的目标,它是指在职业生涯规划中通过实施特定战略所期望得到的结果。在明确了职业目标并进行了 SWOT 分析之后,需要制订一份长期职业规划。这份规划应该包括以下几个关键要素(图 2-20)。

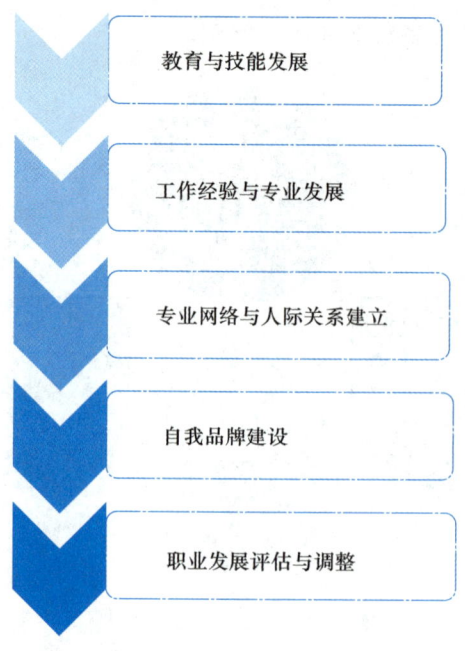

图 2-20　长期目标的关键要素

1. 教育与技能发展

确定为了实现自己的职业目标需要具备的技能和知识,并制订一个学习计划。这可能包括参加课程和研讨会、在线学习等。

2. 工作经验与专业发展

为了提升自己的职业竞争力,需要积累与目标职位相关的实际工作经验。这可能涉及寻找实习机会、参与志愿者项目或寻求导师的指导。

3. 专业网络与人际关系建立

建立一个强大的专业网络对于实现长期目标至关重要。人际关系建立可以通过参加行业活动、加入专业协会、参与社交活动等方式实现。

4. 自我品牌建设

在竞争激烈的职场环境中,建设自己的品牌可以帮助我们脱颖而出。这可能涉及创建个人网站、维护专业社交媒体账户、发表专业文章、参与公开活动等。

5. 职业发展评估与调整

定期评估自己的职业规划是至关重要的。我们应该定期检查自己的职业发展情况,并根据需要进行调整。这可能需要与导师、职业顾问或同事进行交流,以便获得有关我们职业发展的反馈和建议。

(二) 中期目标(如 1~3 年)

中期目标是在一到三年内需要达成的职业目标。这些目标体现在职位晋升、业务领域拓展、个人品牌建设等方面。中期目标的设定应基于短期目标的实现情况,同时应考虑行业发展趋势和个人职业成长需求。中期目标(图 2-21)是根据自己的志愿、组织的环境及要求制订的。

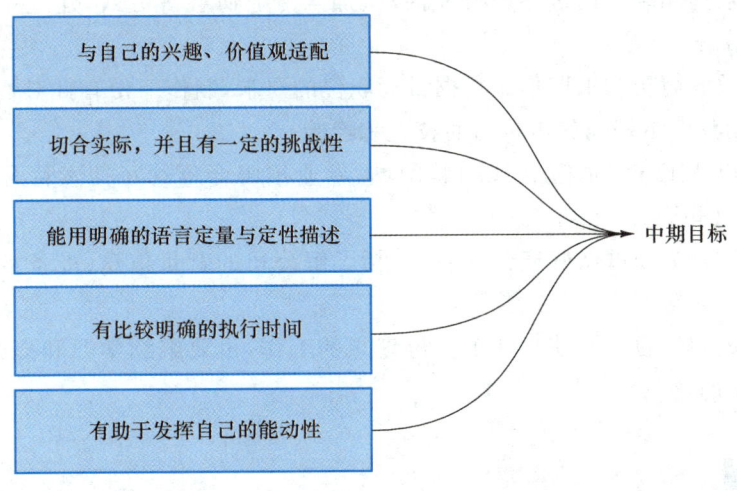

图 2-21　中期目标

① 中期目标需要与自己的兴趣、价值观适配,使人充满信心,且个人愿意将其公之

于众。

② 中期目标需要切合实际，并且有一定的挑战性。

③ 中期目标能用明确的语言定量与定性描述。

④ 中期目标有比较明确的执行时间，个人可根据外部环境变化对其进行适当的调整。

⑤ 中期目标需要有助于发挥自己的能动性，且实现的可能性非常大。

（三）短期（如月/季度）目标

中、长期目标提供了明确的方向，但要实现这些目标，还需要将它们分解为可操作的短期目标。例如，如果希望在未来一年内找到一份理想的工作，那么可以将这个目标分解为以下几个短期目标，如图2-22所示。

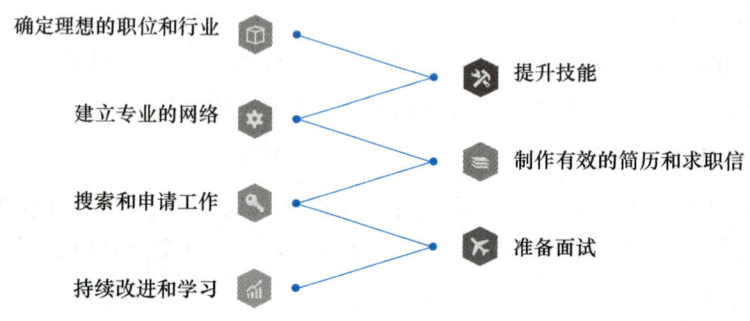

图 2-22　短期目标

① 确定理想的职位和行业。了解自己希望从事的职位和行业，研究这些职位和行业的要求和发展趋势。

② 提升技能。根据目标职位的要求，确定需要提升的技能和掌握的知识。这可能包括学习新的编程语言、获得专业认证或提高人际交往能力等。

③ 建立专业的网络。通过参加行业活动、加入专业协会等方式，建立一个有助于职业发展的专业网络。

④ 制作有效的简历和求职信。根据目标职位的要求，制作一份有针对性的简历和求职信。这可以帮助我们更好地展示自己的技能和经验。

⑤ 搜索和申请工作。通过在线招聘网站、专业招聘会等途径搜索符合自己要求的职位，并积极申请这些职位。

⑥ 准备面试。为面试做好充分准备，包括了解公司的背景信息、准备常见面试问题的答案等。

⑦ 持续改进和学习。即使找到了一份理想的工作，也要继续学习和提升自己的技能，以保持在职场上的竞争力。

案例分析

小张从小就对机械比较感兴趣，他选择到某职业技术学校学习，以实现自己当一位机械师的愿望。毕业后,因为城镇发展迅速,加上在职业技术学校学习的这几年时间把他对机械的热情冲淡了,所以他决定回到自己的家乡寻求发展。由于资源相当有限,因此小张的挖掘机技术没有施展空间。经过一段时间的就业徘徊,小张接受了高中同学的邀请,到同学开的小广告公司从事广告方面的工作。

经过分析发现,小张在大学期间对自己了解得不够充分,也不知道究竟要怎样规划自己的职业生涯,对工作抱有随遇而安的态度。工作一段时间后,他才发现问题的症结所在,这种职业成长方式相当被动。对于未进入职场的大学生来说,他们更多的是要未雨绸缪,全面了解自身的特点,然后做好适合自己的职业生涯规划。

二、资源整合与行动规划

在职业生涯规划过程中,只有不断地整合和利用资源,才能逐渐形成较强的自我驱动能力,调动对职业发展的积极性和主动性。进行资源整合与行动规划有助于个人在职业发展中保持持续学习的状态。

(一)资源整合

职业生涯规划中的资源整合是提升职业竞争力、实现职业目标的关键环节。通过系统化的资源整合,可以形成独特的竞争优势,拓展职业发展空间。

1. 资源整合的核心内容

资源整合的核心内容如图 2-23 所示。

① 资源分类与识别。这里所说的资源包括个人的技能、经验、人脉等内在资源,以及个人的家庭背景、教育经历、财务状况等外在资源。通过全面梳理,一个人可以明确自身优势与自身拥有的潜在资源。

② 资源评估与分析。评估与分析资源的价值、数量、可用性及互补性,确定核心资源与辅助资源,以为后续资源配置提供依据。

③ 资源整合与配置。根据评估结果,制订资源整合与配置方案,以形成差异化竞争优势。

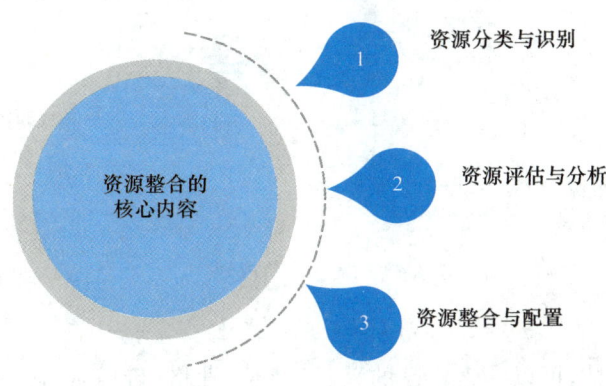

图 2-23　资源整合的核心内容

> **课堂互动**
>
> 根据对以上内容的学习,请你对个人资源进行整合,从资源分类与识别、资源评估与分析、资源整合与配置等方面了解自己的资源,并根据整合数据优化自己的职业生涯规划。

2. 资源整合的实施策略

① 进行自我认知与目标设定,通过职业测评、自我反思明确兴趣、价值观、技能短板及职业目标,从而为资源整合提供方向。

② 提升专业能力与素养,持续学习专业知识,参加培训课程,通过考证、项目实践提升竞争力,并通过社交媒体展示专业能力。

③ 参加行业研讨会,加入专业社群,利用校友网络获取行业动态,通过招聘网站、社交平台拓展人脉与行业资源。

④ 优化资源配置与实施调整,定期评估资源使用效果,根据市场变化调整配置方案,以保持配置方案的灵活性与适应性。

(二)行动规划

在职业市场中,技术和知识不断更新,大学生需要不断地学习。通过资源整合与行动规划,能够更好地获取新知识、新技能,从而不断提升职业能力和素质。职业生涯规划的行动规划(图 2-24)是实现职业目标的具体步骤和措施。

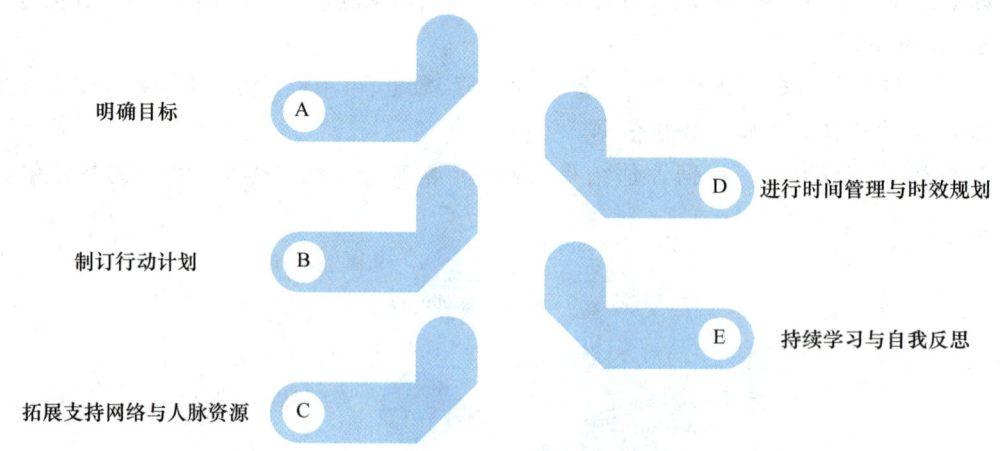

图 2-24　行动规划

1. 明确目标

通过进行自我评估,可以探索自己的兴趣、特长、性格、价值观等。通过兴趣测试、技能分析、性格测评等工具,可以明确自己的优势与劣势。通过分析职业兴趣领域,结合行业趋势,可以确定长期目标(如成为行业专家)和短期目标(如考取证书)。通过环境评估,可以了解行业动态、技术发展趋势、政策环境等,分析自身与环境的匹配度,识别潜在机会与威胁,为战略决策提供依据。

2. 制订行动计划

应根据目标规划学习路径(包括参加专业课程、研讨会、在线课程等)和制订行动计划,提升核心技能(如编程、管理能力)。例如:可通过考取相关证书(如 PMP、CPA)增强竞争力;通过项目实践、模拟训练提升实战能力,同时注重学习沟通、团队协作等软技能;通过主动承担更多的责任,参与跨部门项目,拓宽工作领域;通过实际案例提升解决复杂问题的能力。

3. 拓展支持网络与人脉资源

积极参加行业会议、社交活动、专业论坛等,结识同行与行业专家,建立支持网络。利用社交媒体平台(如领英)维护职业形象,拓展人脉资源。订阅行业报告、关注技术趋势,通过阅读专业期刊、参加研讨会更新知识体系。参与行业社群讨论,获取最新行业动态与机会信息。

4. 进行时间管理与时效规划

将长期目标分解为可执行的短期任务,明确各任务的时间节点与评估标准。使用番茄钟、甘特图等工具提升时间管理效率。每季度评估一次任务进展情况,分析出现偏差的原因,及时调整行动计划。并且,根据环境变化(如技术革新)及时调整职业方向。

5. 持续学习与自我反思

通过在线课程、线下培训持续更新知识体系,适应快速变化的市场需求。建立学习档案,记录学习成果与经验教训。学习压力管理技巧,保持积极心态,将挑战视为成长机会。

以上行动规划可有效推动个人职业生涯发展,有助于个人实现自身价值与职业目标。

三、反馈机制与动态调整

职业生涯规划是每个人都需要面对的一项重要任务。一旦开始执行计划,你可能会发现现实不是想象中的那样,发现职业生涯规划不再符合初始目标和价值观。在这种情况下,就需要建立反馈机制和进行动态调整了。

(一)反馈机制

反馈可以来自各种人,如同事、领导、客户等,也可以来自自己内心的声音。当接收到反馈时,需要认真听取和分析它,并尝试理解反馈的含义和背后的原因。一个人通过反馈可以了解自己的强项和弱项,以及在职业生涯中需要学习的技能。一个人需要学会根据反馈调整职业生涯规划。

(二)动态调整

通过实习反馈、职业测评、导师评价等渠道可以获取改进建议。在职业生涯规划中,目标和价值观会随着时间的推移和经验的积累而发生变化。当开始对职业生涯进行规划时,你可能会有一些假设和猜测,但是这些假设和猜测可能并不完全正确。因此,需要不断调整职业生涯规划,以确保它仍然符合初始目标和价值观。

课堂互动

通过 SWOT 分析（图 2-25），你如果发现职业生涯规划不再符合初始目标和价值观，那么就需要对它进行调整。调整包括重新设定目标、寻找新的职业方向或学习新的技能。在你做出调整之前，需要了解职业生涯规划的哪些方面？还需要考虑哪些影响？

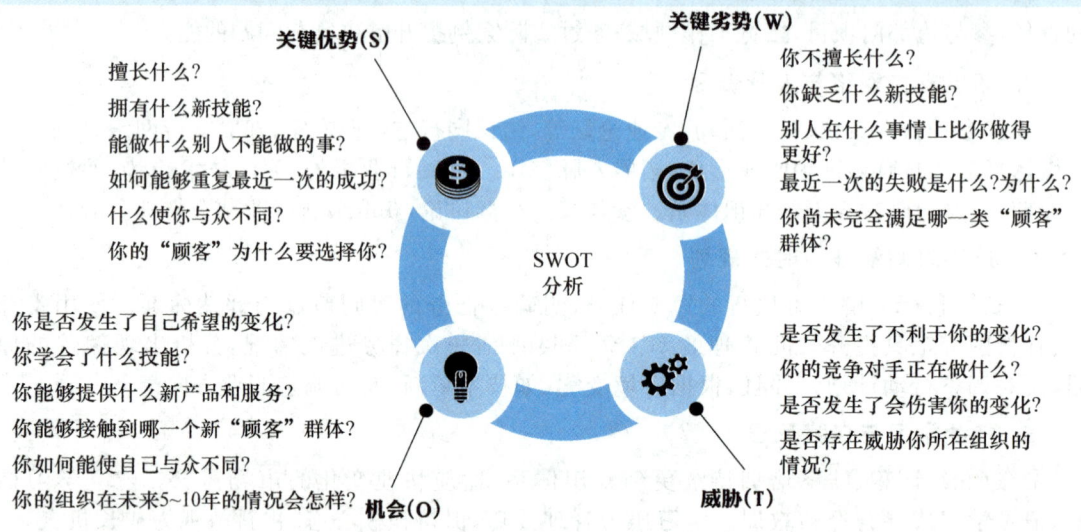

图 2-25　SWOT 分析

调整职业生涯规划只是第一步，真正重要的是将其付诸实践。因此需要制订一个详细的行动计划，以确保职业生涯规划得到实现。此时需要设定可衡量的目标，并制订具体的计划来实现这些目标，还需要不断监督和评估进展情况，以确保朝着正确的方向前进。

实践与思考

1. 理论应用练习

使用霍兰德的职业兴趣测试评估个人的职业兴趣类型，结合舒伯的生涯发展理论分析当前的生涯发展阶段。

2. 案例分析讨论

以小组为单位，讨论人工智能对传统职业的影响，结合克朗伯兹的社会学习理论提出应对策略。

 **拓展阅读**

1.《生涯咨询与辅导》

作者:金树人

出版社:高等教育出版社

出版时间:2007年

推荐理由:该书系统介绍了生涯咨询与辅导的相关理论与实践方法,兼顾理论与应用,可供心理学、教育学、管理学、社会学专业的本科生与研究生学习之用,亦可供各级学校教师、各类心理咨询师、生涯指导与规划师培训之用。

书中金句:一个人若看不到未来,就掌握不了现在;一个人若掌握不了现在,就看不到未来。这两句话说明了生涯规划的本质与精髓,也指出了生涯咨询师与受辅者共同努力的目标:立足现在,胸怀未来。

2.《你的降落伞是什么颜色》

作者:理查德·尼尔森·鲍利斯,陈玮等译

出版社:中信出版社

出版时间:2002年

推荐理由:该书结合互联网时代的求职新形势,指导读者在面对网络巨浪的冲击时如何脱颖而出。该书被誉为全球职业规划的开山鼻祖之作,是每个职业规划师的必读手册,已畅销几十年,被译成26种文字,销量超过1 000万册,被美国国会图书馆誉为"影响人生的25本著作"之一。

书中金句:你如果要换工作,那么不要太囿于从前的工作职位,要尽力发掘自己拥有的能力,然后将这些能力组合成新的形式,找出可以运用这些能力的工作。

第三章 自我认知体系构建

项目导图

第三章　自我认知体系构建
├──学习目标
├──案例导入
├──第一节　自我评估理论框架
│　　├──自我评估的基本概念
│　　├──自我评估的重要意义
│　　├──常用的自我评估工具
│　　└──自我评估工具的作用
├──第二节　兴趣与职业匹配
│　　├──兴趣与职业选择的关系
│　　├──兴趣与职业选择的转化方法
│　　└──职业领域和岗位的选择
├──第三节　性格与职业匹配
│　　├──性格与职业匹配的关系
│　　└──性格调整
├──第四节　能力与职业需求
│　　├──核心能力与潜在能力
│　　└──制订切实可行的能力提升计划
├──第五节　价值观与职业选择
│　　├──价值观与职业选择的关系
│　　└──树立正确的职业价值观
├──实践与思考
│　　├──理论应用练习
│　　├──实例分析讨论
│　　└──理论与实践结合
└──拓展阅读

学习目标

1. 掌握自我评估的理论框架,了解自我认知的重要性。
2. 深入理解兴趣、性格、能力、价值观与职业选择的关系。
3. 能够运用自我认知工具对兴趣、性格、能力和价值观进行评估。
4. 根据评估结果,制订符合个人特点的职业生涯规划。

案例导入

案例名称:小张的自我认知与职业生涯规划。

案例描述:小张是一名大三学生,对未来职业方向感到迷茫。通过参加学校的职业生涯规划课程,他学习了自我认知的理论框架,并开始对自己的兴趣、性格、能力和价值观进行深入探索。经过一系列的评估和反思,小张发现自己对市场营销领域有着浓厚的兴趣,同时具备出色的沟通能力和团队协作能力。基于这些发现,小张制订了详细的职业生涯规划,并成功找到了一个与市场营销相关的实习机会。现在,他正朝着成为一名优秀的市场营销专家而努力。

第一节 自我评估理论框架

本节将介绍自我评估的基本概念、重要意义以及常用的自我评估工具(如价值观量表、兴趣量表、人格量表等)及其作用。通过这些工具,可以全面了解自己的兴趣、优势、劣势和潜在机会。

第三章第一节

一、自我评估的基本概念

自我评估是通过系统性反思与分析,全面认识自身特质、能力、价值观及发展需求的过程,其核心在于构建清晰的自我认知图谱,为职业生涯发展与规划提供理性依据。自我评估融合了主观感知与客观验证,既包括对兴趣、性格、优势等内在要素的深度挖掘,也涉及对知识储备、实践经验、社会角色等外在表现的理性审视。

(一)自我评估的核心

自我评估的核心如图 3-1 所示。

① 能力诊断:评估学习能力、沟通协作能力等显性与隐性能力,判断自己是否符合目标岗位的要求。

② 价值澄清:明确在职业选择、生活规划中不可妥协的核心诉求,如获得职业成就感、使生活和工作保持平衡。

③ 发展定位：结合行业趋势、社会需求，在宏观环境中锚定自身坐标，认识到与别人的差距并制订改进策略。

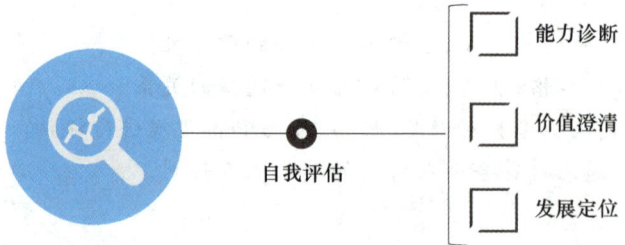

图 3-1　自我评估的核心

（二）自我评估的内容

自我评估是指对自己的各个方面进行全面、系统的分析和评价，包括价值观、兴趣、性格、技能，以便更好地了解自己的优势和劣势，为职业选择和发展提供依据。制订一份职业生涯规划，首先需要进行自我评估以及状态评估，然后需要做出总结、查看不足、持续改进。自我评估是选择和规划职业生涯的第一步，理性客观的自我评估结果决定着个人职业生涯发展的质量。自我评估的内容包括价值观、兴趣、性格、技能，如图 3-2 所示。

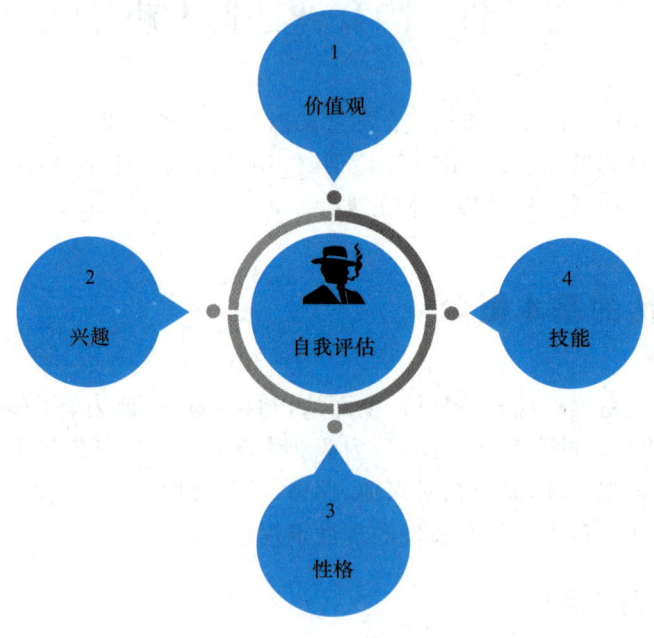

图 3-2　自我评估的内容

要想进行有效的自我评估，需遵循客观性与开放性原则，既要避免过度自负或自卑的认知偏差，也要接纳外部反馈，以修正主观判断。

 **课堂互动**

在规划职业路径时,如果你结合自己的实习经历反思专业知识的应用短板,结合企业招聘要求调整能力提升计划,那么这就是自我评估在实践中的动态应用。这种持续的自我审视对职业生涯规划有什么作用?

二、自我评估的重要意义

自我评估有助于明确职业方向和避免盲目选择职业,能够提高职业满意度和工作效率、增强职业竞争力以及促进职业生涯的发展。职业生涯规划中的自我评估具有重要意义,具体体现在以下方面(图 3-3)。

图 3-3　自我评估的重要意义

(一)在自我认知方面的意义

通过分析性格、技能、兴趣和价值观,能够明确自身在职场中的核心竞争力和待提升的地方。通过对职业方向进行精准定位,能够发现与自身特质匹配的职业领域,避免盲目跟风。

(二)在职业发展方面的意义

基于自我评估结果,可制订符合实际的职业目标,并定期调整以适应变化。在面临职业选择时,自我评估能帮助自己权衡兴趣与现实,避免因信息不足或冲动决策而产生职业倦怠。

(三)在个人成长方面的意义

自我评估有利于激发自身潜能,比如对于未被意识到的分析能力,可以通过针对性学习将其转化为实际优势。

(四)在实践应用方面的意义

通过自我评估,能够明确学业与职业的衔接点,避免迷茫。例如,通过评估兴趣与专业的匹配度,可以选择合适的职业方向。

自我评估是职业生涯规划的起点和核心环节,贯穿职业探索、目标设定与持续发展全过程。你将如何通过科学的方法对自己进行评估,有效提升职业竞争力,实现个人价值与职业发展的良性互动呢?

三、常用的自我评估工具

在自我评估过程中,大部分人可能会选择咨询职业顾问,因为他们会为其提供一系列自我评估的量表。下面介绍可能用到的不同类型的自我评估工具以及变换职业时应该考虑的问题。

(一)价值观量表

选择职业时,价值观是最重要的考虑因素。如果选择职业时不考虑价值观,那么将很有可能不喜欢所选择的工作,自然也不能取得成就。价值观有两种:内在价值观和外在价值观。内在价值观与工作本身和个人对社会的贡献有关,外在价值观则包括工作环境、加薪潜力等外在要素。

价值观量表中有这样一些问题:高薪对你是否重要?与人互动对你的工作是否重要?为社会做出贡献对你的工作是否重要?拥有一份有声望的工作对你是否重要?

职业顾问通常使用以下价值观量表(表3-1)。

表3-1 价值观量表

维度	价值观动机类型	内容
自我超越	普通性	指关注超越个人利益的目标,如维护社会正义、为人类谋福祉等
	仁爱	指关注他人、帮助他人,促进社会和谐
自我提高	权力	指追求对他人、资源或制度的控制力与影响力,重视社会地位、权威和资源分配权
	成就	指追求个人成功、能力认可与目标达成,重视通过竞争或业绩证明自身价值

续表

维度	价值观动机类型	内容
保守	传统	指尊重习俗、宗教信仰和传统文化,遵守祖辈遗留的规范,确保文化的连续性
保守	守恒	指维持现状、秩序,重视稳定性、纪律性,抵制激进变革
保守	安全	指追求稳定与安全感,重视身体健康、家庭稳定、社会秩序良好和国家安全,尽力规避风险
对变化的开放性态度	自我定向	指个体在职业发展中打破自身局限性、追求更高层次价值的倾向
对变化的开放性态度	刺激	指追求新鲜体验、冒险和感官刺激,渴望打破常规,避免单调的生活
对变化的开放性态度	享乐主义	指追求感官愉悦与个人享受,认为快乐是人生的重要目标

(二)兴趣量表

兴趣量表在职业生涯规划中很常见。若要完成一个兴趣量表,需回答一系列关于兴趣的问题。兴趣量表收集了个体对各种活动、目标、人群类型的好恶数据,职业相同且对这个职业满意的人具有相似的兴趣。霍兰德等人提供了一个系统,这个系统把兴趣与六种人群类型中的一种或多种进行匹配,六种人群类型分别为现实型、研究型、艺术型、社会型、企业型、常规型。之后霍兰德把六种人群类型与职业进行匹配。将兴趣量表结果与研究结果进行比较,可以知道自己适合的职业是什么。兴趣量表是比较受欢迎的量表。

(三)人格量表

人格量表是职业生涯规划中常用的自我评估工具之一,它可以帮助个体了解自己的人格特点,从而更好地选择适合自己的职业。以下是一些常见的人格量表。

1. MBTI人格类型量表

MBTI(Myers-Briggs Type Indicator)人格类型量表是一种迫选型、自我报告式的人格测评工具,由美国的伊莎贝尔·布里格斯·迈尔斯和她的母亲凯瑟琳·库克·布里格斯共同编制。该量表以瑞士心理学家卡尔·荣格的心理类型理论为基础,将人格分为16种类型,这16种类型由4个维度的不同偏好组合而成,这4个维度分别为"外向(E)—内向(I)"、"感觉(S)—直觉(N)"、"思考(T)—情感(F)"和"判断(J)—知觉(P)"。

课堂互动

在职业生涯规划中,MBTI人格类型量表可以帮助你了解自己的人格类型,从而更好地选择适合自己的职业。根据MBTI人格类型量表,外向型的人通常更适合从事与人打交道的工作,如销售人员、市场营销人员等。那么,内向型的人更适合从事哪一类工作呢?

2. 大五人格量表

大五人格模型是目前心理学界广泛认可的人格结构模型,它将人格特质分为五个维度,即开放性(O)、责任心(C)、外倾性(E)、宜人性(A)和神经质(N)。每个维度又包含若干个特质,这些特质可以描述个体在不同方面的行为和心理特点。

在职业生涯规划中,大五人格量表可以帮助个人了解自己在不同人格维度上的特点,从而更好地认识自己的优势和劣势。例如:责任心强的人通常更适合从事需要高度责任感和严谨态度的工作,如会计、律师等;而外倾性高的人则更适合从事需要与人沟通和互动的工作,如公关人员、老师等。

四、自我评估工具的作用

在职业生涯规划过程中,自我评估工具扮演着至关重要的角色,它可以帮助个人深入了解自我,找到最适合自己的职业路径。自我评估工具的作用如图3-4所示。

图3-4 自我评估工具的作用

(一) 在认识自我方面的作用

自我评估工具能够通过一系列的问题、测试和评估,帮助个人深入了解自己的职业倾向、技能水平、个性特点以及价值观。这些工具能够揭示个人在不同职业领域的潜在能力,并为个人提供关于自身职业发展的宝贵信息。通过自我评估,一个人可以更清楚地知道自己擅长什么,适合从事哪些工作,从而在职业生涯规划过程中做出明智的决策。

(二) 在职业定位方面的作用

在职业生涯规划过程中,职业定位是至关重要的环节。自我评估工具能够帮助个人确定最适合自己的职业领域和职业发展方向。通过对兴趣、技能和价值观进行全面评估,可以找到与自己相匹配的职业,从而提高工作满意度和成就感。此外,自我评估工具还可以帮助个人了解不同职业的要求和前景,在职业生涯规划中做出更具前瞻性的决策。

(三) 在职业发展方面的作用

自我评估工具能指导个人在职业生涯中不断进步。通过定期使用这些工具进行自我评估,可以了解自己的成长情况,发现潜能和不足之处,从而制订有针对性的发展计划。只有不断地提升自己的技能,适应不断变化的职场环境,才能实现职业发展目标。

试从认识自我、职业定位、职业发展等方面分析自我评估工具在职业生涯规划中的作用。

第二节 兴趣与职业匹配

本节将深入探讨兴趣与职业选择的关系。通过兴趣测试和活动体验,可以了解自己的兴趣所在,并学习如何将兴趣转化为职业动力。同时,本节还将介绍如何根据兴趣选择合适的职业领域和岗位。

第三章第二节

一、兴趣与职业选择的关系

兴趣是指个人对特定的事物、活动以及人为对象所产生的带有倾向性、选择性的态度、情绪,和个人爱好的意思相近,但两者的含义不同。根据兴趣产生的方式,可以将其分为直接兴趣和间接兴趣。直接兴趣是人对事物本身或活动过程本身感兴趣。间接兴趣是人对活动的结果感兴趣。直接兴趣的作用时间短暂,而间接兴趣的作用时间比较持久。

职业选择是指个人对于自己就业的种类、方向的挑选和确定,是进入社会生活领域的重要行为,也是人生的关键环节。职业选择既有利于个人顺利进入社会劳动岗位,又有利于社会化的顺利进行与实现。

(一)兴趣对职业选择的核心作用

兴趣是职业选择的重要驱动力,当一个人的兴趣与职业相匹配时,他会更有动力去工作,也更容易取得成就和满足感。兴趣与职业选择的关系是多维度的,二者之间既相互影响又存在动态平衡。兴趣对职业选择的核心作用如图3-5所示。

① 兴趣能够提升职业满意度和投入度。当个人的兴趣与职业相匹配时,更易产生工作热情,主动投入更多精力,从而提升职业满意度。例如,研究型的人倾向于选择科研类岗位,艺术型的人倾向于选择创意类岗位,二者均因兴趣驱动而表现出更高的投入度。

② 兴趣能够增强职业适应性。如果一个人的兴趣广泛,那么他可以灵活地转换职业,快速适应新环境。这种适应性在快速变化的职场中尤为重要。

③ 兴趣能够激发潜能与创造力。兴趣能激发个人的求知欲和探索精神,促使其跳出舒适区,尝试更具挑战性的工作内容。例如,对技术操作感兴趣的人更容易在工程、设计等领域取得突破。

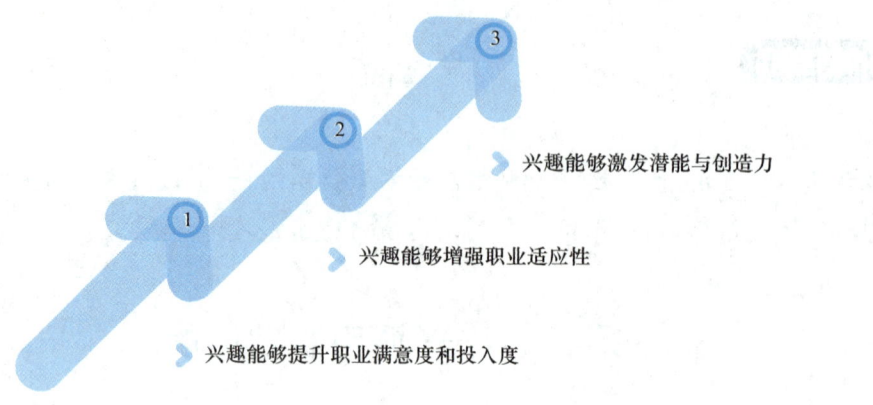

图 3-5　兴趣对职业选择的核心作用

（二）职业选择对兴趣的塑造作用

长期从事某领域的某项工作就会对该领域产生兴趣，这种现象称为"职业兴趣的习得性"。例如，教师因工作需要逐渐爱上教育事业，工程师因解决实际问题而对技术产生兴趣。虽然兴趣不直接等同于能力，但能激发个人在特定领域的学习动力。若个人具备相关能力且对某项工作产生兴趣，则其职业发展潜力将显著提升。

案例分析

小陈毕业于某大学的动漫设计专业，之前从事过出租车驾驶、油品调度等方面的工作，但时间都不长，后出于对游戏设计的兴趣，他参加了相关的学习和培训。由于对游戏设计非常感兴趣，小陈找了一份与游戏设计有关的工作。由于业务量减少，公司将游戏设计这项业务改成了平面设计。由于小陈从来没有接触过平面设计，也没有这方面的技能，因此他不能胜任现有工作，只好选择离职。

对于职业选择，小陈抱着非游戏设计岗位不可的态度，这让我们不禁思考，兴趣是影响我们择业的唯一因素吗？在职业生涯规划中，兴趣是影响职业选择的因素之一，但并不是唯一的，如果我们从事的工作并不是自己喜欢的，那么我们能不能应聘一些"并不感兴趣"的工作呢？

（三）职业选择中的其他影响因素

经济压力、社会期待等现实因素经常会让人在兴趣与职业之间做出妥协。例如，部分人因家庭负担而选择收入高但不感兴趣的职业。职业兴趣测验工具（如霍兰德模型）可以帮助个人明确自身倾向，从而更科学地规划职业路径。通过此类工具，可以发现具有潜在优势的职业领域。

兴趣是职业选择的重要驱动力,请你结合能力、现实需求等多种因素,通过科学规划,实现兴趣与职业的良性互动。

二、兴趣与职业选择的转化方法

将兴趣转化为职业选择是一个系统化的过程,需要结合自我认知、市场分析和行动规划等。以下是具体的转化方法(图3-6)。

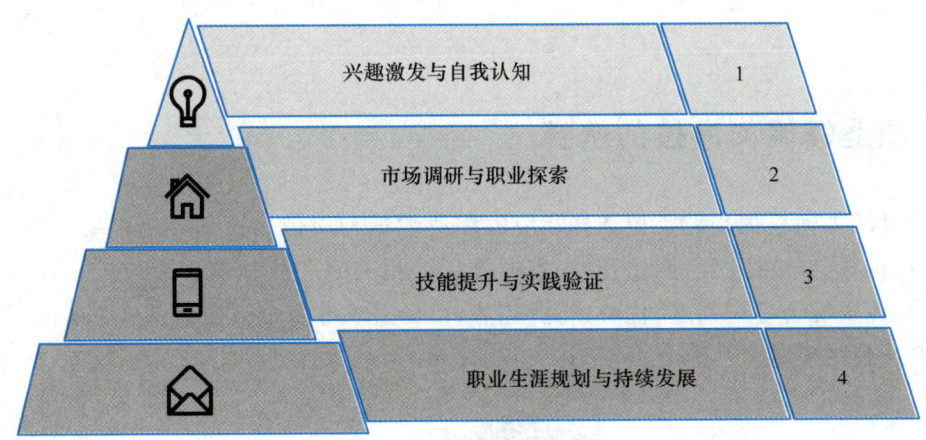

图3-6　兴趣与职业选择的转化方法

(一)兴趣激发与自我认知

回顾成长经历,记录让自己感到兴奋的活动,这些活动往往隐藏着潜在兴趣。可以通过专业测试(如霍兰德职业兴趣测试)明确职业倾向。

(二)市场调研与职业探索

了解与兴趣相关的行业的发展趋势、发展前景及就业需求,筛选出具有潜力的行业。将兴趣与职业要求进行匹配,分析职业所需的技能、教育背景以及职业的薪资水平,明确初步的职业方向。

(三)技能提升与实践验证

针对感兴趣职业所需的技能,制订系统的学习计划,如通过参加培训、考证等方式提升技能。通过实习、兼职、志愿服务等方式,可以积累实践经验,加深对行业的理解,并验证兴趣与职业的契合度。

(四)职业生涯规划与持续发展

制订短期和长期目标,确保目标具体、可行,并具有挑战性。根据实践反馈调整职业方向,持续学习新知识、新技能,以适应不断变化的职场环境。将兴趣升级为"志趣",使其成为职业生涯的持续动力,避免因短期利益放弃长期目标。

通过以上步骤,可以系统地将兴趣转化为职业选择,并在实践中不断优化和调整,最终实现职业与兴趣的有机融合。

请你通过加入兴趣小组、社团或者实习、兼职等方式,了解怎样才能将兴趣转化为实际的职业经验和技能。

三、职业领域和岗位的选择

下面介绍如何根据兴趣类型选择相应的职业领域和岗位。比如,对计算机编程感兴趣的人,可以选择与软件开发、网站开发、数据分析等相关的职业领域和岗位。选择职业领域和岗位时,需要综合考虑兴趣、优势、行业趋势、市场需求等多个因素。图3-7列出了选择职业领域和岗位的步骤。

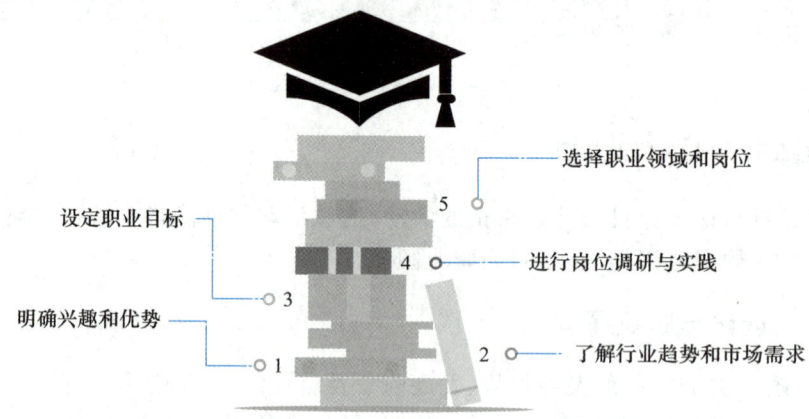

图3-7 选择职业领域和岗位的步骤

(一)明确兴趣和优势

回顾学习经历和工作经历,列出自身优势(如沟通能力强、创造力强等)和感兴趣的职业领域(如艺术、科技、教育等)。选择能激发热情并发挥优势的职业,例如喜欢设计的人可考虑从事产品设计方面的工作。

（二）了解行业趋势和市场需求

关注行业的发展趋势。比如：智能制造、新能源等行业的需求持续增长，可优先考虑这些行业的相关岗位；传统制造业、传统零售业等可能面临衰退，选择时要慎重。

（三）设定职业目标

设定职业目标，明确阶段性任务（如积累经验、提升技能等）。定期评估职业发展路径，根据市场变化和个人成长的情况调整目标。

（四）进行岗位调研与实践

通过访谈、调研等方式，了解目标岗位的工作内容、发展前景及竞争环境。通过实践提升适应能力，尽量选择能提供学习机会的岗位。

（五）选择职业领域和岗位

结合自身的兴趣和优势选择具体岗位。例如：擅长沟通的人可选择销售岗位或管理岗位；技术型的人可选择开发类岗位或工程类岗位。

通过以上步骤，可以系统地筛选出既符合个人特质又具备发展潜力的职业领域和岗位。

第三节 性格与职业匹配

本节将分析性格与职业匹配的关系。通过 MBTI 性格测试，可以了解自己的性格，并学习如何根据性格优势选择合适的职业路径。此外，本节还将探讨如何弥补性格中的不足之处，以适应职业生涯发展的需求。

第三章第三节

一、性格与职业匹配的关系

性格比较集中地反映了人的独特性、个别性，主要包括能力、气质等方面。能力代表人在完成某种活动时的潜在可能性上的特征；气质代表人在进行心理活动时，在强度、速度、稳定性、灵活性等动态性质方面的独特结合的个体差异性；而性格则鲜明地显示着人在对现实的态度和与之相适应的行为方式上的个人特征。

不同性格的人在职业发展中具有不同的优势和劣势，了解自己的性格，有助于选择适合自己的职业路径，提高职业发展的成功率。性格与职业匹配的关系如图 3-8 所示。

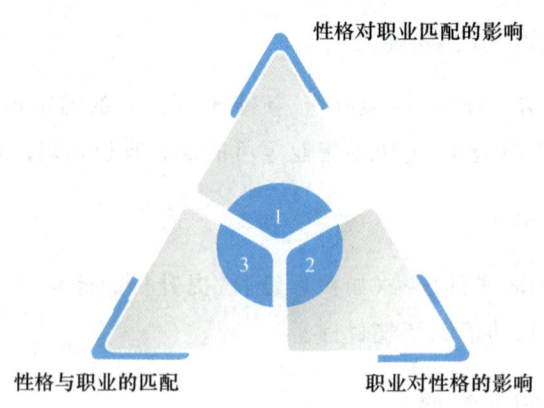

图 3-8 性格与职业匹配的关系

（一）性格对职业匹配的影响

不同职业对性格有明确的要求。例如：需要频繁与人互动的职业适合外向型的人；需要深度思考的职业适合内向型的人。这种匹配能提升工作效率和职业满意度。

如何通过职业训练改变性格特征？例如，医生如何通过专业培训养成耐心、细致的性格？销售人员如何通过实践提升沟通能力？

（二）职业对性格的影响

职业环境会强化或弱化某些性格特征。例如，创意性强的工作可能会增强个体的直觉和情绪化倾向，而规律性强的工作可能会使内向者逐渐适应社交场景。当一个人的性格与职业高度契合时，他的工作表现会更稳定。例如，责任感强的人选择要求自律的职业（如律师、医生）更易取得成就。

（三）性格与职业的匹配

霍兰德将性格分为现实型、研究型、艺术型、社会型、企业型、常规型等六大类别，并建议选择与自身性格类型相符的职业。例如，艺术型的人适合从事创意类工作，研究型的人适合分析类岗位。通过四维度人格模型（外向/内向、感觉/直觉、思维/情感、判断/知觉），可精准匹配职业倾向。例如，外向型的人适合销售岗位和管理岗位，内向型的人适合技术类或学术类的工作。

性格与职业并非完全对应,你将如何通过合理匹配与自我提升,实现职业发展与个人特质的协同优化呢?

二、性格调整

性格调整是指通过一定的方法调整自己的性格,使其更加稳定,从而使个人更好地适应生活和工作。下面将从几个方面介绍性格调整的方法。

(一)了解自己

了解自己是性格调整的基础,只有知道自己性格的特点,才能对症下药,有的放矢地进行调整。一个人可以通过以下方式了解自己(图 3-9)。

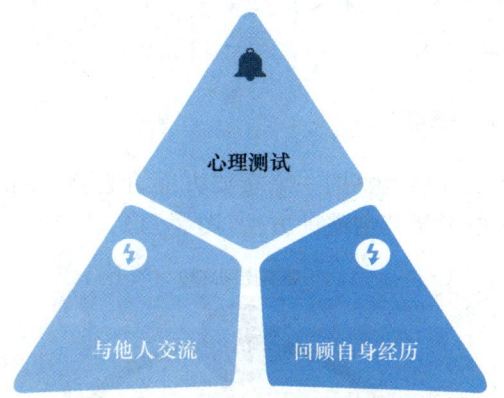

图 3-9　了解自己的方式

① 心理测试。通过心理测试,可以了解自己性格的特点。
② 回顾自身经历。通过回顾自己的生活经历和工作经历,总结自己性格的特点。
③ 与他人交流。通过和亲友、同事、领导进行交流,了解自己在他人眼中的不足之处。

(二)培养良好的生活习惯

生活习惯对于性格调整至关重要。良好的生活习惯不仅能让身体更健康,还能增强心理素质,使人更加开朗。以下是几个良好的生活习惯(图 3-10)。

① 作息规律。保证每天有充足的睡眠时间和适当的休息时间。
② 培养兴趣爱好。兴趣爱好不仅可以缓解身体疲劳,还可以提高生活质量。
③ 坚持运动。适量的运动可以促进代谢和血液循环,缓解身体疲劳。

图 3-10 良好的生活习惯

> **课堂互动**
>
> 在性格调整方面,你是如何培养良好的生活习惯的?这些良好的生活习惯对于今后的职业生涯发展有何意义?

(三)学会放松和调节情绪

学会放松和调节情绪是性格调整的一个重要方面,因为情绪的失控会带来很多负面影响。以下是几种常用的放松和调节情绪的方法(图 3-11)。

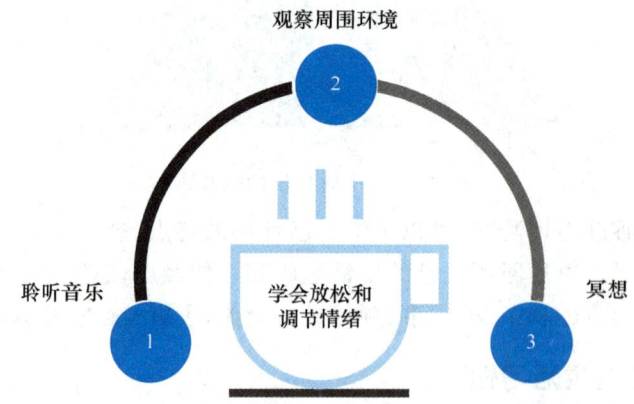

图 3-11 放松和调节情绪的方法

① 聆听音乐。听一些催眠的音乐或者轻柔的音乐可以放松心情。

② 观察周围环境。通过观察周围环境,可以放松身心,缓解疲劳和压力。

③ 冥想。冥想是一种深层次的关注和内省,可以降低心率、缓解紧张的情绪,让人放松下来。

(四)建立良好的人际关系

人际关系对于性格调整非常重要,一个人在良好的人际关系中更容易保持平衡、稳定和心理健康。以下是几种建立良好人际关系的方法(图 3-12)。

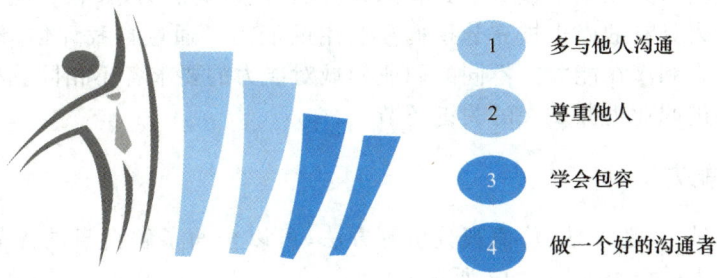

图 3-12 建立良好人际关系的方法

① 多与他人沟通。与他人沟通可以增进彼此之间的感情,增加交流的机会,避免因孤独而产生负面情绪。

② 尊重他人。尊重他人,有助于建立良好的人际关系,并获得更多的支持和理解。

③ 学会包容。对他人保持宽容的态度,将对方的利益放在第一位,可以减少矛盾和冲突。

④ 做一个好的沟通者。深入了解他人的想法和感受,保持与他人的良好沟通,可以避免不必要的矛盾和冲突。

总之,性格调整对于个人的工作和生活都有着重要的影响。上述四种性格调整的方法都可以帮助个人更好地适应工作和生活环境,保持生理和心理上的健康。

课堂互动

如果你经过测试发现自己的性格存在许多不足之处,那么你应怎样通过自我反思、学习和实践等方式进行调整呢?比如,性格内向的人应怎样调整才能提高自己的沟通和表达能力,以胜任需要与他人频繁交流的工作呢?

第四节 能力与职业需求

本节将分析个人能力与职业需求之间的匹配问题。通过学习本节内容,应该学会如何识别核心能力和潜在能力,了解不同职业领域对能力的要求,并应学会如何通过制订能力提升计划来不断提高职业竞争力。

第三章第四节

一、核心能力与潜在能力

核心能力是指个人在某个领域中具有的独特的、关键的能力,如领导能力、沟通能力等。潜在能力是指个人具有的尚未被充分挖掘和利用的能力。通过自我评估、他人评价等方式能够识别核心能力和潜在能力。不同的职业领域对能力的要求各不相同。核心能力和潜在能力的识别是促进职业生涯发展的关键环节。

（一）核心能力

通过性格测试、兴趣评估、价值观分析等方法,可以全面了解自身的优势、劣势、兴趣和价值观。核心能力的分类如图 3-13 所示。

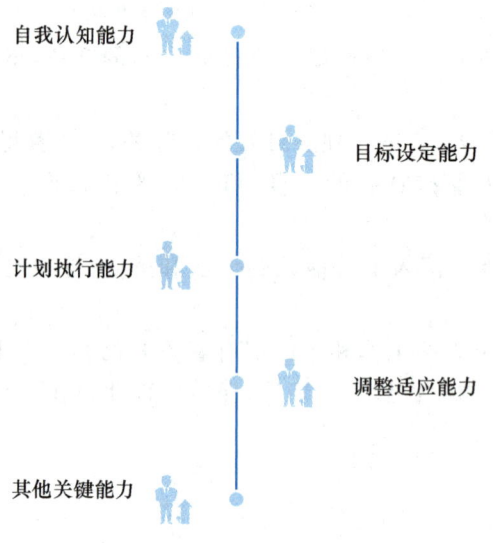

图 3-13　核心能力

1. 自我认知能力

自我认知能力主要体现在以下方面。

① 能够通过 MBTI 性格测试、霍兰德职业兴趣测试了解自己的性格(如外向/内向、理性/感性等)和价值观(成就导向/关系导向),为职业选择提供依据。

② 能够明确个人感兴趣的领域和现有的技能水平,识别自身的优势与劣势,确定技能提升方向。

2. 目标设定能力

目标设定能力主要体现在以下方面。

① 能够根据自我评估结果,制订 SMART 原则下的短期(如 1～2 年)和长期(如 5 年以上)目标,设定具体、可衡量、可实现、相关、具有时限性的职业目标,如"3 年内获得 PMP 认证并晋升为项目经理"。

② 能够把总体目标分解为可执行的小目标。

③ 能够根据外部环境和个人发展的情况,定期调整目标,保持目标的灵活性和适应性。

3．计划执行能力

计划执行能力主要体现在以下方面。

① 能制订详细的实施计划,包括技能提升、经验积累、资源整合等,保持高效的执行力,及时调整策略,以应对变化。

② 能制订包含技能培训、岗位实践等环节的详细计划,明确阶段性任务和时间节点。

③ 能使用番茄工作法、四象限法则等工具优化时间管理,合理分配资源,以支持目标实现。

4．调整适应能力

调整适应能力主要体现在以下方面。

① 职业环境发生动态变化时,能够快速调整职业目标和计划,以适应新环境。

② 能够在考虑行业动态、技术革新趋势等外部因素的同时,通过定期的自我评估获取与执行效果相关的信息。

③ 遇到挫折时,能迅速调整计划,如转向相关领域或重新确定职业方向。

5．其他关键能力

① 快速学习的能力。通过阅读、参加培训等方式持续更新知识体系,培养快速学习的能力。

② 团队协作与沟通能力。与他人沟通、倾听他人意见,有利于化解冲突、建立高效的工作网络以及培养团队协作与沟通能力。

课堂互动

请问应如何通过以上能力的系统构建与持续优化来有效提升职业生涯规划的科学性和有效性,从而实现个人价值与职业发展的良性互动呢?

（二）潜在能力

潜在能力是一种隐藏在表面之下的特质。潜在能力挖掘是指通过一系列方法和手段,挖掘个体尚未被发现和充分利用的能力(图3-14)。

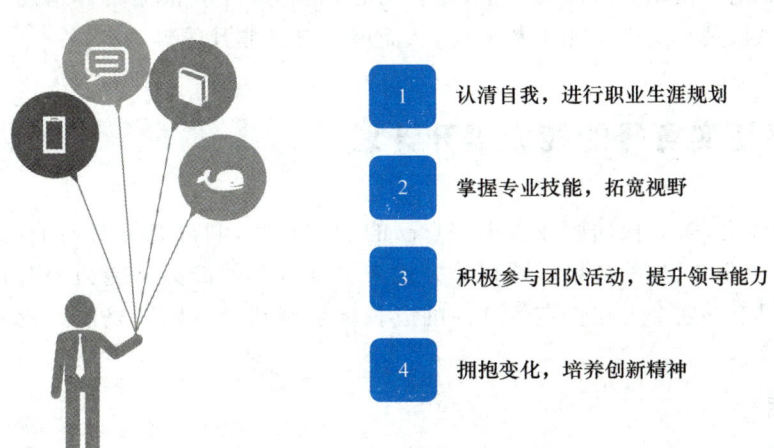

图 3-14　潜在能力挖掘

1. 认清自我,进行职业生涯规划

在职业生涯规划中,明确自己的优势和劣势,对于了解职业发展目标具有重要作用。只有找到自己在目标实现过程中所扮演的角色,进行职业生涯规划,才能更好地认清自我,挖掘自身的潜在能力。

2. 掌握专业技能,拓宽视野

掌握专业技能是展现能力的基础。一个优秀的人需要掌握与自己所从事行业相关的各项专业技能。在时代变迁、新技术不断涌现的背景下,拓宽视野、学习新技术并不断提升自己的专业技能是很有必要的。

> 作为大学生,你要如何通过持续学习新知识、新技能,补齐当前自己的能力短板呢?又将如何通过培养非传统思维的方式来提高解决复杂问题的能力呢?

3. 积极参与团队活动,提升领导能力

积极参与团队活动是展现领导能力的重要方式。在团队中,要积极运用专业技能,发挥自身优势,关注团队成员的需求,调动团队成员的积极性,从而推动整个团队向前发展。一个成功的领导者不仅要有素质,还要付出实际行动,只有在团队中积极建言献策,才能提升领导能力。

4. 拥抱变化,培养创新精神

要想在职场中展现非凡的魅力,就必须拥有创新精神。在当前职场环境不断变化的背景下,要拥抱变化,积极寻找解决问题的方法。另外,要打破常规思维,培养创新精神,展现个人的魅力和智慧。

总之,要想在职场中挖掘潜在能力,就需要认清自我,掌握专业技能,积极参与团队活动,主动拥抱变化。在职业生涯发展中,应有耐心和毅力,并应根据具体情况不断调整和完善职业生涯规划,只有这样才能不断成长,从而展现自己非凡的魅力。

二、制订切实可行的能力提升计划

要想提升能力,需要根据职业需求和自己的能力现状,制订有针对性的能力提升计划。可以通过学习专业知识、参加培训课程等方式来提升自己的能力。能力提升计划是一个系统化的文档,用于规划个人在特定领域内的成长和发展路径。以下是能力提升计划的关键步骤和要点(图3-15)。

1. 明确目标

① 设定清晰的目标,遵循SMART原则(具体、可衡量、可实现、相关、具有时限性)。

② 结合长期目标与短期目标,将大目标分解为若干个小目标,并逐步实现。

图 3-15　能力提升计划的关键步骤和要点

2. 分析现状

① 识别自身在技能、知识和经验等方面的优势。

② 找出需要改进的地方,如管理能力弱。

3. 制订行动计划

① 针对每个目标列出具体的行动步骤。

② 为每个行动步骤设定明确的时间节点,合理安排时间,避免拖延。

③ 明确实现目标所需的资源,如学习资料、培训课程、人脉等,并提前做好准备。

4. 实施与监控

① 按照制订的行动计划逐步实施。

② 定期检查进度,评估效果,必要时调整计划。

③ 总结经验和教训,持续改进。

5. 团队建设与管理

① 如果涉及团队,那么需要设定团队目标,并确保每个成员明确自己的职责。

② 通过鼓励、反馈等方式,增强团队的凝聚力和执行力。

6. 持续学习与自我提升

① 利用各种学习资源(如书籍、在线课程等)不断提升自己。

② 定期评估学习效果,根据评估结果调整学习方法和计划。

 知识拓展

个人能力提升计划示例

1. 个人背景

优势:精力充沛、细心、逻辑能力强。

劣势:管理能力不足。

2. 目标设定

一年目标：提高英语水平，达到听说读写都流利的状态。

三年目标：能够解决各种突发问题，领导2～3个项目经理。

终极目标：成为软件开发行业的一名高级项目经理。

3. 行动计划

学习计划：每天背诵一定数量的单词，练习听力和口语，阅读英语文章。

技能提升：参加项目管理培训，学习解决冲突的技巧。

时间管理：根据事情的轻重缓急，列出清单，合理安排时间。

4. 资源准备

学习资料：购买相关书籍或下载在线课程。

人脉资源：参加行业研讨会，建立专业网络。

5. 实施与监控

执行计划：按照上述行动计划逐步实施。

定期评估：每周或每月进行一次自我评估，调整学习计划。

6. 总结与反思

总结经验：定期总结学习和工作中的经验教训。

持续改进：根据评估结果，持续调整和改进学习方法和计划。

第五节 价值观与职业选择

本节将探讨价值观与职业选择的关系。个人要明确自己的职业价值观，并了解不同职业领域所体现的价值观。通过价值观匹配，可以找到符合内心需求的职业方向。

第三章第五节

一、价值观与职业选择的关系

价值观是个人对事物的重要性和意义的评价标准，它会影响职业的选择和发展。当一个人的价值观与职业所体现的价值观相匹配时，他会获得成就感和满足感。价值观与职业选择的关系是职业生涯规划中的核心议题，二者相互影响、相互塑造，具体关系如图3-16所示。

图 3-16 价值观与职业选择的关系

（一）价值观是职业选择的深层驱动力

价值观是个人对事物重要性的评价标准,而职业价值观则是这种标准在职业领域的具体体现,能够指导个人追求符合自身信念的职业目标。在职业选择中,价值观比兴趣、能力等表面因素更具稳定性。

重视社会贡献的大学生能否选择公益或环保行业?而追求物质回报的大学生能否选择高薪职业呢?

（二）职业选择反作用于价值观

职业经历和职业环境会潜移默化地影响价值观。例如,长期从事教育工作的教师可能更重视知识传递的社会价值,而企业高管则可能强化成就导向的价值观。通过职业实践,可能会发现原有价值观的局限性,从而对其进行调整。

（三）价值观与职业的匹配

个人在选择职业时,应考虑职业与价值观的匹配度,如责任心强的人适合管理岗位,重视细节的人则适合技术类工作。价值观与职业的匹配度越高,职业满意度越高,幸福感也就越强;反之,则可能引发职业倦怠。研究表明,价值观匹配是职业成功的关键因素。

（四）价值观与职业选择的实际应用

通过职业兴趣测试、价值观评估,可以激发内在驱动力。职业发展过程中,需定期审视价值观,并根据变化的情况调整职业方向。个人既要关注职业需求(如薪资、发展空间等),也要兼顾社会价值(如为社会培养人才、维持社会秩序等),从而实现多重满足。

综上所述,价值观与职业选择是相互影响、相互塑造的关系,明确的价值观有助于确定职业方向,而职业体验又不断塑造和优化价值观体系。

二、树立正确的职业价值观

职业价值观是指人生目标和人生态度在职业选择方面的具体表现，也就是一个人对职业的认识和态度及其对职业目标的追求和向往。职业价值观是人们在评价和选择职业时，最看重的原则、标准和品质，直接驱动着人们做出职业选择。理想、信念、世界观对职业的影响集中体现在职业价值观上。

（一）不同职业价值观的形成

俗话说："人各有志。"这个"志"表现在职业选择上就是职业价值观，它对职业目标的选择起着决定性作用。由于每个人的身心条件、年龄、阅历、教育状况、家庭背景、兴趣爱好等不同，因此他们对各种职业有着不同的主观评价。这些评价形成了不同的职业价值观，并影响个人对就业方向和具体职业的选择。

（二）职业价值观分析

每种职业都有各自的特性，不同的人对相同的职业有不同的认识、评价和取向，这就是职业价值观。职业价值观决定了职业期望，影响个人对职业方向和职业目标的选择，决定个人就业后的工作态度和绩效水平，从而决定个人的职业发展情况。哪种职业好？哪个岗位适合自己？从事某一项具体工作的目的是什么？这些问题都是职业价值观的具体表现。

课堂互动

> 对价值观特别是职业价值观进行分析时，你可以参照学者们所提出的价值观类型，分析自己到底属于哪一种。

把不同职业价值观的内容加以总结，根据所体现的主要方面，可以确定职业价值观中的主要因素。张再生教授把这些因素总结为三类，并认为职业价值观分析可以从以下三个方面展开（图3-17）。

① 发展因素：包括公平竞争、工作自主性强、晋升机会多、专业对口、发展空间大、出国机会多等。由于这些因素都与个人发展有关，因此称之为发展因素。

② 保健因素：包括工资高、福利好、保险全、职业稳定、工作环境舒适、交通便捷等。由于这些因素都与福利待遇和生活有关，因此称之为保健因素。

③ 声望因素：包括单位知名度高、单位规模大、行政级别高和社会地位高等。由于这些因素都与职业声望和社会地位有关，因此称之为声望因素。

职业价值观是一个复杂的多维度的概念，包含多种因素，且各个因素在职业选择和衡量中所起的作用是不同的。据调查显示，职业价值观中的发展因素越来越受重视，而保健因素和声望因素的受重视程度则因人而异。

在职业价值分析和测定过程中，必须处理好职业价值观中不同因素之间的关系，并根据不同时期、不同情况明确自己的职业核心需求，以便制订合理的职业生涯规划和相关策略。

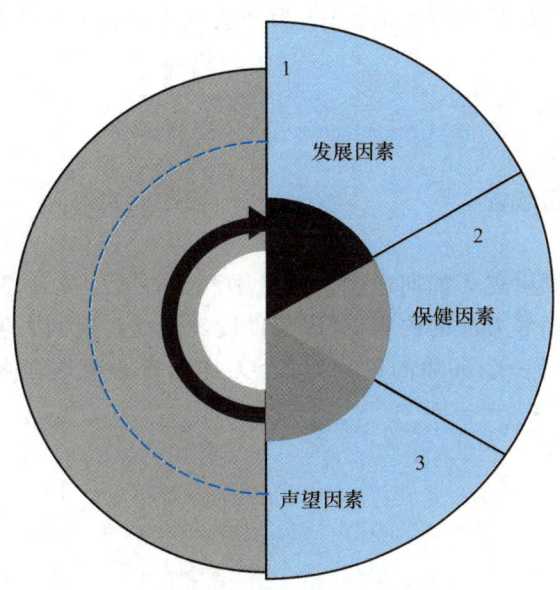

图 3-17 职业价值观分析

实践与思考

1. 理论应用练习

通过 MBTI 性格测试和霍兰德职业兴趣测试对自己的性格和兴趣进行评估,并分析评估结果对自己的职业生涯规划有何启示。

2. 实例分析讨论

请列出自己的核心能力和潜在能力,并思考如何通过学习和实践来提高这些能力,以满足职业需求。

3. 理论与实践结合

请明确自己的职业价值观,并思考如何在职业生涯规划中体现这些价值观。

拓展阅读

1.《别做那只迷途的候鸟》

作者:刘同

出版社:北京联合出版公司

出版时间:2018 年

推荐理由:该书提出了"3232"法则,将"关键十年"分为四个阶段,即人生规划期(3 年)、适应调整期(2 年)、职场炼狱期(3 年)、自我突破期(2 年),并从四个阶段中选取了 50 余个绕不过去的难题,一一作答。"3232"法则关注的是个人对人生、事业与职场的思考,而非在一份具体工作上花费时间的多少。

书中金句:别人都在做自己喜欢的工作,为什么你不可以？别人能做自己喜欢的工作,你当然也可以!

2.《唤醒心中的巨人》

作者:安东尼·罗宾,王平译

出版社:中国城市出版社

出版时间:2011年

推荐理由:该书主要讲述了如何通过自我激励和目标设定来改变自己的生活。该书强调了目标设定、自我管理等方面的内容,可以帮助读者建立正确的人生观和价值观。

书中金句:人生如同一个沉睡的巨人,每个人体内都蕴藏着独特的才能,等待我们去唤醒。

第四章
职业环境认知方法论

📋 项目导图

第四章　职业环境认知方法论
 |——学习目标
 |——案例导入
 |——第一节　宏观职业环境分析
 | |——PEST模型解析
 | |——行业生命周期与劳动力市场趋势
 | |——科技革新对未来职业的影响
 |——第二节　目标行业领域深度解析
 | |——行业结构分析
 | |——行业竞争格局及其关键影响因素分析
 | |——岗位需求拆解
 |——第三节　职业探索的多元途径
 | |——参加校内外职业实践活动
 | |——收集、分析、评估职业信息
 | |——尝试职业测验
 | |——进行职业访谈与行业调研
 | |——采集数据与利用在线资源
 |——实践与思考
 | |——宏观职业环境分析练习
 | |——行业深度解析任务
 | |——职业探索实践
 |——拓展阅读

🎯 学习目标

1. 掌握宏观职业环境的分析框架，理解外部环境对职业选择的影响。
2. 能够运用行业分析工具深度解析目标行业的发展现状与未来趋势。
3. 熟悉职业探索的多元途径，提升职业信息搜集与分析能力。

案例导入

案例名称：小陈的行业洞察与职业转型。

案例描述：小陈是一名金融专业的毕业生,最初计划进入传统银行业。但通过对宏观环境进行分析,他发现金融科技行业在政策支持和科技驱动下快速增长。小陈利用PEST模型分析行业趋势,利用波特五力模型评估金融科技领域的竞争格局,并通过实习接触区块链技术。最终,他顺利成为一名金融科技公司的数据分析师,实现了职业发展的突破。

第一节 宏观职业环境分析

宏观环境是指影响一个国家或地区经济、政治、社会、技术等各方面发展的外部条件。宏观职业环境对于职业生涯规划有着重要的影响。在职业生涯规划中,宏观职业环境是一个不可忽视的因素,它关系到职业发展的空间、机会和挑战。因此,对宏观职业环境的了解与分析对于制订有效的职业生涯规划具有重要作用。全面了解宏观职业环境为制订合理的职业生涯发展提供了有力支持。

第四章第一节

一、PEST 模型解析

PEST 模型(图 4-1)是一种用于分析职业宏观环境的框架工具,通过政治因素、经济因素、社会因素、技术因素四个维度识别宏观职业环境变化中的机会与威胁,及时发现市场机会,同时识别潜在威胁,从而为职业生涯规划调整提供依据。

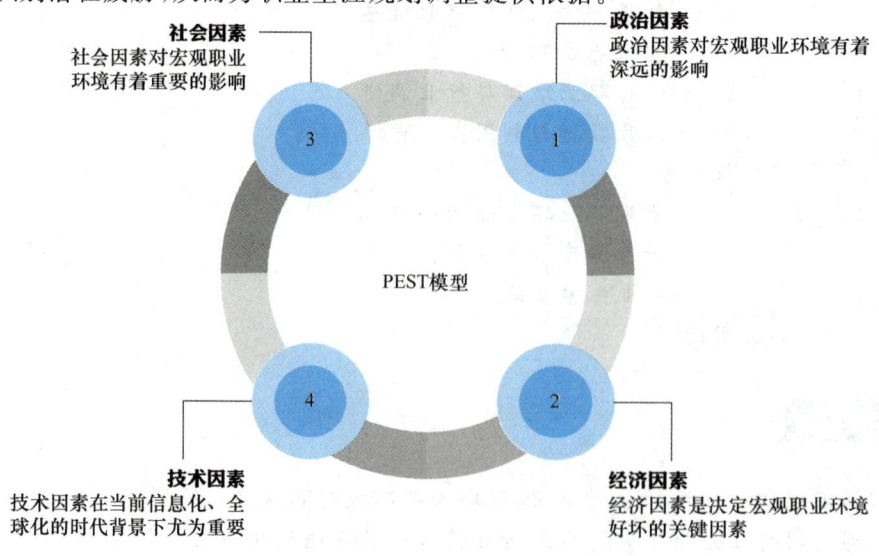

图 4-1 PEST 模型

（一）政治因素

政治因素对宏观职业环境有着深远的影响。政府的政策、法规以及国际关系等因素都会直接或间接地影响各种职业的发展前景。同时，政治稳定也是一个重要的考量因素，因为政治动荡往往会导致经济下滑，进而影响职业环境。

（二）经济因素

经济因素是决定宏观职业环境好坏的关键因素。经济增长率、通货膨胀率、利率等宏观经济因素，以及行业发展趋势、市场需求等微观经济因素，都会对宏观职业环境产生直接的影响。

（三）社会因素

社会因素包括人口结构变化、教育水平、文化背景、生活方式等因素，对宏观职业环境有着重要的影响。

（四）技术因素

技术因素在当前信息化、全球化的时代背景下尤为重要。新技术的不断涌现和应用不仅创造了新的职业领域和就业机会，也改变了传统职业的工作方式和技能要求。

综上所述，对职业环境的宏观分析需要从政治因素、经济因素、社会因素、技术因素等多个方面进行综合考虑。这些因素相互作用、相互影响，共同塑造着一个复杂多变的职业环境。PEST模型在职业生涯规划中发挥着不可或缺的作用，可以帮助个人全面把握宏观职业环境，为个人制订科学合理的职业发展规划提供有力支撑。

二、行业生命周期与劳动力市场趋势

行业生命周期指行业从出现到完全退出社会经济活动所经历的时间。行业生命发展周期主要包括四个发展阶段：幼稚期、成长期、成熟期、衰退期。随着科技的迅猛发展和全球化的不断推进，劳动力市场正面临着前所未有的变革和挑战。对大学生而言，了解这些变化并提前做好准备，是在激烈竞争中保持优势的关键。下面从以下三个方面分析行业生命周期与劳动力市场趋势，如图4-2所示。

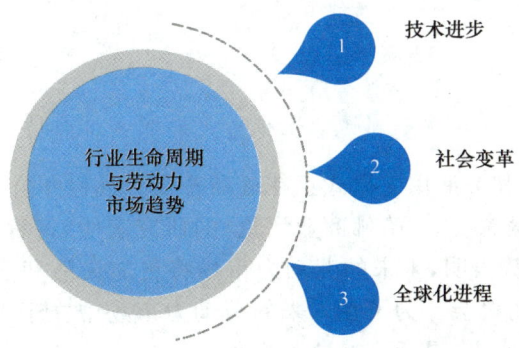

图4-2　行业生命周期与劳动力市场趋势

（一）技术进步

技术进步是未来劳动力市场变化的核心驱动力。人工智能、大数据、物联网和自动化技术正在迅速改变着各行各业的运营方式。根据麦肯锡全球研究院的报告,到2030年,全球约有8 000万至1.2亿的劳动力可能被自动化技术取代。这意味着,传统的低技能工作将逐渐减少,而人工智能、大数据、物联网、自动化技术等高技能、高附加值的岗位需求将显著增加(图4-3)。

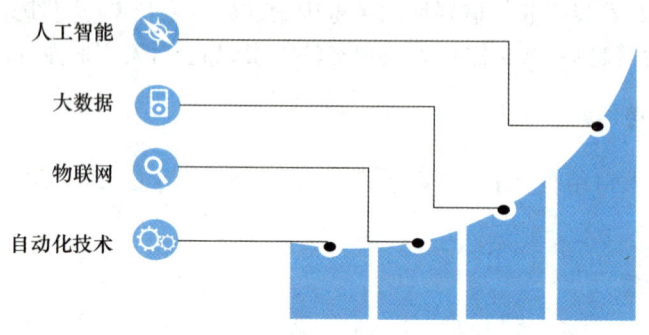

图4-3　高技能、高附加值的岗位需求增加

（二）社会变革

社会变革将重塑未来的劳动力市场。人口老龄化和出生率下降正在改变劳动力供求结构。这种趋势不仅在发达国家显著,也在一些发展中国家开始显现。这种人口结构的变化,将迫使企业和政府重新审视劳动力市场策略,鼓励老年人再就业并提升年轻人的职业技能。

（三）全球化进程

全球化进程的加速为劳动力市场带来新的挑战和机遇。跨国公司的崛起和全球供应链的重构,使得不同国家和地区的劳动力市场联系得更加紧密。大学生应在这一过程中适当地对自己的职业生涯进行科学规划。

试分析未来劳动力市场将受到哪些工作方式和职业观念转变的影响？

远程办公、自由职业和灵活用工模式正在逐渐普及。远程办公不仅可以降低运营成本,还可以提高工作效率和满意度。《哈佛商业评论》的研究表明,远程办公员工的工作效率平均提高了13％。这种趋势表明,未来的劳动力市场将更加灵活和多样化,人们将有更多自主选择工作地点和方式的机会。为了在未来的劳动力市场中立于不败之地,人们必须积极适应这些变化,提升技能水平,灵活应对这些变化。

三、科技革新对未来职业的影响

随着时代的进步,科技日新月异,其发展的速度和广度已经深刻影响了人们的日常生活和工作方式。目前正处于一个科技飞速发展的新时代,以人工智能、大数据、云计算、物联网等为代表的新技术,正逐渐渗透到社会的各个领域,引领着大学生职业形态发生前所未有的变革。下面将从人工智能的崛起与普及、大数据技术的深入发展、云计算技术的广泛应用、物联网技术的普及与发展四个方面讲述科技革新对未来职业的影响,如图 4-4 所示。

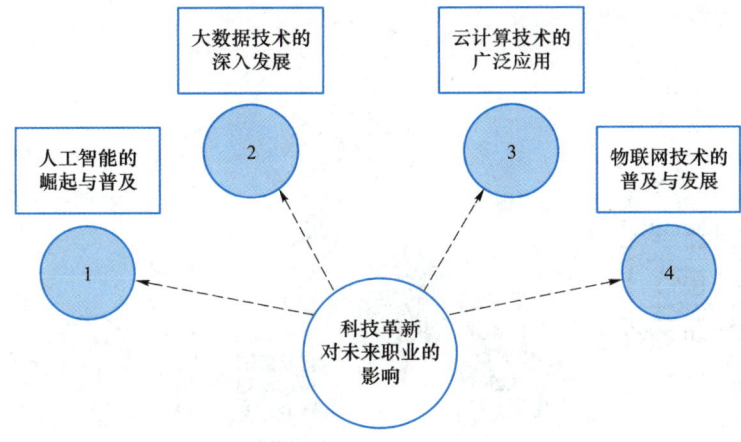

图 4-4　科技革新对未来职业的影响

(一)人工智能的崛起与普及

人工智能已经成为当今科技发展的核心驱动力。人工智能正逐步替代或辅助人类完成各种任务。这不仅提高了工作效率,还催生了新的职业,如机器学习工程师、数据分析师等。同时,人工智能也在推动传统行业的智能化转型,对大学生职业形态产生深远影响。人工智能的六大领域如图 4-5 所示。

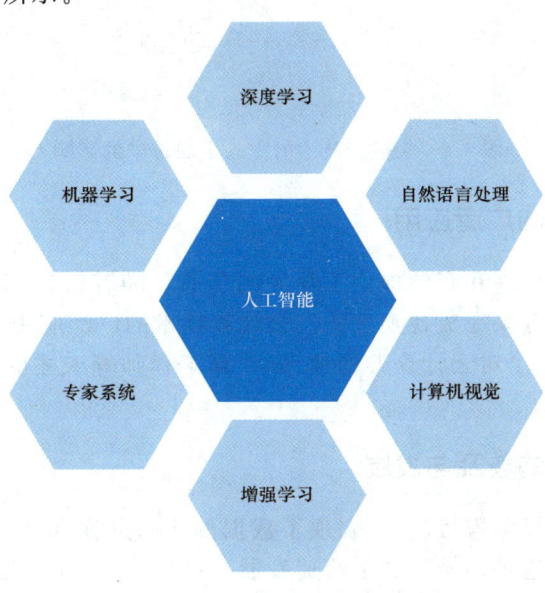

图 4-5　人工智能的六大领域

(二)大数据技术的深入发展

大数据技术正在改变人们对信息的处理方式和决策模式。大数据技术通过分析和挖掘海量数据,能够揭示出许多有价值的规律和趋势。大数据技术不仅推动了医疗、金融、零售等行业的创新发展,也催生了数据科学家、数据工程师等新型职业,而这些职业对大学生来说成为新的机遇和挑战。同时,应用大数据技术可以优化传统职业的工作流程,提高工作效率。大数据技术的深入发展带来的影响如图 4-6 所示。

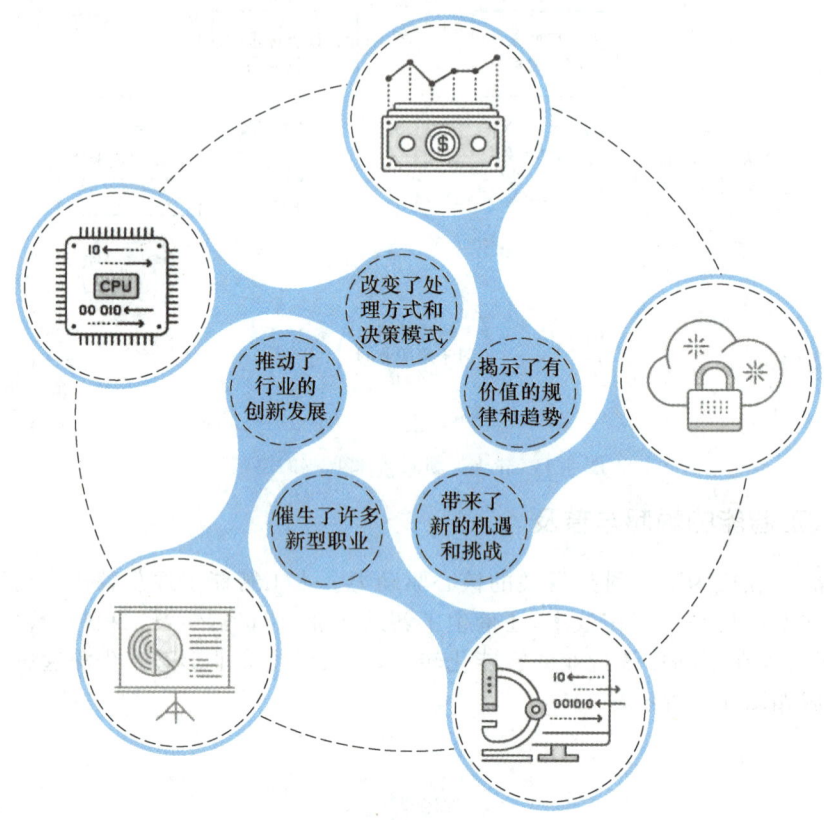

图 4-6 大数据技术的深入发展带来的影响

(三)云计算技术的广泛应用

云计算技术为数据处理和存储提供了强大的后盾。随着云计算技术的不断发展,企业和个人越来越依赖云服务来完成各项工作。云计算技术的广泛应用不仅推动了远程工作和在线服务的发展,也催生了对云计算架构师、云计算工程师等人才的需求,为大学生择业提供了新的可能。

(四)物联网技术的普及与发展

物联网技术将各种设备连接起来,实现了数据的实时交换和通信。随着物联网技术的普及,智能家居、智能交通等领域得到了快速发展。物联网技术的广泛应用不仅提高了生活的便利性,也为大学生职业形态带来了新的变革。例如,智能设备的维护和管理将成为新的职业领域。

综上所述,科技革新已经深刻影响着未来的职业形态。

大学生要如何认识科技革新对职业形态带来的挑战和机遇?要如何积极适应这一变革,不断提升自己的能力,以适应未来职业市场的需求?

第二节 | 目标行业领域深度解析

目标行业是一个管理学术语。目标管理源于美国管理专家彼得·德鲁克,他在 1954 年出版的《管理的实践》一书中首先提出了目标管理和自我控制的概念,认为企业的目的和任务必须转化为目标,由此及彼,大学生职业生涯的目的也要转化为目标,因此对目标行业领域的深度解析就尤为重要。

第四章第二节

一、行业结构分析

职业生涯的外部探索为行业结构分析打下基础,而行业结构分析又是职业生涯规划的基础。

(一)行业类别分析

1985 年,国家统计局对我国的三次产业作了划分:第一产业为农业(包括林业、牧业、渔业等);第二产业为工业(包括采掘业、制造业,电力、热力、燃气等供应业);第三产业为除了一、二产业外的其他产业。20 世纪中叶以来,计算机技术、电子技术、生物技术和现代通信技术的广泛应用,使社会的产业形态极其丰富。科学技术的发展使它们作为崭新的产业形态而独立存在。这便出现了第四产业——知识产业,也称为智慧产业。它由知识、智力密集型产业构成,如信息开发业、航天产业、生物产业、海洋产业及服务业中的知识密集型产业等。知识产业分为三大部分:知识生产、知识传播、知识应用。

知识拓展

我国颁布的《国民经济行业分类》公布的行业大体如下:
A 农、林、牧、渔业;
B 采矿业;
C 制造业;

D 电力、热力、燃气及水生产和供应业；

E 建筑业；

F 批发与零售业；

G 交通运输、仓储和邮政业；

H 住宿和餐饮业；

I 信息传输、软件和信息技术服务业；

J 金融业；

K 房地产业；

L 租赁与商务服务业；

M 科学研究和技术服务业；

N 水利、环境和公共设施管理业；

O 居民服务、修理和其他服务业；

P 教育；

Q 卫生和社会工作；

R 文化、体育与娱乐业；

S 公共管理、社会保障和社会组织；

T 国际组织。

伴随着经济社会的进一步发展，许多新的细分行业将会涌现，实际的行业分类远比上述内容丰富。

（二）行业分析方法

在快速发展的经济环境下，行业分析成为职业生涯规划的重要依据。正确的行业分析有助于更好地理解市场发展趋势，把握行业机会，发现行业风险，为职业生涯规划提供可靠的参考。下面将介绍行业分析方法（图 4-7），并对行业分析方法在当前职业生涯的应用进行介绍。

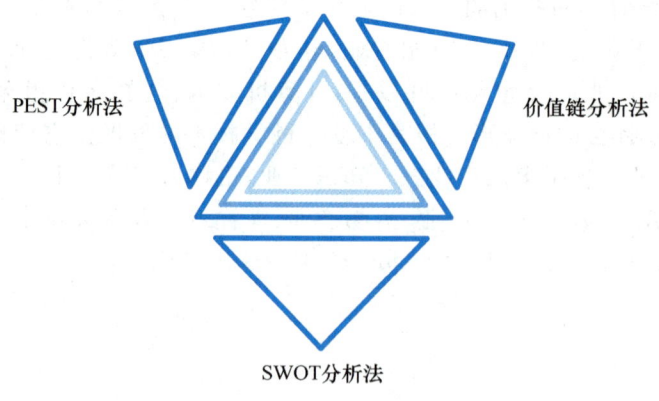

图 4-7　行业分析方法

1. PEST 分析法

PEST 分析法是一种常用的分析行业宏观环境的方法。P 代表政治因素，E 代表经济因素,S代表社会因素,T代表技术因素。通过研究这四个方面的因素,可以全面了解行业的整体环境,把握行业发展的方向。

2. SWOT 分析法

SWOT 分析法是一种比较全面和系统的行业分析方法,同时也是一种制订和总结市场战略的重要工具。S、W、O、T 分别代表着行业的优势、劣势、机会和威胁。通过对行业内、外部因素的分析,可以了解市场环境,挖掘内在优势,同时也可以预测市场存在的风险。

3. 价值链分析法

价值链分析法是一种相对独立的行业分析方法,主要从价值链的角度来分析行业现状。通过了解行业角色的作用和价值,可以更好地理解市场的整体运行情况,同时也可以更好地了解企业在职业市场中的位置。

(三)行业分析案例

1. 医疗保健行业案例分析

随着人们生活质量的提高和医疗技术的发展,医疗保健行业得到了蓬勃发展。通过对医疗保健行业的分析发现,医疗保健行业对人们生命和财富的保障作用非常重要,同时也面临着政策限制和市场竞争的压力。以下是医疗保健行业分析案例,通过 SWOT 分析法来探讨其发展现状,并分析其发展趋势。

医疗保健行业

一、SWOT 分析

(一)优势

需求刚性:人们对健康的重视程度不断提高,无论经济形势如何,人们对医疗保健的需求都较为稳定且呈增长趋势。例如,随着人口老龄化加剧,慢性疾病患者数量增加,其对医疗服务和药品的需求持续上升。

技术创新:医疗技术不断进步,如基因编辑、精准医疗、远程医疗等新兴技术的出现,为疾病的诊断、治疗和预防提供了更有效的手段,也为行业发展带来了新的机遇。

行业壁垒高:医疗保健行业涉及专业知识和技术,需要严格的监管和认证,进入门槛较高,这有助于维持行业内企业的稳定性和竞争力。

(二)劣势

成本高昂:医疗设备的购置、药品的研发、医护人员的培养等都需要投入大量资金,导致医疗服务价格较高,部分患者可能难以承受,同时也给医保体系带来压力。

人才短缺:专业的医疗人才的培养周期长、难度大,导致医疗人才相对短缺,特别是在一些偏远地区,这可能影响医疗服务的质量和可及性。

信息不对称:医患之间在医学知识和病情信息上存在较大差距,可能导致患者在医疗决策中处于劣势,也容易引发医患纠纷。

(三)机会

政策支持:政府通常会重视医疗保健行业的发展,出台一系列政策鼓励创新、加大医保投入、推进分级诊疗等,从而为行业发展创造良好的政策环境。例如,政府出台了对创新药研发的税收优惠政策以及对基层医疗服务体系建设的扶持政策。

消费升级:随着居民收入水平的提高和消费观念的转变,人们对医疗保健的需求不断升级,更加注重预防保健、高端医疗服务,这为行业提供了新的市场增长点。

国际市场拓展:一些发展中国家的医疗基础设施薄弱,医疗服务水平有待提高,这为我国医疗企业和服务机构提供了拓展海外市场的机会,同时也可以促进了国际医疗合作与交流。

(四)威胁

政策变化风险:医疗保健行业受政策的影响较大,政策的调整(如医保政策改革、药品价格调控等)可能会对企业的经营业绩产生重大影响。例如,药品集中采购政策可能导致药品价格降低,压缩企业利润空间。

二、行业发展分析

传统的医疗机构和药企之间的竞争激烈,而且随着科技企业的跨界进入,如互联网企业涉足医疗健康领域,竞争格局将变得更加复杂。医疗保健行业涉及公众的切身利益,医疗事故、药品安全问题等容易引发社会舆论关注,对行业形象造成负面影响。

(一)发展趋势

远程医疗、移动医疗、医疗大数据和人工智能等技术将在医疗保健行业得到更广泛的应用,提升医疗服务的可及性和效率,提高医疗质量,因此数字化医疗行业会得到加速发展。

随着基因检测技术的普及和其成本的降低,精准医疗将越来越多地应用于临床实践,根据患者的基因特征制订个性化的治疗方案提高了治疗效果,减少了不良反应,因此精准医疗将成为医疗行业的主流。

人们对健康的关注点从疾病治疗向疾病预防和健康管理转变,健康管理市场将迎来快速发展,包括健康体检、健康咨询、康复护理等多元化服务。

(二)商业模型

建立数字化医疗平台,从而整合医疗资源,连接患者、医生、医疗机构和药企等各方,提供在线问诊、预约挂号、药品配送、健康管理等一站式服务,该平台通过收取服务佣金和广告费用等实现盈利,因此平台型商业模型逐步被建立。

药企专注于创新药的研发,与高校、科研机构合作,利用先进的技术平台提高研发效率,通过获得药品专利和市场独占期实现药品的高附加值,从而获取利润,因此创新药研发与销售模型初具规模。

可以以品牌化、标准化的方式建立医疗服务连锁机构,如口腔诊所、眼科医院、康复中心等,通过提供优质、专业的医疗服务吸引患者,实现规模经济和品牌效应,同时也可以开展多元化的增值服务,如健康管理、医美整形等,因此医疗服务连锁模型被建立。

通过以上对医疗保健行业的分析,大学生可以根据自身的优势和自身拥有的资源,抓住市场机会,应对威胁,选择适合的职业,实现可持续发展,同时也可以为社会提供更优质、高效的医疗保健服务,满足人民日益增长的健康需求。

2. 互联网金融行业案例分析

随着互联网的兴起,互联网金融行业得到了迅猛的发展。通过对互联网金融行业进行价值链分析,我们可以看到在线上很容易就能进行互联网金融行业的融资数据操作,用户和业务可以通过同一平台互通信息,这不仅减少了客户的操作步骤,也提高了金融行业的效率。同时,互联网金融行业所面临的安全风险和监管压力非常大,因此对未来互联网金融行业的发展趋势进行分析,才能在市场竞争中立于不败之地。

互联网金融行业

随着互联网技术的飞速发展,互联网金融行业异军突起,以其独特的业务模式和高效便捷的服务,迅速在金融领域占据重要地位。互联网金融深刻改变了传统金融生态,为个人与企业提供了更多元化的金融服务选择。然而,其快速发展的背后,也隐藏着诸多问题与挑战,对该行业进行深入分析,有助于把握其发展脉络,应对未来竞争。

一、价值链分析

(一)线上融资便捷化

互联网金融打破了传统金融机构线下融资的局限。在网络借贷领域,一个人只需填写相关资料,上传必要文件,平台就可利用大数据分析、信用评估等技术,快速对其信用状况进行评估,确定其可贷款额度与贷款利率。整个流程在线上进行,大幅缩短了融资周期,提高了资金获取效率。

(二)平台互通,从而提升效益

互联网金融平台可整合多种业务与用户资源。以支付宝为例,它既是第三方支付平台,支持线上、线下各类支付场景,又提供余额宝等理财产品,涉及芝麻信用等信用服务。用户在该平台完成支付行为的同时,也积累了信用数据,这些数据反过来为其在平台上申请贷款、享受其他金融服务提供了依据。互联网金融平台可根据用户不同业务板块的行为数据,进行精准营销与服务推送,从而最大化挖掘用户价值。

二、行业面临的挑战

(一)安全风险

网络技术风险:互联网金融高度依赖网络技术,网络攻击、数据泄露、系统故障等问题频发。黑客可能通过技术手段入侵平台,窃取用户敏感信息,导致用户资金损失与个人隐私泄露。

信用风险:互联网金融交易通常通过网络进行,其中的信息不对称问题较突出。部分网络借贷平台的借款方可能提供虚假信息,隐瞒真实负债情况,导致贷款违约风险增加。

(二)监管压力

互联网金融作为新兴行业,其发展速度远超法律法规的制定与完善速度。目前,针对网络借贷、众筹等业务的监管细则尚不完善,部分业务处于监管模糊地带,这给一些不法分子可乘之机。

互联网金融涉及多个部门(如央行、证监会等)的监管,不同部门的监管侧重点不同,监管标准也存在差异,导致监管协调难度大。在互联网金融平台跨界经营多种业务时,容易出现监管空白或重复监管问题,这会影响行业健康发展。

三、未来发展趋势

未来,互联网金融企业将更加依赖人工智能与大数据技术进行风险管理。通过收集海量用户行为数据、交易数据、信用数据等,利用机器学习算法构建更精准的风险评估模型,可实时监测交易风险,提前预警潜在风险事件,降低违约率。

区块链的去中心化、不可篡改、可追溯等特性,在互联网金融领域具有广阔的应用前景。在跨境支付领域,利用区块链技术可简化支付流程,提高交易透明度,减少手续费与交易时间。

四、行业分析应用

行业分析作为职业生涯规划的重要依据,对未来择业方向的选择有着重要的实际意义。通过行业分析,可以了解行业的整体动态和发展趋势,把握市场竞争的状况,发现行业的需求空白,同时也可以了解市场存在的风险和问题。只有通过持续地进行行业分析和了解市场趋势,才能在当今充满不确定性的商业环境中获得有利于自己发展的契机。

行业分析是增强行业洞察力和应对市场变化的重要手段。通过SWOT分析、PEST分析和价值链分析等方法,可了解行业的发展现状和商业机会,发现行业中存在的问题和风险,为职业生涯规划制订更好的策略。

分析教育科技行业的竞争壁垒

教育科技行业的竞争壁垒主要体现在技术、资本、政策与监管、人才、规模与资源等方面,这些因素共同塑造了行业的进入门槛和竞争格局。

第一,技术壁垒:教育科技依赖人工智能、大数据、虚拟现实等前沿技术,企业需持续投入研发资金,以保持竞争力。

第二,资本壁垒:开发教育软件、建设在线平台需投入大量资金。

第三,政策与监管壁垒:教育机构须具备相关资质,教育科技企业若涉及课程开发或线下服务,需遵守教师资格、课程设置等法规。如果学习数据涉及隐私问题,则企业需遵守数据保护法规(如《中华人民共和国个人信息保护法》),否则可能面临法律风险。

第四,人才壁垒:行业需要既懂教育又懂技术的复合型人才,但这类人才供不应求。应用新技术时需对教师进行培训,企业需投入资源,以提升教师的数字化素养。

第五,规模与资源壁垒:大型企业凭借品牌、资金优势快速扩张,但中小型企业难以与其竞争。优质教材、教师资源等是核心资产,企业需通过合作或自建体系获取。

综上所述,教育科技行业的竞争壁垒是多元且动态的,大学生在职业生涯规划中只有在技术、资本、合规等多方面布局,才能在市场中立足。

二、行业竞争格局及其关键影响因素分析

在当今社会,目标行业正经历着前所未有的发展机遇。随着市场竞争的加剧,人们对于职业生涯规划的需求愈加旺盛,目标行业的规模不断扩大,然而,行业竞争格局也在不断变化中显现出多种特点。

(一) 行业竞争格局的总体特征

行业竞争格局呈现多维度特征,如图 4-8 所示。在企业数量与规模方面,有的行业中企业数量众多且规模小,竞争白热化,如餐饮行业;有的行业则由少数大型企业主导,如石油化工行业。行业的市场份额分布存在高度集中与相对分散两种类型。前者如家电行业,几大品牌把控大部分市场份额,后者如农产品行业,市场份额分布相对分散。各行业产品或服务的差异化程度也各不相同。例如:高端时尚行业注重独特设计,其差异化程度高;基础建材行业的产品同质化问题严重,其差异化程度低。各行业的进入和退出壁垒也不一样。例如:制药行业由于研发成本高、资质认证严,因此进入壁垒高;钢铁行业由于具有重资产属性,因此退出壁垒高。

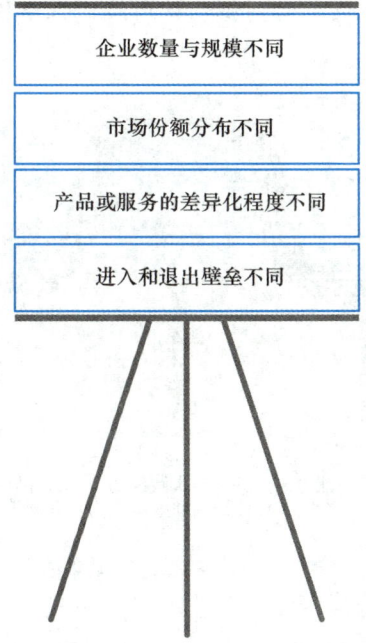

图 4-8　行业竞争格局呈现多维度特征

各个领域的行业竞争程度差异显著。例如,在职业规划咨询行业中,有多家机构存在竞争关系,但这些机构可通过提供个性化服务形成差异化优势,而在传统制造业中,因为技术迭代速度快、资本密集,所以竞争更侧重于成本控制和产业链整合。新兴技术(如人工智能、新能源、生物技术等)成为行业竞争的关键驱动力。

> 课堂互动
>
> 分析人工智能在教育、医疗领域的应用催生了哪些新岗位？分析新能源汽车行业催生了哪些产业链职业？

（二）关键影响因素分析

大学生职业生涯规划中，行业竞争格局受多方面因素的影响。专业理论知识扎实与实践能力较强的大学生能在就业市场中脱颖而出。以计算机专业为例，熟练掌握编程语言、算法设计的大学生，在互联网企业招聘中更具优势。

1. 内在环境影响因素（图4-9）

职业素养与能力拓展至关重要。沟通协作、团队领导、问题解决等通用能力，是企业看重的关键素质。例如，在市场营销岗位，良好的沟通能力有助于产品推广与客户维护。并且，企业希望员工拥有较强的时间管理能力与抗压能力，能在快节奏的工作环境中高效完成任务。实习与实践经历直接影响职业竞争力。个人品牌与职业规划意识同样关键。清晰的职业规划能引导学生有针对性地提升自身竞争力，而积极塑造个人品牌以及参与学术活动并发表专业见解，可提升在行业内的知名度与认可度。大学生需保持敏锐洞察力，及时调整规划，增强自身竞争力。

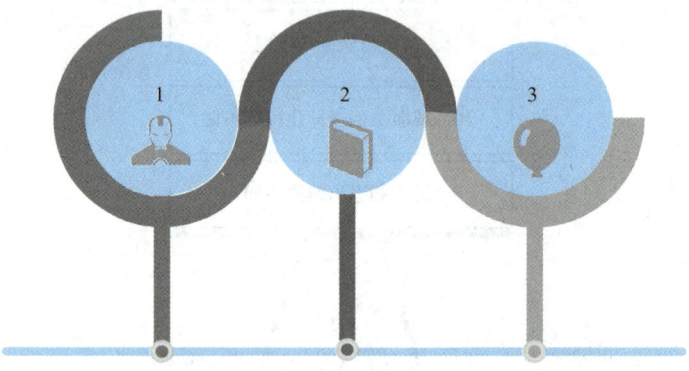

图4-9 内在环境影响因素

> 课堂互动
>
> 试分析实习与实践经历对职业竞争力的影响。如何通过实习将理论知识应用于实际？如何积累行业经验、熟悉工作流程？

2. 外在环境影响因素（图 4-10）

① 市场需求与规模。行业规模、行业增长潜力和消费者需求直接影响行业竞争格局。例如，随着"人工智能＋"政策的推进，教育、医疗等领域的职业生涯规划需求持续增长，消费升级趋势推动服务业（如旅游业）对专业人才的需求增长。

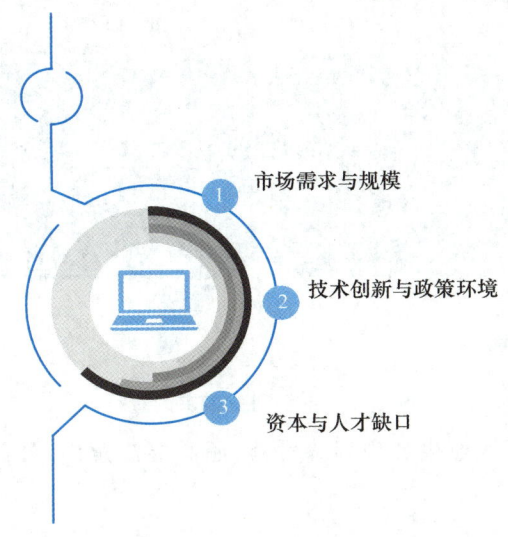

图 4-10　外在环境影响因素

② 技术创新与政策环境。技术突破，如新能源技术、生物技术，可能重塑行业竞争格局，而政策导向，如产业扶持、监管政策，可能影响企业战略。例如，政府推动制造业数字化转型，促使企业加大对人工智能、物联网等技术的投入。

③ 资本与人才缺口。资本流向，如红杉资本对硬科技领域的投资，会对行业竞争格局造成影响；人才缺口，如智能制造领域的复合型人才缺口，是行业竞争格局的重要影响因素。资本推动技术迭代，人才竞争则决定企业能否快速响应市场变化。

通过以上分析得出，行业竞争格局是动态变化的，需结合技术趋势、市场需求和政策环境综合判断，并在此基础上制订切实可行的大学生职业生涯规划。

三、岗位需求拆解

企业想要精准招聘人才就要明确招聘需求，可以说明确招聘需求是整个招聘工作的核心。筛选简历、确定候选人等工作都需要根据招聘需求来开展。如果想在企业中面试成功，就需要提前对其招聘需求进行分析。而要做好招聘需求分析，必须对岗位需求进行拆解。拆解岗位需求的过程如图 4-11 所示。

（一）确认、收集用人需求

在岗位需求拆解过程中，确认、收集用人需求是关键起始环节。从大学生的角度出发，当收到某个岗位的招聘需求时，建议不要第一时间去面试，而应该先找用人部门沟通具体的招聘需求，如硬性要求、可以变通的要求、必备的技能等，只有做好这些方面的沟通和了解，

图 4-11　拆解岗位需求的过程

未来才能更加精准地进行职业生涯规划。另外，还需要注意内、外部环境变化，判断岗位内容是否符合自己的需求。

（二）整理、提炼岗位需求

在职业生涯规划中，整理、提炼岗位需求是精准定位职业目标的核心步骤。应聘者需以岗位信息为基础，通过系统性分析、提取其关键要素，构建与自身发展相适配的框架。应通过收集到的招聘需求、岗位说明书、组织结构、团队结构、用人机制等资料，结合直接观察、任职者访谈、问卷调查等方法，整理、提炼出岗位需求，如图 4-12 所示。

图 4-12　整理、提炼岗位需求

1. 了解用人单位的招聘需求

要想了解用人单位的招聘需求，必须从多渠道收集信息，从而建立系统化的认知。从官方招聘渠道，如企业官网的"人才招聘"板块、官方微信公众号、招聘 App（如 BOSS 直聘、智联招聘），直接获取岗位说明书、任职要求、招聘流程等一手信息；关注高校就业信息网发布的校园招聘公告，把握定向招聘机会。通过社交网络，如 LinkedIn、脉脉等职场社交平台，联系企业员工或校友，了解岗位实际工作内容、团队氛围和发展空间；参加行业社群活动、论坛,收集岗位内推等隐性信息。积极参加校园宣讲会、行业展会、招聘会,与HR面对面交流,获取岗位要求及企业人才偏好等信息;参与企业开放日,直观感受工作环境与企业文化。

2. 对岗位进行深度解构

从基础信息中明确岗位职责,区分核心任务与辅助工作。同时,梳理岗位任职要求,将专业技能、学历背景等硬性条件与沟通能力、创新思维等软性素质分类标注,形成清晰的能力图谱。结合行业特性与企业战略,区分不同岗位需求的重要程度,如技术研发岗位对编程能力的要求极高,而行政岗位更看重细节处理与协调能力。可运用矩阵分析法,将岗位需求按"紧急-重要"程度划分,优先聚焦于核心需求,针对性弥补能力短板。

3. 动态跟踪行业趋势

动态跟踪行业趋势,关注国家战略,如"双碳"目标,以及人工智能、新能源领域等带来的岗位需求转变,提前布局对新兴技能的学习。通过对需求规律的跟踪,可以了解行业淡旺季、校招和社招的时间节点。

4. 挖掘岗位隐性需求

通过阅读行业报告、参加校友经验分享会等方式,挖掘岗位隐性需求,如金融行业对合规意识、风险预判能力的潜在要求,以及新兴岗位对跨界学习能力的潜在要求。最终,将显性与隐性需求整合,形成个性化的岗位需求清单,为职业能力提升与求职提供精准导航。

通过以上方法,如何将碎片化的招聘信息转化为结构化认知?如何精准锚定目标岗位,实现职业规划与企业需求的高效匹配?

(三)选择招聘的有效要素

通过对招聘信息的整理和提炼,完全可以了解企业的招聘需求。但这种需求是一种理想状态,企业需要的不是"完美"的人,而是最适合的人,所以,我们在求职时要考虑企业的实际需求。

招聘的有效要素包括以下4方面:第一,岗位匹配度,也就是个人的专业、技能与岗位要求的契合度;第二,企业的发展前景,包括企业的行业地位、发展战略与创新能力等;第三,薪资福利,包括基本待遇、晋升空间与激励机制等;第四,与企业文化的适配度,包括与企业的团队氛围、管理风格与价值观等的契合度。在拆解岗位需求的过程中,要选择招聘的有效要素。

(四)呈现招聘需求分析结果

在职业生涯规划中,招聘需求分析结果是明晰职业方向的重要依据。通过系统梳理岗位信息,可得出以下关键结论(图4-13)。

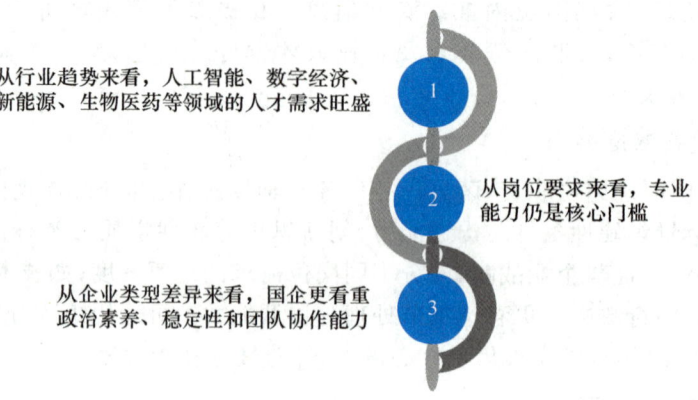

图 4-13　关键结论

① 从行业趋势来看,人工智能、数字经济、新能源、生物医药等领域的人才需求旺盛。以人工智能领域为例,算法工程师、数据分析师等岗位的招聘量持续增长,企业普遍要求应聘者掌握 Python 编程、机器学习算法应用等专业技能,同时对跨学科知识储备提出更高标准。

② 从岗位要求来看,专业能力仍是核心门槛。金融行业的投资分析岗位普遍要求应聘者具有金融、经济类专业的背景,持有 CFA、FRM 等证书的人更具竞争力;工程类岗位要求应聘者能熟练使用 CAD、SolidWorks 等专业软件。

③ 从企业类型差异来看,国企更看重政治素养、稳定性和团队协作能力,而外企更看重英语沟通能力和国际化视野,互联网企业更看重创新能力与快速学习能力。

综上所述,只有结合行业趋势与岗位要求,制订差异化提升策略,通过专业学习、实习实践、技能培训等方式,构建与目标岗位匹配的能力体系,才能为职业发展奠定坚实基础。

完整地呈现招聘需求分析结果一般包括呈现基本信息、呈现职责要求、呈现业绩要求三点内容,如图 4-14 所示。

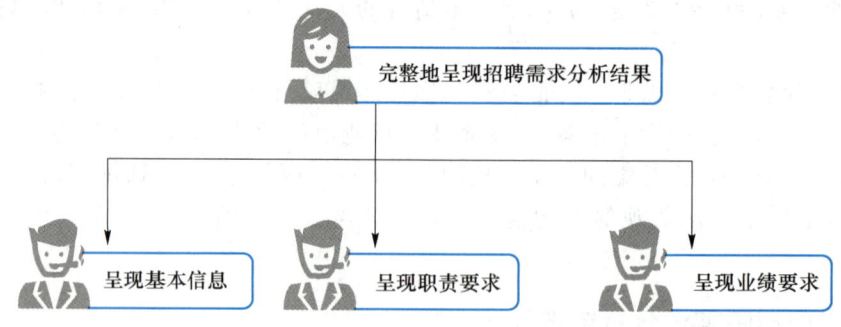

图 4-14　完整地呈现招聘需求分析结果

① 呈现基本信息：呈现岗位名称、招聘人数、到岗时间等信息。

② 呈现职责要求：呈现为了胜任岗位职责，任职者必须具备的知识、技能、经验等基本素质。

③ 呈现业绩要求：呈现员工在本岗位需要完成的工作目标、取得的关键业绩、做出的关键行为等。

完成招聘需求分析后，如何完整地呈现招聘需求分析结果？

研究目标企业的发展战略、组织文化、招聘偏好，并对其进行有效拆解有利于职业生涯规划的制订，也有利于未来的就业选择。

第三节｜职业探索的多元途径

职业探索是指个体为实现职业目标而采取的一种心理或身体行动，既包括信息寻求，又包括对自我和环境的认识。在职业探索的过程中，应充分认识职业探索对个人未来职业发展的意义。进行职业探索时应主动、充分地认识和了解自我，积极参加校内外职业实践活动，多收集、分析、评估职业信息，适当尝试职业测验，等等。

第四章第三节

美国职业心理学家舒伯认为职业探索对于个人职业的发展具有重要作用，并指出在探索阶段，一个人有三大任务（图4-15）要完成：一是明确自己的职业取向；二是知道自己拥有的职业机会；三是利用职业机会实现就业。要完成这三大任务，就必须对环境和自己进行探索，了解自己的兴趣、能力、经验和价值观，了解各类职业，学会做决策，选择与自己的兴趣、能力、经历及价值观相适应并有可能实现的职业。

图 4-15 探索阶段的三大任务

研究证明，进行过职业探索的大学生在工作后，能体验到更高的工作满意度和更多的工作效能感和职业成就感。大学阶段的职业探索往往是一个人职业规划、职业决策的开始，对其未来职业发展乃至一生都会产生深远影响。从某种意义上说，没有职业探索，就没有真正意义上的职业规划、职业决策。在校大学生应该树立职业探索意识，通过各种途径和方法开展职业探索活动。

在职业探索阶段,你是否思考过自己能做什么?喜欢做什么?在工作中自己擅长哪些方面?

一、参加校内外职业实践活动

参加校内外职业实践活动不仅可以积累更多的社会经验,还可以为未来的职业发展打下坚实的基础;同时,参加校内外职业实践活动还可以作为一种经济支持手段,并且可以培养责任感、团队协作精神,提升管理能力,这些素质将在未来的职业生涯中发挥至关重要的作用(图4-16)。

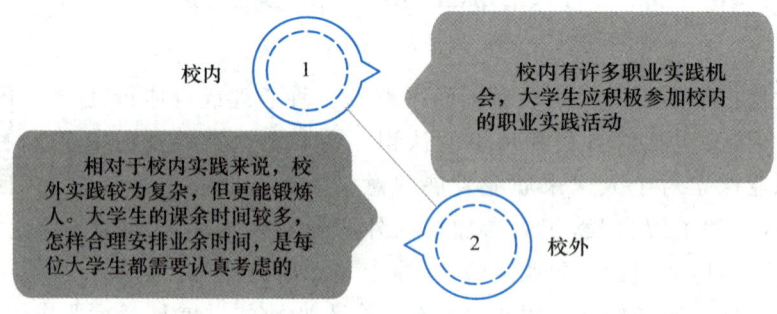

图4-16 参加校内外职业实践活动

(一)认真做好校内每项工作

在大学期间,校内有许多职业实践机会,诸如担任学生干部、参加勤工俭学活动、在校内实习基地实习、加入学生社团等,如图4-17所示。学生干部包括校级、院级、系级、班级干部,负责协助学校和老师做好有关大学生管理的工作,担任学生干部可锻炼大学生的各项能力,能够担任学生干部的同学应认真投入,保持服务同学的良好心态,积极组织相关活动,努力完成自己的职责,这样能使自己的综合素质得到提高,并逐渐培养自己的组织、沟通、协调及管理能力。参加勤工俭学活动是高校中常见的实践形式,既能帮助学生缓解经济压力,也能提升其综合能力。通过参加校内职业实践活动,可以培养实践技能,养成良好的工作习惯。校内实习基地是大学生进行实践活动的一个重要场所,大学生只有亲自动手才能掌握一定的专业技能,因此,大学生应重视每一次课程实习,积极参与其中。学生社团也是大学校园内进行实践活动的平台,大学生可以根据自己的兴趣和需要,在了解的基础上,有选择地参加学生社团,并积极参与社团组织的活动,踏踏实实做好自己分内的工作,使自己的综合能力得到提高。

图 4-17　大学生校内的职业实践机会

（二）寻找校外实践机会

相对于校内实践来说，校外职业实践较为复杂，但更能锻炼人。在大学期间，大学生的课余时间较多，怎样合理安排业余时间，是每位大学生都需要认真考虑的。在保证课程学习和适当休息的同时，不妨主动出击，寻找与自己兴趣、专业相关的课余兼职。另外，在近两个月的暑假里，可以考虑结合自己的专业参加学校组织的暑期实践，或者通过各种方式到与所学专业相关的用人单位打工。即使找不到与专业相关的工作，也可以做一些简单的工作，甚至是做一些纯体力的工作，这也是很有价值的，至少可以锻炼吃苦耐劳的精神。通过校外实践，大学生不仅可以对自己有更深入的认识，还可以了解社会的就业需要，培养职业能力，发现适合自己的工作岗位，为今后顺利就业打下基础。

你是如何处理校外实践与课程学习关系的？又是如何处理校内各种活动冲突的？

二、收集、分析、评估职业信息

职业信息不仅包括企事业单位的招聘信息，还包括经济发展形势报告和趋势预测、国家或地区的产业和就业政策、政府机关和事业单位的人事机构改革方案及人力资源市场的供求状况等。另外，国家某项大的建设工程、某个地方的经济开发方案也是具有价值的职业信息。

国家政策法规、国际形势等都会影响就业形势和市场对人才的需求，因此，这些都是大学生应关注的内容。职业信息的来源很广泛，总体可分为正式渠道和非正式渠道两种（图 4-18）。

正式渠道有网站、人才市场、各类媒体等。各地的主要报刊、电视台、广播电台等媒体都会开设有关招聘、技能培训、政策法规等的专题栏目。通过各种正规的人才网站和企事业单位的网站，学生可以获得用人信息、了解用人单位的状况及前景，还可以通过网络检索到有关职业的现状、发展趋势等。

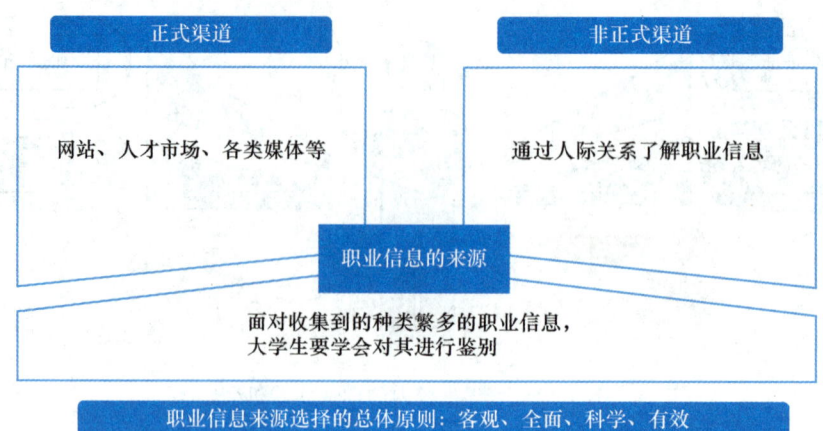

图 4-18　职业信息的来源

非正式渠道主要指的是通过人际关系了解职业信息。首先,在与同学、朋友的交流过程中要多谈兼职、实习的感受,也可以多与求职成功的同学、朋友交流,详细了解他们的工作经历。其次,经常与父母、已工作的亲戚交流自己对工作的想法,他们能提供一些工作经验和人脉资源。再次,根据所学的专业或者自己感兴趣的行业,有选择地与某些企事业单位的职员、人事部门经理、总经理进行交流,了解相关职业的能力要求、工作环境及待遇、就业行情等具有价值的信息。

面对收集到的各种职业信息,你是如何对其进行鉴别的?

对于从不同渠道得到的信息,要进行比较、分析、鉴别和核实。我们可以通过网络搜索相关信息,也可以查阅有关文件、政策法规,必要时可以亲自到有关部门咨询或找相关人士咨询,甚至是进行实地考察。最后要剔除虚假信息,筛选出可靠有用的信息,并在对其进行分类整理后,将其妥善保管,以备后用。需要注意的是,当需要用到上述存储的信息时,还需要有针对性地对其进行补充收集。

三、尝试职业测验

目前,社会上的职业咨询机构和一些大学里的心理咨询室都有职业测评系统,大学生可以通过职业测验了解自己的性格、气质、能力、职业兴趣。职业测评系统中常见的职业测验工具如图 4-19 所示。

① MBTI 人格类型量表,测量受测者在不同特点上的倾向水平,让受测者全面了解自己的总体个性偏好以及在工作中的优势和劣势。

② Keirsey 气质类型调查问卷,帮助受测者全面了解自己的个性偏好。

图 4-19 常见的职业测验工具

③ EUREKA 技能问卷,帮助受测者确定已拥有的技能并弄清自己在工作中最喜欢使用的技能。

④ IWRA 工作相关能力问卷,帮助受测者找出与其最强能力相符合的职业。

⑤ 霍兰德职业兴趣测量表,测量受测者的人格类型所对应的职业兴趣类型。

⑥ 职业锚量表,测量受测者的职业价值观,职业价值观是一个人进行职业决策时的核心因素。

⑦ 职业规划系统测验工具,帮助受测者了解自己的优势与劣势。

在进行以上测验之后,就要对各方面的条件进行权衡,兼顾主观需求和客观现实,从而做出合理的职业选择。

四、进行职业访谈与行业调研

职业访谈是指个体和某个内行人士的会谈。行业调研是指对特定产业体系的系统性研究。区别于碎片化信息收集,进行职业访谈与行业调研的目的是通过构建三维坐标系解构行业演化规律,这是了解职业信息的重要手段。

(一)职业访谈

通过交谈,可以获得关于某个职业的详细信息,这些信息能帮助大学生探索各种可能性。职业访谈的对象最好能直接提供信息或者推荐掌握信息的人。虽然职业访谈听起来好像很难,但是实际上很多人都经历过,比如一个人在想了解一份感兴趣的职业时,也许会找了解这个领域的朋友了解一些相关的信息,这其实就是职业访谈。职业访谈的步骤如图 4-20 所示。

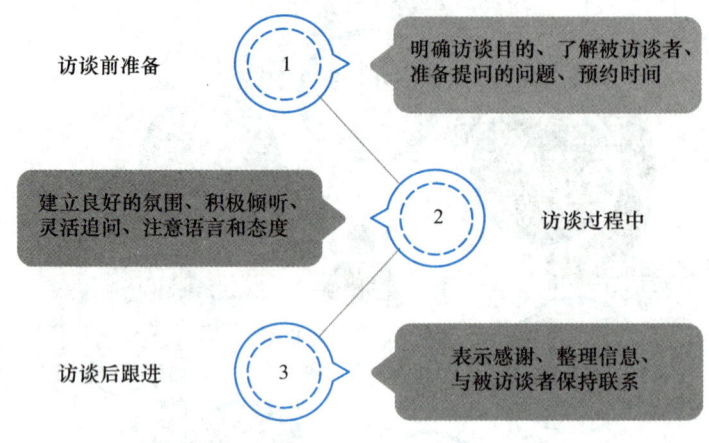

图 4-20　职业访谈的步骤

1. 访谈前准备

访谈前需要明确访谈目的,确定想要了解的职业信息,如工作内容、技能要求、职业发展路径等,从而使访谈更具有针对性。

访谈前需要了解被访谈者,尽可能收集被访谈者的背景信息,如其工作经历、获得的成就等,以便更好地理解其观点,并且需要找到合适的话题切入点,建立融洽的沟通氛围。

访谈前需要准备需要提问的问题,设计一些具体、清晰的问题,如"您日常的工作任务有哪些?""在这个职业中,晋升的标准是什么?"。避免访谈一些过于宽泛或模糊的问题。同时,还需要准备一些后续追问的问题,以便在访谈过程中深入挖掘信息。

访谈前要和被访谈者预约时间,提前与被访谈者联系,说明访谈目的和访谈大致所需的时间,尊重对方的日程安排,选择合适的时间进行访谈。

2. 访谈过程中

在访谈过程中要建立良好的氛围。见面时要礼貌、热情,使用恰当的称呼,通过简短的寒暄建立起友好的氛围,让被访谈者感到舒适和放松。

在访谈过程中要积极倾听,专注于被访谈者的回答,不要打断被访谈者。用点头、微笑等方式表示你在认真倾听,同时记录关键信息。可以在适当的时候给予反馈,以确保理解准确。

根据被访谈者的回答,应灵活地进行追问。如果被访谈者提到某个重要观点但没有详细说明,则可以请求被访者对其进行进一步的解释,如"您提到团队合作很重要,能具体说说这在工作中是如何体现的吗?"。

在访谈过程中要注意语言和态度,使用礼貌、谦逊的语言,避免使用过于专业或生僻的词汇,以免造成沟通障碍。同时,还要保持开放的态度,不要对被访谈者的观点进行评判或质疑,即使有不同的看法。

3. 访谈后跟进

在访谈结束后,要及时通过邮件或短信向被访谈者表示感谢,再次强调你对其给予时间和分享经验的感激之情。

在访谈后要尽快整理访谈信息,将关键信息进行分类和总结,以便后续分析和使用。如果有不清楚的地方,则可以再次与被访谈者沟通。

访谈后与被访谈者保持联系,如在节假日向其发送问候信息。这不仅有助于建立良好的人际关系,还可能为你未来的职业发展提供更多的机会。

(二) 行业调研

行业调研就是全面系统地调研整个行业的发展现状及发展趋势。行业调研的意义不在于提供具体的操作指南,而在于为职业生涯规划提供方向性的指引和选择依据,从而避免发生"方向性"的错误。下面从桌面研究、实地调研两个方面讲述行业调研方法,如图 4-21 所示。

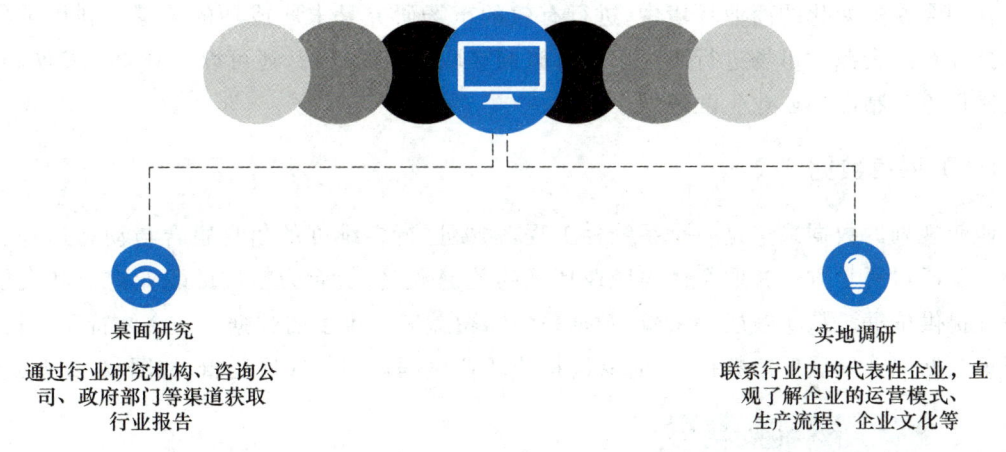

桌面研究
通过行业研究机构、咨询公司、政府部门等渠道获取行业报告

实地调研
联系行业内的代表性企业,直观了解企业的运营模式、生产流程、企业文化等

图 4-21 行业调研方法

1. 桌面研究

通过专业渠道获取行业报告,其通常包含行业规模、发展趋势、市场份额、竞争格局等方面的详细信息。订阅行业相关的杂志、报纸、公众号等,及时了解行业的最新资讯、政策法规变化、技术创新成果等。利用公开的统计数据,如国家统计局、行业协会发布的数据,对行业的发展状况进行量化分析。可以分析行业的增长率、利润率、市场集中度等指标,以了解行业的整体趋势和竞争态势。

2. 实地调研

联系行业内的代表性企业,申请参观其生产基地、研发中心、办公室等场所,直观了解企业的运营模式、生产流程、企业文化等。在参观过程中,与企业员工交流,获取第一手信息。行业展会是行业内企业集中展示产品和技术的平台,也是了解行业最新趋势和市场动态的重要机会。在展会上,可以与参展商交流,收集产品资料,观察行业内的竞争态势,还可以参加在展会期间举办的论坛、研讨会等活动,聆听专家的观点和见解。

设计针对行业从业者、消费者或相关利益者的问卷,通过线上问卷平台、社交媒体等渠道和线下发放调查问卷等方式进行调查。问卷内容可以包括行业认知、市场需求、满意度调查等方面的问题。对回收的问卷进行数据分析,以获取有关行业的定量和定性信息。

对于职业访谈和行业调研,你是如何保持敏锐的观察力和思考力,对获取的信息进行客观分析和判断,得出准确、有价值的结论,从而对职业生涯进行规划的?

五、采集数据与利用在线资源

在如今快速变化的商业环境中,进行有效的市场研究是求职成功的关键。利用采集到的数据和在线资源对市场进行研究不仅可以洞察职业市场行情,还可以预测职业发展趋势,从而制订更为精准的职业生涯规划。

(一)采集数据

职业规划的数据采集是一个系统性工程,需要进行多维度的信息整合与动态追踪。其核心在于通过科学方法获取个体与职业环境的关键数据,从而为精准的职业定位和发展路径设计提供依据。从实践层面来看,数据采集需覆盖三个维度的数据——个体特质数据、职业环境数据以及发展反馈数据,三者共同构成职业生涯规划的底层逻辑,如图 4-22 所示。

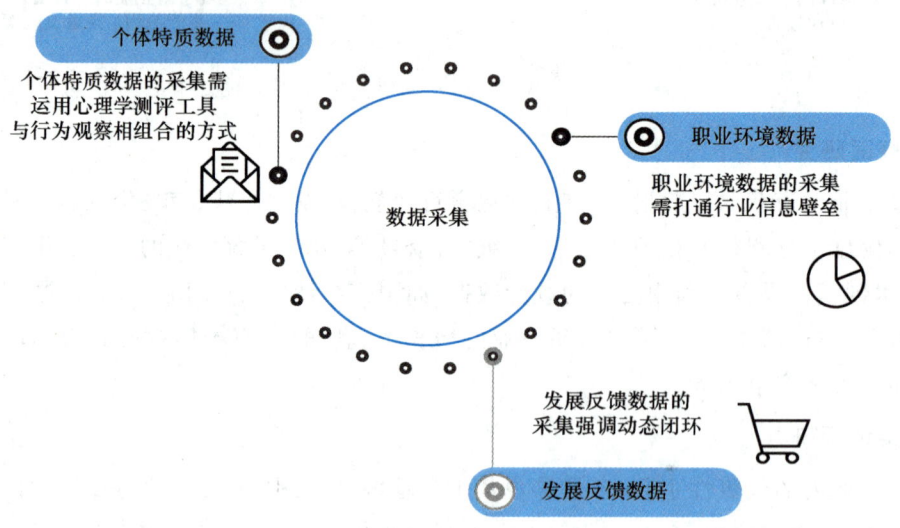

图 4-22　数据采集需覆盖的三个维度的数据

1. 个体特质数据

个体特质数据的采集需运用心理学测评工具与行为观察相结合的方式。例如,职业价值观测试能揭示个体对工作回报、人际关系、成就动机等维度的偏好,常用量表有舒伯职业价值观量表和明尼苏达重要性问卷等。

现代技术已实现动态数据采集,你是如何通过智能手环监测工作专注度曲线的?又是如何利用人工智能分析社交媒体内容,从而提取性格特征的?

2. 职业环境数据

职业环境数据的采集需打通行业信息壁垒。初级数据来源于《中华人民共和国职业分类大典》、行业协会白皮书等权威报告,但这类宏观数据存在滞后性。因此,还可以通过与从业者深度访谈获取"活数据"。同时,可以通过算法分析各行业的人才流动趋势、技能需求变化等关键指标。

3. 发展反馈数据

发展反馈数据的采集强调动态闭环。在确定职业定位后,需建立周期性评估机制:每季度通过360°评估法收集同事、上级、客户等多方反馈,使用平衡计分卡对业绩增长、能力提升等维度进行量化评估。智能化的职业发展系统可自动抓取OA系统中的项目参与度、培训完成率等行为数据,通过自然语言处理技术解析绩效考核评语中的情感倾向。

在数据整合阶段,需建立职业发展数字孪生模型。将MBTI性格类型、职业锚测试结果等结构化数据,与访谈文本、项目案例等非结构化数据融合,通过机器学习算法识别能力缺口与发展机遇。

(二)利用在线资源

职业规划的在线资源已形成多维度技术矩阵,覆盖从自我认知、行业分析到路径规划的完整链条。以下在线资源(图4-23)不仅整合了传统测评工具,还通过人工智能算法与实时数据引擎实现了动态决策支持。

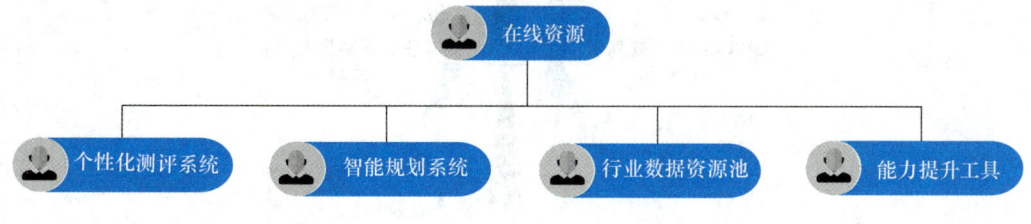

图4-23 在线资源

1. 个性化测评系统

个性化测评系统能够帮助一个人全面认识自己、明确职业方向、发现自身优势与劣势,还能够提供个性化建议、辅助职业决策、提高就业竞争力、促进自我反思与成长,且其操作简便、快捷。测评结果具有科学性和可靠性,能够为求职者提供专业的职业规划指导。个性化测评系统包括全国大学生学业与职业发展平台能力模型、职业价值观AI测评矩阵、MBTI-

STAR 行为模拟平台等，如图 4-24 所示。

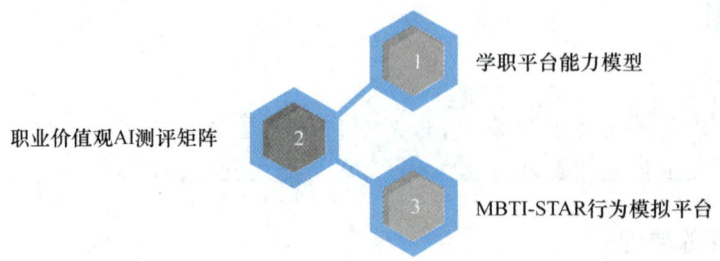

图 4-24　个性化测评系统

① 学职平台能力模型。该模型通过量化对比个人能力与目标职业的匹配度，可以生成可视化雷达图。求职者可查看实时能力差距分析报告，该模型会依据全国大学生学业与职业发展平台的数据动态校准评估维度。

② 职业价值观 AI 测评矩阵。该测评矩阵整合了舒伯职业价值观量表与明尼苏达重要性问卷的数字化版本，运用自然语言处理技术解读开放式问卷答案。测试者可获得三维价值观（经济报酬、社会声望、内在满足度）图谱，该测评矩阵会自动推荐价值观契合度超过85％的岗位列表。

③ MBTI-STAR 行为模拟平台。该平台在虚拟职场场景中植入典型冲突事件，如跨部门资源争夺，通过摄像头捕捉人的微表情、语音、语调等 135 项行为数据，生成性格-岗位适配指数报告。该平台突破了传统自陈量表的主观性局限，为职业生涯规划提供了有力依据。

2. 智能规划系统

智能规划系统往往基于科学的心理学理论和大量的研究数据开发而成，具有较高的信度和效度，包括 SWOT-AIGC 规划书生成器、职业发展热力图系统等，如图 4-25 所示。

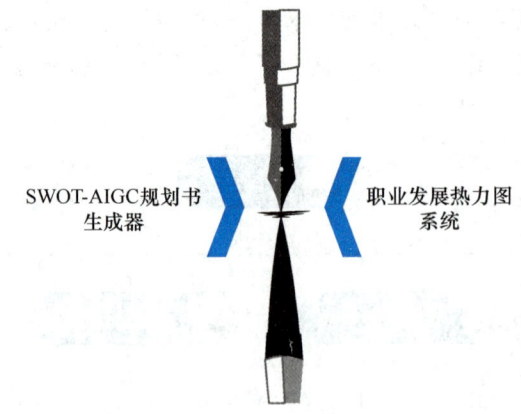

图 4-25　智能规划系统

① SWOT-AIGC 规划书生成器。该生成器基于三阶段（探索期—确立期—维持期）变革模型，在用户输入教育背景、工作经历等结构化数据后，能调用 200 万个职业转型案例，自动生成包含 SWOT 分析矩阵、3 年行动计划表、风险评估模块的定制化规划文档。其核心竞争力在于能识别隐性关联，例如，其可将"新媒体运营经验"与"产品经理需求文档撰写能

力"进行跨界映射,从而得出适宜职业生涯规划的数据。

② 职业发展热力图系统。该系统依托 SVG 可视化引擎,动态呈现不同职业路径的竞争强度、技能溢价率、转型可行性等指标。可通过拖拽时间轴查看目标岗位未来五年的需求预测曲线,该系统可结合数据集与经济周期模型计算发展风险系数。

3. 行业数据资源池

行业数据资源池是一种将特定行业内的各种数据进行收集、整合、存储和管理的系统或平台,汇聚行业内的多源异构数据(包括企业内部业务数据、外部市场数据、用户数据等),从而形成统一的数据资源池。

① 向阳生涯行业洞察平台。该平台可汇聚工商注册数据、社保缴纳记录、招聘平台 JD 文本等非结构化数据,通过知识图谱技术绘制出各行业的技能迁移拓扑图。

② 八爪鱼动态采集矩阵。该采集矩阵支持定制化抓取拉勾招聘、BOSS 直聘等平台的实时招聘数据,通过 TF-IDF 算法解析岗位描述中的新兴技能关键词。该采集矩阵每周自动生成"技能需求涨幅榜"。

4. 能力提升工具

① 技能差距补偿系统。当检测到求职者与目标岗位存在能力缺口时,该系统会自动关联 Coursera、Udemy 等平台的 674 门精品课程,并依据学习曲线理论为求职者推荐最优学习路径。

② 职业社群数据交换站。领英职场社群接入知识蒸馏算法可匿名比对同岗位 TOP 10% 从业者的技能组合。

这些在线资源构建了从数据采集到决策优化的完整生态体系,求职者可通过学职平台能力模型的对比功能启动测评,在向阳生涯行业洞察平台获取行业趋势数据,最终利用可视化系统生成动态职业生涯规划方案,形成职业发展的数字化闭环。

实践与思考

1. 宏观职业环境分析练习

选择某一行业(如新能源行业),使用 PEST 模型撰写一份宏观职业环境分析报告。

2. 行业深度解析任务

应用波特五力模型,分析目标行业的竞争格局,并提出个人职业发展建议。

3. 职业探索实践

完成一次职业访谈,整理访谈记录并总结对职业认知的启发。

拓展阅读

1.《竞争战略》

作者:迈克尔·波特,郭武军、刘亮译

出版社:中信出版社

出版时间：2014年

推荐理由：该书提出行业结构分析模型，即波特五力模型，这使波特成为全球具有影响力的50位管理大师之首。中信出版社重新翻译了原书，推出了这本全新版的《竞争战略》，不仅使这部经典作品的内容更准确，而且增加了其可读性。时至今日，波特的"竞争系列"对所有的企业家、管理学家、各大MBA院校的师生等仍具关键性的指导意义。

书中金句：成本领先战略强调通过规模经济、生产效率和成本控制等手段实现低成本竞争优势。差异化战略关注产品或服务的特点、品牌形象和客户价值等方面，实现与竞争对手的区分。

2.《未来工作：智能时代的竞争力法则》

作者：泰勒·皮尔逊，王晓鹏译

出版社：中信出版集团

出版时间：2018年

推荐理由：泰勒·皮尔逊通过对职业发展的研究以及对全球数百位企业家的访问，撰写了该书。他发现，在职业的发展过程中，缺乏变化的系统普遍存在隐蔽的风险。曾经安全的工作如今却存在极大的风险；曾经存在风险的工作如今却变得安全。他提出了"90天规划模板"和"未来工作体系"，帮助人们客观评估个人习惯和行为，改变思维模式。

书中金句：如果你以为未来找一份安身立命的工作并非难事，那你就大错特错了。这个世界正在以一种前所未有的速度淘汰大多数人。你只有一个选择：成为少数人。

第五章 职业生涯决策理论

项目导图

第五章　职业生涯决策理论
├──学习目标
├──案例导入
├──第一节　职业生涯决策理论基础
│　　　├──职业生涯决策的内涵与分类
│　　　├──职业生涯决策理论的类型
├──第二节　职业生涯决策方法
│　　　├──决策平衡单量化法
│　　　├──CASVE循环法
│　　　├──决策树
│　　　├──认知信息加工模型
│　　　├──SWOT分析法
├──第三节　职业生涯发展路径优化
│　　　├──战略定位优化
│　　　├──能力构建优化
│　　　├──资源整合优化
│　　　├──动态调适优化
├──实践与思考
│　　　├──决策平衡单练习
│　　　├──SWOT分析
│　　　├──动态调整与模拟
├──拓展阅读

学习目标

1. 理解职业生涯决策理论，并掌握其适用场景。
2. 能够运用决策平衡单量化法、CASVE循环法等方法解决职业选择中的复杂问题。

3．学会在动态环境中优化职业生涯发展路径，平衡风险与成本之间的关系。

案例导入

案例名称：小林突破职业选择困境。

案例描述：小林是一名应届硕士生，同时收到互联网大厂和高校的录用通知，岗位分别为产品经理和科研助理。面对截然不同的职业路径，他陷入了纠结。通过系统学习职业生涯决策理论，小林使用决策平衡单量化法评估两类岗位的薪资、发展空间、工作强度等维度，并结合SWOT分析法明确自身的优势和劣势，最终选择进入互联网行业。入职后，他定期通过CASVE循环法复盘职业进展，动态调整发展策略，现已成为团队的核心成员。

第一节 职业生涯决策理论基础

第五章第一节

职业生涯决策理论是职业发展领域的重要内容，其核心在于揭示个体如何通过信息整合、价值判断和行动选择实现职业目标。

一、职业生涯决策的内涵与分类

（一）职业生涯决策的内涵

职业生涯决策是指个体在职业发展过程中，基于对自身特质与外部环境的系统分析，通过理性选择确定职业目标及实现路径的动态认知过程。其内涵可从以下维度进行分析。

1．决策要素的复合性

在职业生涯决策过程中，需综合考量个体内在特质与职业环境需求，强调主客观要素的匹配性。例如，可以通过职业测评工具量化分析个体的决策风格与职业倾向，同时结合劳动力市场中的数据预测目标岗位的胜任力要求。

2．认知过程的动态迭代性

职业生涯决策并非一次性行为，而是包含"信息整合""方案评估""承诺执行"的螺旋式演进。决策者需持续收集自我认知信息与职业生态变化数据，通过决策理论模型实现决策优化。

3．价值导向的伦理约束性

若要实现有效的职业生涯决策，需遵循以下原则：职业目标设定以社会公益为导向；执行方案时不得侵害他人权益；选择路径时需确保职业安全。例如，在人工智能行业择业时，需评估技术应用的伦理风险与企业社会责任的履行情况。

4．决策产出的行动指向性

最终形成的职业生涯决策需具有可操作性，表现为明确的阶段目标与实施方案。可通过职业适应能力、工作满意度等指标对决策效能进行动态评估。

职业生涯决策在职业心理学领域被视为连接"自我认知"与"职业世界"的桥梁,其质量直接影响个人职业轨迹的稳定性与个人的发展潜力。借助数字化工具,可显著提升决策的科学性与前瞻性。

(二)职业生涯决策的分类

在个人的成长历程中,职业生涯决策是至关重要的一环,它如同航标指引着求职者驶向正确的职业发展方向。职业生涯决策分为以下五类,每一类都有其独有的特征(图5-1)。

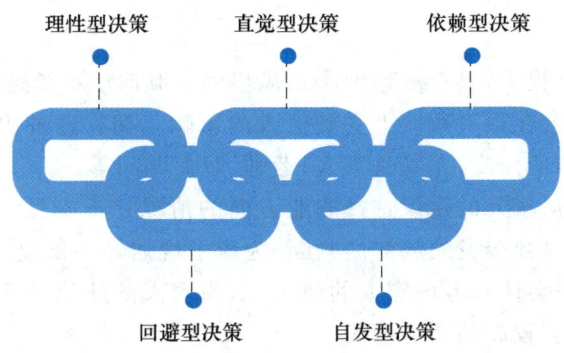

图 5-1　职业生涯决策的分类

1. 理性型决策

理性型决策犹如精密的导航系统,基于翔实的数据和严谨的分析。这种决策高度重视客观事实与理性思考,力求通过全面且深入的研究,精准地评估各种职业选项的利弊得失。

SWOT模型堪称理性型决策的得力助手。在运用SWOT模型时,需认真梳理自身的优势(如扎实的专业知识、出色的沟通能力、丰富的实践经验等),深入剖析自身的劣势(如缺乏某一特定技能、实践经历相对单一等),敏锐地捕捉外部环境中的机会(如政策扶持带来的契机),准确地识别潜在的威胁(如激烈的市场竞争、技术变革带来的不确定性等)。

利用SWOT模型,通过对上述因素的系统分析与综合考量,你是否能够对不同职业选项进行全面、客观的对比,进而筛选出与自身条件最为匹配、最具发展潜力的职业呢?

理性型决策的显著优势在于其科学性与准确性。凭借有力的数据支撑和严密的逻辑推理,理性型决策有条不紊,结果相对可靠,能够在很大程度上降低职业选择的盲目性与风险性。

2. 直觉型决策

直觉型决策就像是源自内心深处的指南针,依赖内在感受或根深蒂固的价值观。在面对职业选择时,求职者往往会将内在感受置于首位,追求职业所带来的意义、成就感以及职业与自身价值观的契合度。

当个人的职业选择与内在价值观高度一致时,你是否会认为工作不仅是一种谋生手段,更是一种实现自我价值的重要途径?

3. 依赖型决策

在职业生涯决策过程中,具有依赖型决策风格的人倾向于寻求他人的意见和建议,在确定自己的职业方向时,会在很大程度上受到他人的影响。拥有这种决策风格的人对他人的经验和判断抱有较高的信任度,尤其是家人、老师、职业顾问等。

在实际生活中,听从家人的建议选择职业方向的情况并不少见。有些家庭可能基于自身的经验、人脉资源或对社会发展趋势的判断,为孩子规划好一条他们认为稳妥且有前途的职业道路。大学生往往会认真考虑家人的建议,认为家人的建议基于对自己的关爱和对社会现实的深刻洞察,具有较高的参考价值。

在职业生涯决策中,你是否具有依赖型决策风格?他人丰富的经验和不同的视角能否为你提供更多的信息?

4. 回避型决策

回避型决策表现为一种延迟或逃避决策的倾向。在面对职业选择时,求职者往往会陷入犹豫不决、迟迟无法做出决定的困境,尤其是那些遭遇信息过载或带有焦虑情绪的人。

在当今信息爆炸的时代,进行职业生涯规划时,求职者会接触到大量的职业信息,包括不同职业的工作内容、发展前景、薪资待遇等。面对如此繁杂的信息,一些大学生可能会选择逃避,暂时搁置职业决策。

回避型决策具有哪些弊端?会不会影响自己的职业发展进程?会不会导致自己错过最佳的职业选择时机?会不会使自己在就业市场上处于被动地位?

5. 自发型决策

自发型决策往往表现出快速行动的特点,但缺乏系统的规划和深入的思考。在面对职业选择时,具有自发型决策风格的人可能会因一时冲动或某个偶然的因素而迅速做出决定并付诸行动。虽然这种决策类型体现了果敢和行动力,但缺乏前期的准备和规划,具有一定的盲目性。

> 根据上面的表述,你是不是具有自发型决策风格的人?自发型决策的优点和缺点有哪些?

研究表明,在职业生涯决策中,采用理性与直觉相结合的模式往往能够取得更好的效果。这种融合模式既能充分发挥理性型决策基于数据和逻辑分析的优势,确保决策的科学性和准确性,又能兼顾直觉型决策对内在感受和价值观的尊重,使职业选择更具内在动力和幸福感。在这种模式下,可以在运用理性思维全面分析职业信息的基础上,充分倾听内心的声音,综合考虑自身的兴趣、价值观与职业的匹配度,从而做出既符合现实情况又满足内心需求的决策。

二、职业生涯决策理论的类型

职业生涯决策理论主要探讨个体如何进行职业选择与决策,具体分为以下几种类型。

1. 特质因素理论

特质因素理论由弗兰克·帕森斯提出,核心观点是职业选择需匹配个人特质与职业要求。通过分析个人特质和职业要求,可以找到两者的契合点。该理论提出在职业指导中可以使用能力测试、兴趣测试等辅助决策,强调"人职匹配"。其局限性就是忽略了个人的成长和环境的动态变化,假设职业要求固定不变。

2. 职业发展阶段理论

职业发展阶段理论强调职业生涯是连续的阶段性发展过程。职业发展分为成长、探索、建立、维持、衰退五个阶段,每个阶段都有特定的任务,比如在探索期尝试不同职业或在建立期确定职业方向。职业发展阶段理论能够帮助个体理解不同人生阶段的职业需求并动态调整决策。

3. 计划型决策理论

计划型决策理论强调主动创造机会与应对不确定性。其核心思想是职业生涯决策不仅依赖于理性分析,还强调个人适应能力和随机应变能力的培养。此理论适合复杂多变的职场环境,对于求职者具有指导意义,尤其是缺乏明确目标的个体。

4. 社会学习理论

社会学习理论强调环境、经验与认知的交互作用。该理论认为职业生涯决策受个人经历、所处环境、自我效能感等因素的影响,强调外部因素对决策的塑造作用,相对弱化个体自主性的作用。在提升自我效能感、拓展环境接触面的基础上,可优化职业生涯决策。

5．决策风格理论

决策风格理论能够帮助个体识别并改进自身的决策模式。

职业生涯决策理论从多个维度切入,为职业选择提供了多元视角。实际应用中,个人可结合自身特点运用不同的职业生涯决策理论,并以此提高职业生涯决策的科学性与灵活性。

第二节 职业生涯决策方法

职业生涯决策是在复杂环境中整合自我认知、外部信息与价值观,最终形成职业行动方案的动态过程。这一过程并非依靠单一逻辑即可完成,而是需要结合理性工具与感性认知,形成多维度的决策。职业生涯决策的方法有很多,以下从决策平衡单量化法、CASVE循环法、决策树、认知信息加工模型等概念入手,着重解释其实施步骤和应用场景。

第五章第二节

一、决策平衡单量化法

决策平衡单量化法是一种系统化的职业决策工具,通过结构化评估与量化分析帮助个体在多选项场景中理性抉择。

（一）决策平衡单量化法的概念

决策平衡单量化法也叫决策平衡单,是一种用于问题解决模式和职业咨询的工具,可协助决策者系统分析每一个可能的选项,判断各个选项的利弊得失,进而依据加权计分结果确定选项的优先顺序,做出最优决策。决策平衡单量化法能帮助决策者权衡物质与精神得失,通过建立结构化评分体系,将抽象的职业选择转化为可量化的数据,尤其适用于存在多个备选方案且矛盾点复杂的职业选择。决策平衡单量化法围绕四个维度进行利弊对比与赋值计算(图5-2)。

① 自我物质方面。这一维度聚焦于决策对个人物质生活产生的影响,包括经济收入、生活成本等。

② 他人物质方面。这一维度关注决策对他人利益的影响,他人主要是指家人、同事、合作伙伴等。

③ 自我精神方面。这一维度涉及决策对个人精神生活产生的影响,包括内心感受、价值观、成就感、幸福感等。

④ 他人精神方面。这一维度主要考虑决策对他人精神层面的影响,包括与家人的情感、工作氛围等。

示例：一名程序员在转行做独立摄影师时,需对比现有工作的稳定性(自我物质)与创业可能带来的创作自由(自我精神),同时评估家庭收入(他人物质)以及父母对艺术职业的接受度(他人精神)。

图 5-2　决策平衡单量化法的四个维度

（二）决策平衡单量化法的实施步骤

决策平衡单量化法的实施步骤围绕选项、维度、权重、评分进行。首先，列出所有可行的选项并梳理与其相关的维度；其次，根据维度的重要性为其分配权重，排出优先级；再次，对每个选项在各个维度下进行评分，直观呈现适配度；最后，将权重与评分相乘并求和，得出各个选项的总分，对比数值高低，结合个人偏好与实际情况，选出综合得分最高的选项，如图 5-3 所示。

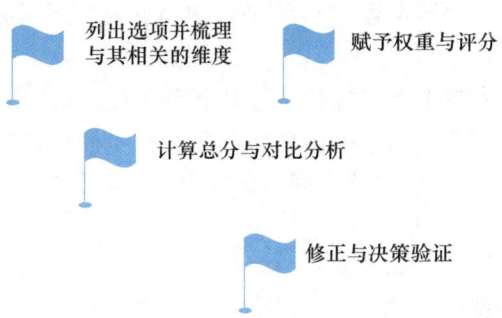

图 5-3　决策平衡单量化法的实施步骤

1. 列出选项并梳理与其相关的维度

明确面临的具体选择（如"读研""工作""创业"）；列出 10~15 个可能影响决策的因素（如兴趣匹配度、晋升空间、工作时长、配偶支持度等），并按上述四个维度进行分类。

2. 赋予权重与评分

根据维度的重要性为其分配权重,如总分为 100 分,按比例分配;针对每个选项,按维度逐一打分,如 -5~+5 分表示从消极影响最大到积极影响最大。

3. 计算总分与对比分析

按公式"单项得分=权重×评分"计算各个选项的总分,汇总总分后横向对比各个选项。总分相近时,可重点分析各个维度得分的差异,以便进一步权衡。

4. 修正与决策验证

结合非理性评估(如直觉感受、偶然事件适应性)调整评分或权重;定期进行复盘,验证决策的合理性,如转行半年后重新评测职业满意度。

> 通过上述决策平衡单量化法,你是否可以更有条理、客观且具体地看待每个选项,从而为职业决策提供有力的支持呢?

(三)决策平衡单量化法的典型应用场景

在职业生涯规划的关键节点,决策平衡单量化法成为众多求职者与职场人士的智慧工具。当个人面临多个职业选项时,可借助此法从薪资待遇、兴趣匹配度、发展空间等方面系统评估每个选项的利弊。通过量化打分,求职者能直观看到各个选项的综合得分,从而做出更为理性、全面的决策。这一过程不仅能帮助个体明确职业目标,还能帮助个体深化自我认知,确保职业生涯的每一步都基于深思熟虑的选择。

决策平衡单量化法的典型应用场景如下。

① 在撰写职业生涯规划时,可通过决策平衡单量化法对比不同专业的兴趣匹配度、就业率、深造机会等。

② 在转行前,可通过决策平衡单量化法评估薪资落差、技能适配性、家庭支持度等。

③ 面对多个职位时,可通过决策平衡单量化法对比不同职位的前景、工作强度等。

④ 职场人士需要平衡工作与生活之间的关系时,可通过决策平衡单量化法明确优先级并调整职业路径。

二、CASVE 循环法

在充满不确定性的现代社会中,无论是个人的职业发展、学业规划,还是企业的战略决策,都需要科学有效的决策方法作为支撑。CASVE 循环法作为认知信息加工理论的重要组成部分,为人们提供了一套系统化、结构化的决策框架。它通过将复杂的决策过程分解为连续且相互关联的步骤,帮助决策者厘清思路、权衡利弊,从而做出更理性、更符合自身目标的决策。

（一）CASVE 循环法的概念

CASVE 循环法是基于认知信息加工理论的决策模型。该模型认为决策是一个认知信息加工的过程，强调个体在决策过程中对信息的收集、处理和整合能力，以及在此过程中产生的思维和情感反应。

CASVE 由五个英文单词的首字母构成，这五个首字母分别代表沟通、分析、综合、评估和执行。决策者在进行决策时，需要依次经历这五个阶段。这五个阶段构成了一个完整的循环，并且在实际应用中，这个循环可能会反复进行，直至决策者做出满意的决策并付诸实践。这五个阶段紧密相连，前一个阶段为后一个阶段提供基础，后一个阶段则是对前一个阶段的深化和拓展，它们共同推动决策过程不断向前发展。

（二）CASVE 循环法的实施步骤

CASVE 循环法的实施步骤分为沟通、分析、综合、评估、执行。CASVE 循环法强调系统性与动态调整，适用于复杂的职业决策场景。

1. 沟通

沟通是 CASVE 循环法的第一个阶段，也是决策的起始点。在这个阶段，决策者需要敏锐地察觉到现实与理想之间的差异，明确决策的必要性和紧迫性。决策者要保持开放的心态和敏锐的洞察力，通过自我反思、与他人交流、收集相关数据等方式，准确界定问题的本质和范围。同时，在沟通阶段，决策者还需要确定决策的目标，即通过决策想要达到什么样的理想状态，这将为后续的决策过程提供方向指引。

课堂互动

> 如果一名职场人士发现自己对当前工作缺乏热情，工作效率低下，那么通过与他人交流和自我反思，他能否意识到这是由于自身兴趣与工作内容不匹配，从而明确需要做出职业调整的决策需求呢？

2. 分析

在明确了问题和决策目标后，便进入了分析阶段。这一阶段的核心任务是收集与决策相关的各类信息，并对其进行深入分析。信息的来源是多方面的，包括内部信息和外部信息。

内部信息主要涉及决策者自身的情况，如个人的兴趣爱好、能力特长、职业价值观、性格特点等。以职业决策为例，决策者可以通过职业兴趣测试、能力评估、价值观澄清等方式，全面了解自己的内在特质，明确自己在职业发展中看重的因素。外部信息则涵盖了与决策相关的外部环境因素。决策者可以通过网络搜索、职业咨询、实地调研等途径获取这些信息。

在收集到足够的信息后，决策者需要对这些信息进行系统分析。决策者可以运用 SWOT 分析法，对内部信息和外部信息进行整合，明确自身的优势和劣势，以及外部环境带来的机会和威胁;也可以采用因果分析法,探究问题产生的原因和可能导致的结果。通过对信息进行深入分析,可以为后续的决策提供可靠的依据。

3. 综合

综合阶段是发挥创造力的关键环节。在这个阶段,决策者需要在分析所得信息的基础上,打破常规思维的限制,提出尽可能多的解决方案。这些方案可以是对现有情况的改进,也可以是全新的思路和方向。

4. 评估

评估阶段的主要任务是对综合阶段提出的各种解决方案进行价值评估,判断每个方案的可行性、优缺点、风险以及每个方案与自身目标和价值观的契合度。在评估过程中,可以采用多种评估方法。

5. 执行

执行是 CASVE 循环法的最后一个阶段,也是将决策转化为实际行动的关键步骤。在执行阶段,决策者需要制订详细的行动计划,明确每个阶段的任务、责任人、时间节点和资源需求,确保方案能够顺利实施。

如果发现决策实施过程中出现了问题或实际情况与预期目标存在偏差,需要及时回到前面的阶段进行调整。决策者可能需要重新分析问题、提出新的解决方案或对现有方案进行优化,之后再次进入评估和执行阶段,这样就形成了一个不断循环、持续改进的过程。通过这种方式,可以确保决策适应不断变化的环境和需求,最终实现职业目标。

(三) CASVE 循环法的典型应用场景

1. 个人职业生涯规划

在个人职业生涯发展过程中,CASVE 循环法具有广泛的应用价值。无论是初入职场的新人,还是工作已久的职场人士,都可以运用该方法做出更明智的选择。

对于刚毕业的大学生来说,可以通过如下步骤做出职业选择。在沟通阶段,认识到自己对未来职业发展的期望,以及当前就业市场现状与自身能力之间的差距。在分析阶段,收集自己的兴趣爱好、能力特长、职业价值观等内部信息,以及不同职业的发展前景、薪资待遇、技能要求等外部信息。在综合阶段,结合这些信息,提出多种可能的职业方向,如进入互联网行业从事产品运营工作、选择教育行业成为一名教师、报考公务员等。在评估阶段,运用评估方法,对各个职业方向进行比较和筛选,考虑自身的兴趣匹配度、职业发展潜力、工作稳定性等因素,选择最适合自己的职业。在执行阶段,制订详细的求职计划并付诸实践,在求职过程中根据实际情况进行调整和优化,逐步实现自己的职业目标。

2. 企业战略决策

在企业经营管理中,CASVE 循环法可以帮助企业制订科学合理的战略决策和应对复杂多变的市场环境。当企业面临市场竞争加剧、行业变革、技术创新等挑战时,需要运用该方法做出正确的战略选择。

综上所述,CASVE 循环法是一种科学有效的决策方法,分为沟通、分析、综合、评估和执行五个阶段,为个人的职业生涯决策提供了清晰的思路和可操作的框架。无论是在个人职业生涯规划还是企业战略决策中,CASVE 循环法都能帮助决策者全面、系统地思考问题,权衡利弊,做出更理性、更符合自身目标的决策。在充满不确定性的现代社会中,CASVE 循环法能够帮助我们更好地应对各种挑战,把握发展机遇,实现个人的持续发展。

三、决策树

在职业生涯规划过程中,大学生面临着众多的选择,从专业的选择到毕业后就业、考研、留学等发展路径的抉择,每一个决策都可能影响未来的职业走向。决策树作为一种直观且有效的决策分析工具,能够帮助大学生系统地梳理职业选择逻辑,权衡不同决策路径的利弊,从而做出更科学、更合理的决策。

(一)决策树的概念

决策树是一种以树状图形来呈现决策过程和可能结果的决策分析工具。它由节点和分支组成,其中节点分为决策节点、状态节点和结果节点。决策节点通常用方块表示,代表决策者需要做出选择的决策点;状态节点一般用圆圈表示,代表决策后可能面临的各种不确定状态;结果节点则用三角形表示,代表每种决策路径和状态组合下最终产生的结果,通常会标注相应的收益、成本或其他量化指标。

(二)决策树的实施步骤

决策树通过结构化分解复杂的决策问题,在职业选择中实现科学权衡。决策树的实施步骤如下。

1. 明确决策问题

首先需要明确自己面临的决策问题(如选择专业方向、确定毕业后的发展方向、在多个实习机会中做出选择等)。例如,当面临"毕业后是选择进入企业工作,还是继续攻读硕士学位"这一决策问题时,要明确这是构建整个决策树的起点。

2. 识别决策节点和可能的决策选项

确定决策问题后,需要找出决策节点,即需要做出选择的关键点。在上述例子中,"毕业后的发展方向"就是决策节点。接着,列出该决策节点下所有可能的决策选项,如就业和考研。

3. 分析每个决策选项的后续状态和结果

识别决策节点和可能的决策选项之后,需要分析每个决策选项的后续状态和结果。对于"就业"这一决策选项,可能的状态包括进入不同行业、获得在不同企业工作的机会等,相应的结果则包括薪资水平、职业晋升空间、工作稳定性等。而对于"考研"这一决策选项,可能的状态有考取不同院校和专业、选择不同的导师等,相应的结果涉及学术研究成果、未来进入的行业等。在分析过程中,要尽可能全面地考虑各种影响因素,并收集相关数据和信息,为后续的量化分析提供依据。

4. 量化结果和计算预期价值

确定每个结果节点的量化指标,如薪资可以用具体金额表示,职业发展前景可以通过设定不同的等级并赋予相应的数值来衡量。之后根据每个状态出现的概率计算每个决策选项的预期价值(计算方法是将每个结果的数值乘以其发生的概率)。最后将所有结果的预期价值相加。通过比较不同决策选项的预期价值,可以为决策提供数据支持。

5. 绘制决策树图形

根据上述分析,将决策节点、状态节点、结果节点以及相应的分支绘制出来,形成完整的决策树图形。在图形中,要清晰地标注每个节点的含义、分支的走向以及结果节点的数值,使整个决策过程一目了然。

6. 评估和选择最优决策

通过观察决策树图形和比较计算出的预期价值,对各个决策选项进行综合评估。决策者不仅要考虑预期价值的高低,还要结合自身的兴趣爱好、能力特长、职业价值观等因素,权衡每个决策选项的利弊,最终选择最符合自己职业目标的决策路径。

(三)决策树的典型应用场景

决策树凭借其可视化逻辑、高效分类能力及易解释性,成为解决跨行业复杂决策问题的核心工具。决策树的典型应用场景如下。

1. 专业方向选择

大学的许多专业会细分为不同的方向,如计算机专业可能分为软件开发、人工智能、网络安全等方向。使用决策树可以分析每个专业方向的课程设置、发展前景等。例如:软件开发方向可能就业岗位多,但竞争激烈;人工智能方向发展前景广阔,但学习难度较大。通过构建决策树,量化不同因素的影响,可以帮助学生选择更适合他们的专业方向。

2. 发展路径选择

毕业后,大学生要面临就业、考研、留学等重要决策。决策树可以对这些决策的成本、收益以及未来发展的不确定性等因素进行系统分析。

3. 实习机会选择

在大学期间,你可能会获得多个实习机会,这些实习机会来自不同行业、不同企业、不同岗位。决策树可以分析每个实习机会对未来职业发展的价值,包括实习岗位与目标职业的相关性、企业的知名度和资源、实习期间能够学到的技能等。决策树可以通过量化评估,帮助你选择最有助于实现职业目标的实习机会。

4. 职业转型决策

在进入职场后,职场人士可能会有职业转型的需求。决策树可以分析职业转型的可行性和潜在风险,如进入新行业所需的技能提升成本、可能面临的薪资波动、在新行业的职业发展前景等,降低职业转型的盲目性,提高转型成功的概率。

四、认知信息加工模型

认知信息加工(Cognitive Information Processing,CIP)模型由美国心理学家盖瑞·彼得森、詹姆斯·桑普森和罗伯特·里尔登提出,其核心观点为:职业生涯规划是一个包含自我认知、职业探索、决策制订、行动执行以及再评估与调整的动态循环过程,强调在决策过程中理性思维与信息处理能力的重要性。

(一)CIP 模型的概念

CIP 模型源于认知信息加工理论,该理论将个人的职业生涯决策过程类比为计算机信息处理系统,认为个人在职业生涯规划中通过接收、处理、整合各类信息逐步形成职业决策。

(二)CIP 模型的实施步骤

CIP 模型是"探索—准备—实践"的循环过程。在探索阶段,通过自我认知与职业探索,明确个人的兴趣、能力及职业倾向,旨在建立对自我和职业世界的初步认知;进入准备阶段后,依据探索结果,制订详细的学习计划、技能提升计划以及职业素养提升计划,为将来的职业实践打下坚实基础;步入实践阶段,通过实习、兼职等方式,将所学知识应用于实际工作中,检验并完善自己的职业生涯规划;根据实践反馈,再次进行探索、调整准备策略,并进入新一轮的实践阶段,如此循环往复,不断优化职业生涯规划。CIP 模型具有系统性和循环性的特点,能够为个人提供科学、实用的职业生涯规划指导,其实施步骤如图 5-4 所示。

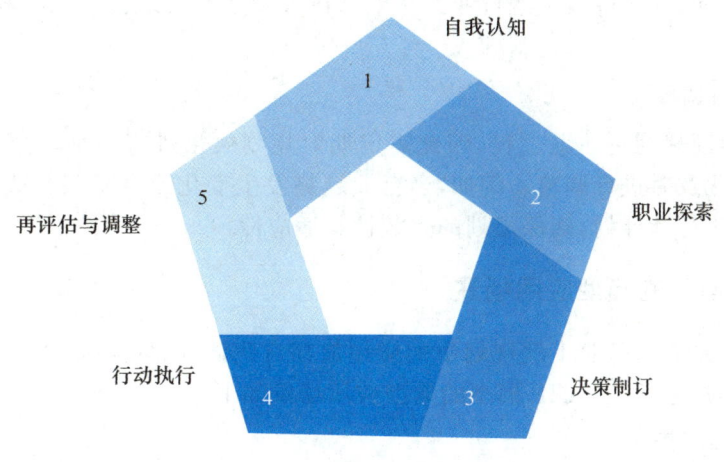

图 5-4　CIP 模型的实施步骤

1. 自我认知

自我认知是职业生涯规划的起点,在此阶段,需从兴趣、技能、职业价值观和性格特点四个维度进行探索,具体如下:通过霍兰德职业兴趣测试、多元智能理论测评等工具,明确自身的兴趣类型,如现实型、研究型等;借助技能问卷梳理自身的专业技能、可迁移技能和自我管理技能；通过职业价值观排序活动，明确自己在职业中最看重的因素，如成就感、社会地位等；通过MBTI人格测试，了解自身的性格特点。

2. 职业探索

在完成自我认知后，需进行职业探索。一方面，可以通过职业数据库、企业官网等渠道收集职业信息，包括职业的发展前景、薪资待遇、所需技能等；另一方面，可以通过参加职业访谈、行业展会等活动，直观感受职业环境与工作氛围。

如果你是计算机专业的大学生，你是否会通过实习了解软件开发岗位的实际工作流程，以便更准确地判断自身与职业的匹配度呢？

3. 决策制订

自我认知与职业探索完成之后，将进入决策制订阶段。在这一阶段，需运用决策平衡单量化法、SWOT分析法等对备选职业进行评估。决策平衡单量化法通过量化各个职业选项在不同维度的得分，帮助个体做出理性的选择；SWOT分析法则从优势、劣势、机会和威胁四个方面综合评估职业选择的可行性。在此阶段，需避免在决策过程中产生认知偏差（如过度自信），以确保决策的科学性。

4. 行动执行

决策确定后，需制订具体的行动计划并付诸实践。行动计划需包含短期目标、中期目标和长期目标。例如，计划进入金融行业的学生可在大学期间考取证券从业资格证并到金融机构实习，为未来职业发展奠定基础。

5. 再评估与调整

由于职业生涯规划是动态过程，因此需定期对规划效果进行评估，并根据自身发展情况、职业环境变化及时进行调整。例如，当行业趋势发生变化或自身兴趣改变时，需重新审视职业目标，修正行动计划，确保规划的有效性与适应性。

（三）CIP模型的典型应用场景

CIP模型在大学生职业生涯规划中的应用贯穿自我认知、职业探索、决策制订、目标设定及动态调整等核心环节。CIP模型的典型应用场景如下。

1. 自我认知场景

通过CIP模型，可以系统梳理自身的兴趣、技能、职业价值观和性格特点。例如，借助霍兰德职业兴趣测试判断自己的兴趣类型，将测试结果与CIP模型中的自我认知模块相结合，明确职业方向，避免盲目跟风。

2. 职业探索场景

通过CIP模型，可以有策略地收集行业动态、职业要求、企业用人标准等外部信息。通过参加职业访谈活动、研读行业报告，可以构建全面的职业知识体系，为后续决策提供数据支撑。

3. 决策制订场景

面对继续深造与就业的抉择时,可以利用 CIP 模型理性分析两种选择对职业发展的影响,从而做出更符合自身发展情况的决策。此外,在规划实施过程中,还可以借助 CIP 模型及时调整策略,保持职业生涯规划的动态优化。

4. 目标设定场景

基于 CIP 模型,需将长期目标分解为可操作的短期目标。例如,针对"成为互联网公司的产品经理"这一目标,可做出如下规划:大二学习原型设计工具的使用方法;大三积累实习经验;大四获取行业认证。

5. 动态调整场景

CIP 模型强调职业生涯规划的动态性。在大学期间,需定期进行复盘,结合环境变化情况修正目标。

五、SWOT 分析法

SWOT 分析法是一种广泛应用于战略管理的工具,通过评估内部的优势、劣势以及外部的机会、威胁,帮助组织或个人制订决策。

(一) SWOT 的概念

SWOT 由 Strengths(优势)、Weaknesses(劣势)、Opportunities(机会)、Threats(威胁)这四个英文单词的首字母组成。

优势是指企业或个人的核心竞争力,如技术专利、品牌口碑、成本优势等有利的内部因素。

劣势是指内部的不足或限制因素,如资源短缺、技术落后等。

机会是指外部环境中可利用的有利条件,如市场需求增长、政策支持、技术革新等。

威胁是指外部环境中的潜在风险,如竞争加剧、经济衰退、政策限制等。

(二) SWOT 分析法的实施步骤

SWOT 分析法分为信息整合、矩阵构建、策略推导、行动规划与动态调整五大阶段。以下是在职业生涯决策中应用 SWOT 分析法的详细步骤。

1. 信息整合

在信息整合阶段,需明确职业目标,确定短期目标(如"进入互联网行业成为产品经理")与长期目标(如"成为教育领域的领先者")。

(1) 内部因素分析(S/W)

优势(S):梳理个人的核心竞争力。核心竞争力包括专业技能(比如在编程、设计方面的技能)、实习经历、语言能力、性格特质等,如掌握 Python 语言(S)、拥有在头部企业实习的经历(S)。

劣势（W）：识别自身短板。自身劣势包括实践经验不足、专业知识薄弱、社交能力欠缺等，如缺乏人脉资源（W）、跨学科知识储备不足（W）。

（2）外部因素分析（O/T）

机会（O）：分析外部环境中可利用的资源。这种资源包括校企合作项目、扶持政策、校友网络等，如目标城市推出人才引进政策（O）、目标行业产生新岗位需求（O）。

威胁（T）：评估潜在风险。潜在风险包括就业市场竞争激烈、岗位技能要求升级、经济周期性波动、家庭经济压力大等，如同专业毕业生数量激增（T）、AI替代基础岗位（T）。

2．矩阵构建

（1）分类与排序

将收集的信息按四象限分类，并按权重进行排序。

优势项优先级：专业技能＞实习经历＞性格特质。

威胁项优先级：行业竞争加剧＞家庭经济压力大＞地域限制。

（2）矩阵示例

矩阵示例见表5-1。

表 5-1 矩阵示例

内部因素	外部因素
优势（S）	机会（O）
① 数据分析能力突出	① 目标行业人才缺口大
② 英语口语流利	② 企业提供实习岗位
劣势（W）	威胁（T）
① 行业经验不足	① 岗位竞争激烈
② 时间管理能力弱	② 技术更新速度快

3．策略推导

在此阶段，需通过交叉分析生成四种策略，并结合职业目标筛选优先级。

① SO策略（主动进攻型）：放大优势，抓住机会。例如，利用数据分析能力（S）进入发展迅速的AI行业（O），争取头部企业的校招岗位。

② WO策略（资源整合型）：借外部机会弥补劣势。例如，通过实习（O）积累行业经验（W），填补简历空白。

③ ST策略（差异化竞争型）：以优势抵御威胁。例如，利用英语能力（S）竞聘外企岗位，避免在国内红海市场中竞争（T）。

④ WT策略（风险规避型）：减少劣势与威胁带来的影响。例如，通过考研缓解就业压力（T），同时系统学习跨学科知识（W）。

4．行动规划

① 目标细化：将策略转化为可执行的任务。例如，将SO策略拆解成"3个月内完成Python进阶课程→向20家目标企业投递简历→参与3场行业沙龙"。

②资源匹配:在时间管理方面,设置阶段性里程碑,如每周投递5份简历;在技能提升方面,分配学习预算,如参加职业资格认证考试;在人脉拓展方面,主动联系校友或行业导师,获取内推机会。

5．动态调整

①定期复盘策略:每学期结束后或实习后重新评估SWOT矩阵。例如,新增优势为考取PMP证书(原W变为S),新增威胁为目标行业政策收紧(原O变为T)。

②灵活调整策略:若原定岗位竞争过于激烈(如T行业竞争加剧),可转向相关行业(如从"产品经理"转向"用户研究员"或调整地域)。

通过以上步骤,可将抽象的SWOT分析法转化为清晰的职业行动指南。

(三) SWOT分析法的典型应用场景

通过场景化应用,SWOT分析法可将抽象的职业目标转化为可执行路径。在职业生涯决策中,SWOT分析法的典型应用场景有以下几种。

1．专业方向选择场景

大学专业通常有多个细分方向,在选择专业方向时,可以运用SWOT分析法来明确自身定位。通过回顾以前的课程成绩,可以找出自己擅长的学科领域,如数据结构、算法设计等课程的成绩优异,便是自身优势;而对于某些专业方向,所需技能掌握不足,像对人工智能方向的机器学习算法理解不深,则是自身劣势;关注行业动态,了解当下热门且人才需求量大的专业方向,如人工智能方向的需求旺盛,此为外部机会;若某个专业方向竞争过于激烈,且学校在该方向的教学资源有限,则属于外部威胁。通过SWOT分析法,能更清晰地选择与自身能力、外部环境适配的专业方向,避免盲目跟风。

2．实习机会筛选场景

面对众多实习机会时,可以利用SWOT分析法来做出最优选择:从自身角度出发,将过往的项目经历、掌握的专业技能作为优势考量;相关行业知识缺乏、实践经验不足是劣势;某些企业的实习岗位能提供丰富的项目资源和一对一指导,这是外部机会;若某些实习岗位的工作内容琐碎,不涉及核心业务,且实习结束后留用机会渺茫,便是威胁。通过对自身和岗位的SWOT分析,能够筛选出最有助于职业发展的实习机会。

3．毕业后就业选择场景

在面临毕业后的就业抉择时,同样可以借助SWOT分析法:将自身的学历背景、专业技能、实习经历等作为优势,如毕业于名校热门专业、拥有多段相关实习经历;缺乏人脉资源、求职技能不足等是劣势;外部环境中,新兴行业快速发展,对专业人才的需求激增,这是机会;传统行业萎缩,岗位竞争激烈,这便是威胁。通过全面的SWOT分析,可以找到适合自己的行业和岗位,制订更有效的求职策略,提高就业成功率。

4．创业规划场景

对于有创业想法的大学生,SWOT分析法能帮助其梳理创业思路。自身的创新思维、对特定领域的了解、优秀的团队组建能力等是优势；而缺乏创业资金、管理经验不足则是劣势。外部环境中，国家出台创业扶持政策、目标市场存在空白领域等是机会；行业巨头垄断市场、消费者需求变化快等则是威胁。通过 SWOT 分析，可以判断创业项目是否可行，制订合理的创业计划，降低创业风险。

计算机科学与技术专业大学生的职业路径优化

小张是一名计算机科学与技术专业的学生，入学时对学习充满热情，但不久后，他发现自己在算法设计和数据结构等核心课程的学习上比较吃力，同时面对人工智能、云计算等新兴技术的快速发展，对未来职业方向感到迷茫。

在自我评估阶段，小张通过参加编程能力测试和与他人交流，明确自己的优势在于软件开发，且对前端开发非常感兴趣，但逻辑思维能力和算法能力较弱。在对职业环境进行分析时，小张发现当前互联网行业对开发工程师需求旺盛，同时行业技术更新速度快，对从业者的持续学习能力要求极高。基于此，小张制订了短期和长期目标。短期目标是在大三前掌握 HTML、CSS、JavaScript 等前端开发核心技术，参与校内开源项目，积累实践经验；长期目标是毕业后进入互联网企业担任前端开发工程师，并在 3～5 年内成长为全栈开发人才。

在能力构建方面，小张报名参加了线上前端开发进阶课程，每周保证 10 小时的学习时间，并加入了学校的前端开发社团，与志同道合的同学组队参加各类编程竞赛。在资源整合方面，他积极利用学校的实验室资源，参与教师的科研项目，同时通过 GitHub 平台与国内外开发者进行交流，拓宽技术视野。随着技术的不断发展和自身能力的提升，小张在大三下学期及时调整学习方向，学习 React Native 等跨平台开发技术，实现了职业发展路径的动态调整。最终，小张凭借扎实的技术知识和丰富的项目经验，在毕业前成功拿到多家互联网企业前端开发岗位的 Offer。

第三节 职业生涯发展路径优化

职业生涯发展路径的优化是一个动态的系统工程，需综合个人特质、环境变化与行业趋势，形成可执行的适应性方案。职业生涯发展路径的优化需在动态环境中实现理性规划与灵活应变的平衡。结合近几年就业市场的特征与决策理论框架，在职业生涯中需要从以下几个方面进行规划。

第五章第三节

一、战略定位优化

战略定位优化涉及对自身优势、劣势、机会和威胁的全面分析,以及对职业环境和行业发展趋势的深入理解。战略定位优化主要从以下几方面入手,如图5-5所示。

图 5-5　战略定位优化

(一)决策理论的理性锚定

聚焦国家政策支持的先进制造、绿色经济、数字技术等领域。采用 SMART 原则将长期目标(如 5 年内成为技术总监)拆解为可实现的短期目标。例如:在技能层面,可以设定 3 个月内完成 AWS 云认证,6 个月内掌握 Kubernetes 容器化技术;在经验层面,可以设定 1 年内主导 2 个跨部门协作项目,2 年内积累带团队的经验。

(二)行为决策理论的认知校准

通过霍兰德职业兴趣测试确定职业倾向,使用 DISC 性格测评工具识别沟通风格。

(三)发展策略制订

根据目标和职业环境的要求制订发展策略,包括参加培训课程、获得相关证书、在线学习、积累实践经验等。

你是否会积极寻求各种工作机会,包括兼职、实习等,以积累丰富的工作经验呢?你是否认为不同类型的工作经验可以帮助你了解不同的工作环境和业务领域,提升综合素质和职业竞争力呢?

（四）定期评估与调整

定期回顾职业生涯发展的情况，评估目标的达成进度，检查发展策略的有效性。可以每年或每半年进行一次自我评估，看看计划是否如期进行。

二、能力构建优化

能力构建是个体或组织通过系统性学习、实践、反思与调整，逐步形成、提升并优化自身能力的动态过程。能力构建优化需从以下几方面进行。

（一）专业知识与技能构建

专业知识与技能构建主要从以下几方面入手，如图5-6所示。

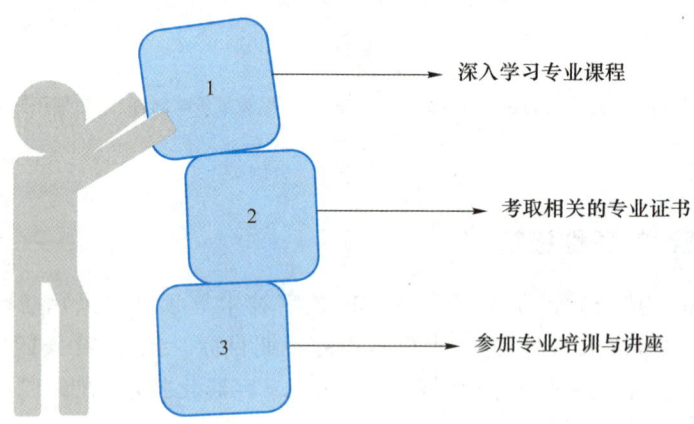

图5-6　专业知识与技能构建

1．深入学习专业课程

认真学习本专业的核心课程，掌握专业基础知识，为未来的职业发展打下坚实的基础。例如，计算机专业的学生要深入学习编程语言、数据结构、算法分析等课程。

2．考取相关的专业证书

根据自身专业和职业目标，考取相应的专业证书，如会计专业的注册会计师证书、金融专业的证券从业资格证书等。

3．参加专业培训与讲座

积极参加学校或社会机构组织的专业培训和讲座，了解行业最新动态和前沿技术，拓宽专业视野。

（二）实践能力构建

在职业生涯规划中，实践能力是至关重要的因素。它是将理论知识转化为实际成果的桥梁，有助于深入理解专业知识并提升解决实际问题的能力。通过参与实习、项目实践等活动，能积累丰富的职场经验，熟悉行业流程和规则，增强职业适应能力。具备较强的实践能力,能使个人更快地适应工作岗位,为职业发展奠定坚实基础,助力在职业生涯中不断成长和进步。实践能力构建主要从以下几方面入手,如图5-7所示。

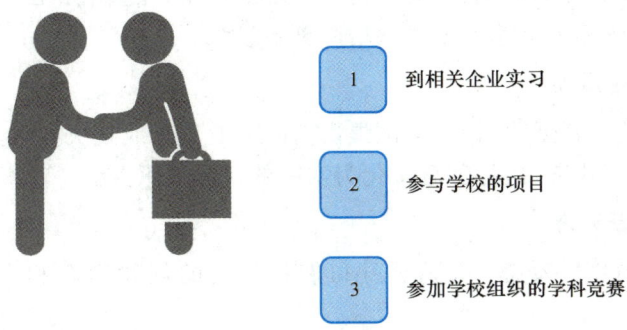

图5-7 实践能力构建

1. 到相关企业实习

利用寒暑假到相关企业或机构进行实习,将所学理论知识应用到实际工作中,积累实践经验,了解职场环境和工作流程。

2. 参与学校的项目

积极参与学校组织的实践项目、科研项目等,锻炼自己解决实际问题的能力和项目管理能力。例如,机械专业的学生可通过参与机械设计制造相关的项目,提升设计和制造方面的实践能力。

3. 参加学校组织的学科竞赛

通过参加各类学科竞赛(如数学建模竞赛、电子设计竞赛等),提升自己的实践能力。

(三)创新能力构建

在职业生涯中,创新能力是适应社会发展、实现职业突破的关键要素。通过参加学术研讨会和参与科研项目,可以培养创新意识和激发创新灵感。要注重多学科知识的融会贯通,为创新提供广阔的视角。同时,要勇于尝试,在实践中不断探索新方法、新思路。只有不断提升创新能力,才能在未来职业生涯中独具优势,开拓职业发展道路。创新能力构建主要从以下几方面入手,如图5-8所示。

图5-8 创新能力构建

1. 培养创新思维

学会从不同角度思考问题,敢于突破传统思维的束缚,注重培养创新思维。可以通过参加创新思维培训、阅读相关书籍等方式来培养创新思维。

2. 参加创新创业活动

参加学校组织的创新创业活动,尝试提出新的商业创意或解决方案,提升创新能力。如有机会,可参与创业实践项目,将创意转化为实际的产品或服务。

3. 关注行业创新动态

了解所在行业的创新动态,积极学习和借鉴先进的创新理念和方法,努力提升创新能力。

(四)沟通与协作能力构建

在职业生涯规划中,沟通与协作能力构建尤为重要。良好的沟通与协作能力能够帮助我们更好地融入职场环境和高效地开展工作。沟通与协作能力构建主要从以下几方面入手,如图 5-9 所示。

图 5-9　沟通与协作能力构建

1. 提升沟通能力

通过参加演讲、辩论等活动,锻炼口头表达能力;学会撰写规范的商务文书、学术论文等,提高书面表达能力;主动倾听他人意见,提高沟通效率。

2. 培养团队协作精神

积极参与团队项目和小组活动,学会与不同性格、不同背景的人合作完成团队任务。在团队中,要学会尊重他人、理解他人,提高解决团队冲突的能力。

3. 建立良好的人际关系

积极参加社交活动,扩大自己的人际圈,学会与他人建立良好的人际关系。良好的人际关系有助于获取更多的职业信息和发展机会,同时也能提升自己的职场适应能力。

(五)自我管理能力构建

在职业生涯规划中,自我管理能力构建至关重要。良好的自我管理能力能够帮助我们更好地适应职场、高效完成任务、把握职业发展机遇。自我管理能力构建主要从以下几方面入手,如图 5-10 所示。

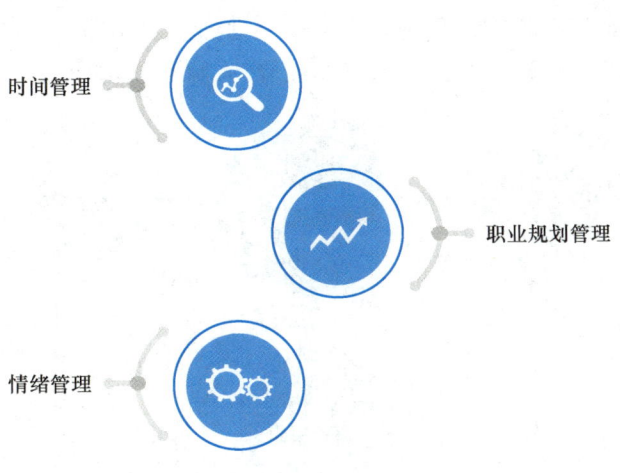

图 5-10　自我管理能力构建

1．时间管理

学会合理安排时间，制订学习和工作计划，确保各项任务能够按时完成；使用时间管理工具，提高时间利用效率。

2．情绪管理

学会管理自己的情绪，保持积极乐观的心态，面对挫折和压力时能够及时调整情绪，避免情绪波动对学习和工作产生负面影响。

3．职业规划管理

制订明确的职业规划，并根据实际情况及时进行调整；定期对自己的职业发展情况进行评估和反思，确保自己朝着正确的方向前进。

课堂互动

通过构建以上能力，是否能够有效优化职业生涯发展路径，提高自己在未来职场中的竞争力，实现自己的职业目标呢？

三、资源整合优化

资源整合是指在职业生涯发展过程中，对各种内外部资源进行有效收集、整理、调配和利用，以实现职业目标的过程。

（一）内部资源整合

在职业生涯发展路径优化中，内部资源整合尤为关键。首先，应明确自身的核心竞争力，将知识与技能、工作经验、人脉资源等有效整合，形成独特的职业优势。然后，不断挖掘内在潜能，提升学习能力与创新能力，以适应变化的职业环境。通过科学规划与合理配置内部资源,能更稳健地推进职业发展,实现职业目标,在职业生涯道路上走得更远、更稳。

内部资源整合主要涉及知识与技能、工作经验、人脉资源,如图 5-11 所示。

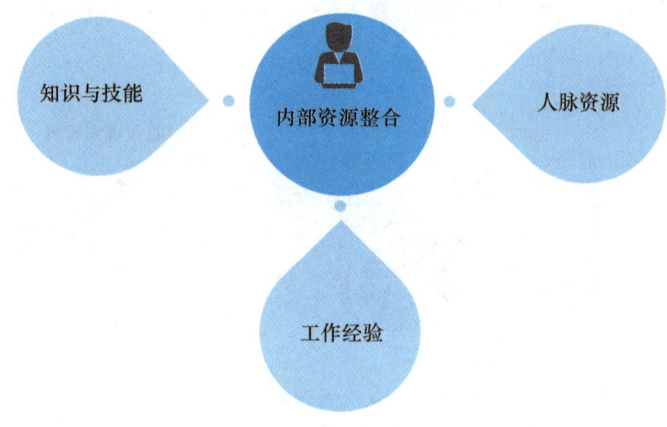

图 5-11 内部资源整合

1. 知识与技能

对现有的知识、技能进行系统梳理,明确优势和劣势;制订学习计划,通过参加培训、自学、实践等方式,不断学习新知识和提升技能。

2. 工作经验

回顾以往的经历,总结经验和教训;对经验进行分类整理,如项目管理经验、客户服务经验等,以便在未来的职业发展中能够快速获取和学习;积极寻求积累经验的机会,丰富自己的经验储备。

3. 人脉资源

梳理现有人脉关系,包括同学、老师、同事、前雇主、行业专家等;根据人脉关系的特点和价值进行分类,定期与他们保持联系,维持良好的关系;通过参加行业活动、校友聚会等,不断拓展人脉圈,结识更多对自己职业发展有帮助的人。

(二)外部资源整合

在职业生涯发展路径优化中,外部资源整合意义重大。首先,需积极关注行业动态,利用网络、媒体等渠道获取前沿信息,为职业决策提供依据;其次,主动拓展人脉圈,结识同行、专家及业内人士;最后,通过参加外部培训、获取认证等方式提升自身价值。合理整合外部资源,可拓宽职业视野,创造更多发展机会,助力达成职业目标。

外部资源整合主要涉及信息资源、教育资源、社会资源,如图 5-12 所示。

1. 信息资源

通过订阅专业杂志、研读行业报告等方式,及时获取有关行业动态、市场趋势的最新信息;利用网络平台、职业咨询机构等渠道,收集与职业发展相关的信息,为职业决策提供依据。

2. 教育资源

充分利用学校、企业、社会培训机构等提供的教育资源,通过参加各类培训课程、讲座、

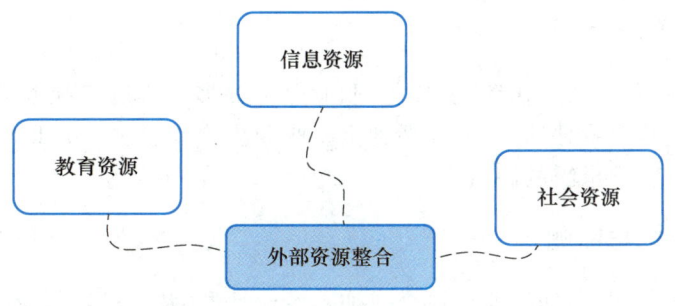

图 5-12　外部资源整合

研讨会等,提升自己的专业水平和综合素质;申请奖学金、助学金、研究基金等,为学习和发展备足资金。

3. 社会资源

借助行业协会、商会等组织提供的资源和服务;积极参与社会公益活动、志愿者活动等,提升自己的社会形象和影响力,拓展自己的人脉圈。

在整合资源时,你是否明确自己的职业目标和发展路径,有针对性地收集和利用资源?你是否注重资源的质量和有效性,避免盲目跟风和浪费?

四、动态调适优化

职业生涯发展路径的动态调适是指在职业生涯发展过程中,根据内外部环境的变化,及时对职业目标、发展路径和行动计划进行调整和优化,以确保职业生涯能够持续、健康地发展。动态调适优化主要从以下几方面入手,如图 5-13 所示。

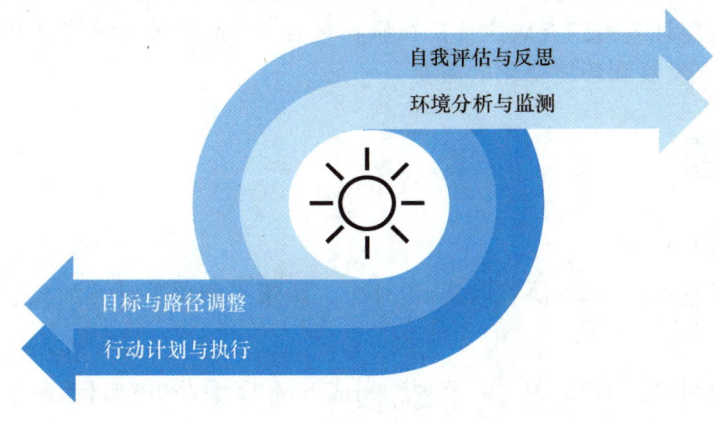

图 5-13　动态调适优化

（一）自我评估与反思

定期进行自我评估，从工作绩效、技能、职业兴趣等多个维度审视职业生涯规划发展状况。除了要定期进行自我评估之外，在遇到重要职业决策节点或经历重大事件后，还要反思在职业生涯发展过程中暴露的缺点。

（二）环境分析与监测

通过订阅行业报刊、参加行业研讨会或加入专业社群，及时了解行业的最新动态及发展趋势，以便提前调整职业发展方向；关注宏观经济环境、政策法规对职业发展的影响。

（三）目标与路径调整

根据自我评估和环境分析的结果，适时修正职业目标。如果发现兴趣发生了变化或者原有的职业目标难以实现，那么就需要重新设定切实可行的目标。新目标应该既具有挑战性，又符合自身实际情况和市场需求。当实际情况发生变化时，可能需要调整职业发展路径。

你原本计划通过在一家公司内部晋升来实现职业目标，但发现公司的晋升机制不透明或发展空间有限，这时你是否会考虑通过跳槽到其他更有发展潜力的公司或者进入相关但更有前景的领域等方式来优化职业发展路径呢？

（四）行动计划与执行

确定职业目标和发展路径之后，就要制订详细的行动计划，明确每个阶段需要采取的具体行动，包括学习新技能、积累相关经验、拓展人脉圈等，并为每个行动设定合理的时间节点和预期成果。制订行动计划之后，要将行动计划转化为实际行动，保持积极主动的态度，克服困难和障碍，确保计划得到有效执行。在执行过程中，要根据实际情况灵活调整计划，确保其始终符合个人发展和环境变化的需要。

实践与思考

1. 决策平衡单练习

针对"考研还是就业"这一决策问题，设计个人决策平衡单并计算加权总分。

2. SWOT 分析

选择一个职业目标，如"成为产品经理"，完成 SWOT 分析并制订应对策略。

3. 动态调整与模拟

假设未来 3 年内将发生技术变革，请重新设计个人的职业生涯发展路径。

 拓展阅读

1.《决断力：如何在工作与生活中做出更好的选择》

作者：奇普·希思、丹·希思

出版社：中信出版社

出版时间：2014年

推荐理由：该书视角独特，案例丰富，理论框架清晰，方法简单实用。从个人生活中的大小决定到公司管理层的群体决策，该书都能帮我们把决断的力量发挥到极致。

书中金句：如果你回想一下过去数秒内自己的心理活动，那么你一定会惊讶地发现自己在片刻间就已经形成了某种观点。

2.《斯坦福大学人生设计课》

作者：比尔·博内特、戴夫·伊万斯

出版社：中信出版集团

出版时间：2017年

推荐理由：该书叙述了人们需要进行人生设计的原因，介绍了人生设计的步骤和方法，包括进行"健康、工作、娱乐、爱"的仪表盘自查，反思自己的人生观和工作观，记录"美好时光日志"，制订"奥德赛计划"，寻找人生导师等，旨在帮助读者调整职业方向，解决生活中遇到的问题。

书中金句：生活中会有无数个问题不停地出现，而我们亟须进行人生设计。在设计人生的过程中，我们能够了解自己究竟想要什么、想要成为什么样的人，以及如何拥有自己理想中的生活。

第六章 职业生涯规划撰写及其实施

项目导图

第六章　职业生涯规划撰写及其实施
├──学习目标
├──案例导入
├──第一节　职业生涯规划撰写
│　　├──结构与格式要求
│　　├──内容撰写原则
│　　├──撰写规范
│　　└──注意事项
├──第二节　职业生涯规划实施保障及其作用
│　　├──职业生涯规划实施保障
│　　└──职业生涯规划实施保障的作用
├──实践与思考
│　　├──职业生涯规划撰写任务
│　　├──保障体系设计
│　　└──案例分析与优化
└──拓展阅读

学习目标

1. 掌握职业生涯规划的标准结构与撰写规范,能够独立撰写逻辑清晰的职业生涯规划。
2. 理解职业生涯规划实施保障体系的构成要素,学会制订动态调整策略,以应对职业环境变化。

案例导入

案例名称:从"纸上谈兵"到精准落地的职业生涯规划。

案例描述:应届毕业生小张的职业生涯规划仅罗列了"成为管理者"的模糊目标,缺乏具体实施路径与保障措施。通过系统学习,他重新梳理职业生涯规划,明确"三年内晋升项目经理"的阶段目标,并设计资源保障清单(如考证计划、导师资源库)。同时,他建立季度复盘机制,根据行业趋势调整技能学习重点。两年后,小张顺利进入目标岗位,并成为团队重点培养对象。

第一节 职业生涯规划撰写

当今社会处在变革的时代,到处充满着激烈的竞争。职业活动的竞争尤其突出,要想在激烈的竞争中脱颖而出并立于不败之地,就必须对职业生涯做好规划,因此职业生涯规划撰写尤为重要,撰写好职业生涯规划才能做到心中有数,不打无准备之仗。职业生涯规划是系统性呈现个人职业发展路径的核心文件,需兼顾逻辑性、操作性与专业性。

第六章第一节

一、结构与格式要求

职业生涯规划需遵循清晰的结构与规范的格式,以系统地呈现职业规划的内容与逻辑。

(一)封面与扉页

1. 封面

封面(图 6-1)是职业生涯规划的"门面",封面上的标题统一为"大学生个人职业生涯规划",封面上要清晰呈现关键信息。姓名作为个人标识,应置于显眼位置,确保阅读者能快速知晓规划主体。联系电话是外界与规划者沟通的重要渠道。例如,如果有相关职业机会,则通过联系电话能及时联系到规划者。

大学生个人职业生涯规划

姓名:＿＿＿＿＿＿＿

学院:＿＿＿＿＿＿＿

专业:＿＿＿＿＿＿＿

班级:＿＿＿＿＿＿＿

联系电话:＿＿＿＿＿＿＿

指导教师:＿＿＿＿＿＿＿

图 6-1 大学生职业生涯规划的封面

2. 扉页

扉页是对个人详细资料的展示。其中身份证号作为个人身份的唯一编码，在一些正式职业背景调查或档案管理中可能会用到。所在院校专业明确了规划者的教育背景、院校的知名度、专业的优势方向等，这些对职业选择和发展有潜在影响。家庭住址反映了个人的生活环境，大学生在考虑职业地域选择时，可能会考虑家庭因素，如希望离家近，从而方便照顾家人等。政治面貌在部分体制内工作岗位招聘或晋升中，会作为参考条件之一。这些信息全面勾勒出规划者的基本轮廓，为后续深入分析职业生涯规划提供背景依据。

（二）目录

目录是职业生涯规划的导航图，清晰地展示正文各章节标题及各章节对应页码至关重要，如图 6-2 所示。章节标题应准确概括内容，采用分级标题形式呈现层次结构，如一级标题为"自我认知""环境分析"等，一级标题"自我认知"下细分二级标题"个人自评""辅助性测评"。通过目录，阅读者能快速定位感兴趣的内容，了解职业生涯规划的整体框架和逻辑顺序。目录也能方便规划者在撰写过程中梳理思路，确保内容完整、条理清晰，避免出现内容遗漏或逻辑混乱的情况。目录中的页码需标注准确。

```
                        目录
前言 ............................................................. I
一、自我认知 .................................................... 1
    1.1 个人自评 .............................................. 1
    1.2 辅助性测评 ............................................ 2
二、环境分析 .................................................... 4
    2.1 家庭环境分析 .......................................... 4
    2.2 学校环境分析 .......................................... 4
    2.3 社会环境分析 .......................................... 4
    2.4 职业环境分析 .......................................... 5
三、职业定位 .................................................... 5
    3.1 行业选择 .............................................. 5
    3.2 就业地域选择 .......................................... 6
四、实现计划 .................................................... 6
    4.1 短期计划 .............................................. 6
    4.2 中期计划 .............................................. 7
    4.3 长期计划 .............................................. 8
五、职业规划结束语 .............................................. 8
```

图 6-2　大学生职业生涯规划的目录

（三）正文核心模块

职业生涯规划的正文核心模块包含自我认知、环境分析、职业定位、实现计划、职业规划结束语。自我认知是剖析性格、兴趣与能力;环境分析是研究家庭、学校、社会以及职业环境;职业定位是明确目标岗位及发展路径;实现计划是制订分阶段行动方案,规划学习实践路径;职业规划结束语是总结规划意义。职业生涯规划的正文核心模块除了采用以上撰写形式外,还可采用图6-3所示的撰写形式。

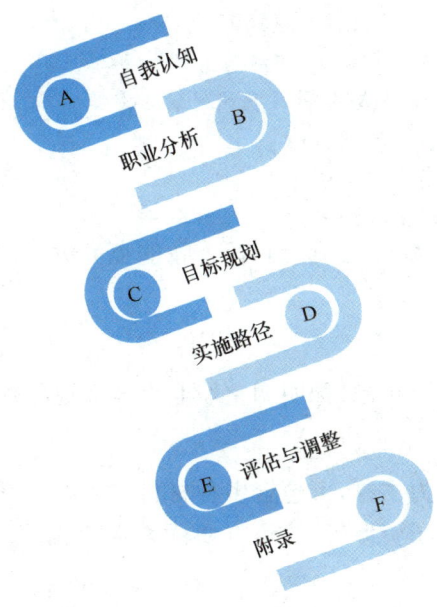

图6-3 正文核心模块

1. 自我认知

自我评估是职业生涯规划的基石,运用专业工具可深入剖析自我。例如,可使用职业测评工具分析兴趣、能力、价值观,突出其与职业方向的关联性。

2. 职业分析

职业分析是职业生涯规划的关键模块,旨在系统地洞察目标职业的发展前景。该部分需深入研究行业现状,包括行业规模变化、政策支持及技术变革等带来的机遇与挑战;剖析目标职业的岗位职责、技能要求及其所需的资质证书;分析就业市场供需关系、地域分布特点,明确职业晋升路径与薪资水平。此外,该部分还需关注行业标杆企业的用人标准与文化,预判未来职业发展方向。

课堂互动

利用你所学过的职业测评量表,通过多维度的职业分析,明晰自己的职业发展前景,为职业目标设定与路径规划提供科学依据,增强职业规划的可行性与前瞻性。

3. 目标规划

该部分需将总目标分解为"短期(1~3年)目标、中期(4~5年)目标、长期(6~10年)目标"三部分,明确各阶段的关键任务(如考取证书、积累项目经验)及完成任务的时间节点。

> 基于以上分析,请你制订如下目标规划:短期目标为进入一家互联网公司的市场部,积累实践经验;中期目标为成为项目负责人,负责重要营销项目;长期目标为晋升为市场经理,带领团队制订公司营销策略。

4. 实施路径

该部分需基于目标设计具体行动计划,包含技能提升方案、资源获取策略、风险评估与应对预案。

5. 评估与调整

该部分需设定周期性复盘机制,标明调整职业生涯规划的触发条件和相应的修正工具。

6. 附录

附录是对正文内容的有力支撑,可包含多种材料。例如,可列出在撰写职业生涯规划的过程中引用的书籍、报告、电子资源等,这可方便读者查阅、核实,也可体现职业生涯规划的专业性和严谨性。

二、内容撰写原则

在撰写职业生涯规划时需逻辑清晰、语言简练,突出行动导向与成长性思维。职业方向需明确且聚焦,在内容撰写方面要避免主观臆断。职业生涯规划内容撰写应遵循以下原则(图 6-4)。

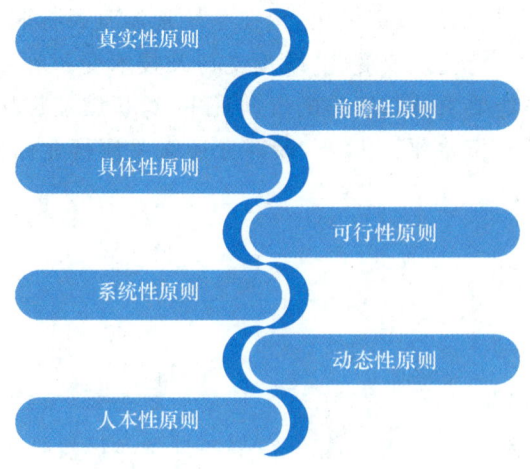

图 6-4 内容撰写原则

① 真实性原则:基于客观的自我认知,结合性格、兴趣、能力与价值观,避免脱离实际的

空想,可通过测评工具或实践反思明确优/劣势。

② 前瞻性原则:关注行业发展趋势与就业市场需求,将个人目标与社会经济变化衔接,增强职业选择的适应性与可持续性。

③ 具体性原则:设定分阶段可衡量的目标,避免模糊表述,如细化到技能提升、考证计划或实习方向,确保行动有抓手。

④ 可行性原则:结合资源条件与环境制约,平衡理想与现实,制订可实施的路径策略,避免好高骛远或过度保守。

⑤ 系统性原则:统筹学习、实践与人脉资源,协调课程学习、技能培训与社会活动,构建多维支撑体系。

⑥ 动态性原则:预留调整空间,定期复盘进展并灵活应对内外变化,注重对终身学习能力的培养。

⑦ 人本性原则:体现个人成长诉求与社会责任感,强调职业伦理与价值贡献,实现自我发展与服务社会的统一。

在大学生职业生涯规划中需将行动步骤细化,如"每周完成 2 小时的行业英语学习",而非泛泛表述"提升英语能力"。

三、撰写规范

对于大学生职业生涯规划,要求论述深刻、目标明确、阶段分明、措施具体、重点突出、内容翔实、语言通顺、表达清晰,而且书写格式一定要规范,其撰写规范如图 6-5 所示。

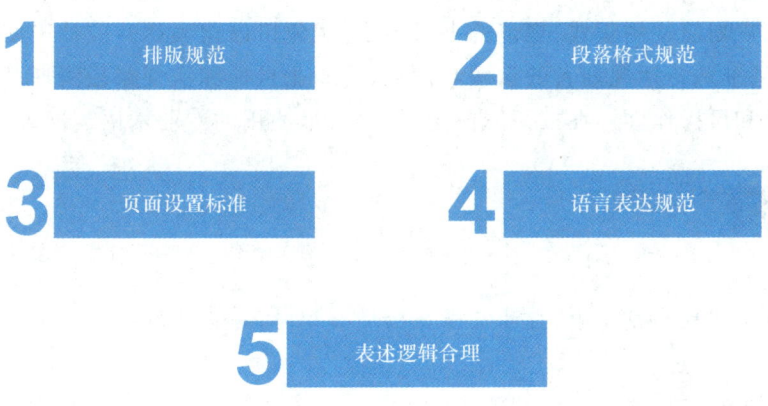

图 6-5 撰写规范

(一)排版规范

采用清晰的层级结构,确保内容层次分明。一级标题为黑体三号加粗,以突出各个主要章节;二级标题为楷体四号加粗,用于细分章节下的主要内容;三级标题为宋体小四加粗。图表需编号并标注来源,图表内容需进一步细化,以使阅读者能够快速定位和理解文档的结构与要点。

(二) 段落格式规范

段落格式直接影响文本的可读性和美观度。每段首行缩进应设置为 2 个字符,这是中文排版的常见规范,能使段落起始更加清晰,增强文本的层次感和逻辑性。行间距推荐设置为固定值 22 磅或 1.5 倍行距;固定值 22 磅能精准控制行与行之间的距离,使页面排版更加整齐;1.5 倍行距则相对宽松,在视觉上更加舒适,方便阅读,尤其适用于内容较多、篇幅较长的文本。在段间距方面,段前和段后可各设置为 0.5 行或 6 磅,这样能有效区分不同段落,避免段落内容紧密相连,便于阅读者快速把握文本结构和内容脉络。

(三) 页面设置标准

页面设置需综合考虑纸张大小、页边距、页眉、页脚等因素。纸张一般选择 A4 纸(尺寸为 210 mm×297 mm),这是日常生活中很常用的纸张,具有通用性和便利性,便于打印、装订和保存。页边距设置为上边距 2.2 cm、下边距 2.2 cm、左边距 2.5 cm、右边距 2 cm,这样的设置既能保证文本内容在页面中有足够的展示空间,又能使页面整体布局协调美观,避免内容过于靠近纸张边缘而影响阅读和装订效果。装订线设置为 0.5 cm,位置在左侧,这符合常规的装订习惯。页眉设置为 1.2 cm,可在其中插入文档标题或页码,便于阅读者快速识别文档内容;页脚设置为 1.5 cm,可在其中插入页码或日期等信息,使文档页面更加完整、规范。

(四) 语言表达规范

职业生涯规划应使用正式、规范的书面语言,避免口语化表达。应杜绝使用含糊不清的词,确保语言精准地传达规划者的意图和信息,使职业目标和实现路径清晰、明确,从而提升规划的可信度和可操作性。在撰写职业生涯规划时,使用的专业术语需准确。

> 在职业生涯规划撰写中,当涉及专业领域知识时,是否应准确使用专业术语?

(五) 表述逻辑合理

职业生涯规划的表述要具备清晰的条理和严密的逻辑。各章节、段落之间应过渡自然,应运用连接词或过渡句使上下文紧密相连。在阐述观点和论据时,应遵循一定的逻辑顺序。例如,在实现计划部分,按照时间顺序依次阐述每个阶段的具体计划和行动步骤,让阅读者能清晰地把握规划的整体脉络和实施路径。

四、注意事项

职业生涯规划既是个人发展的指南针,也是个人对外展示职业素养的窗口。建议参考专业平台的标准模板,结合行业导师的反馈反复修订,最终形成兼具科学性与实操性的职业行动纲领。在大学生职业生涯规划撰写时应该注意以下几点问题(图 6-6)。

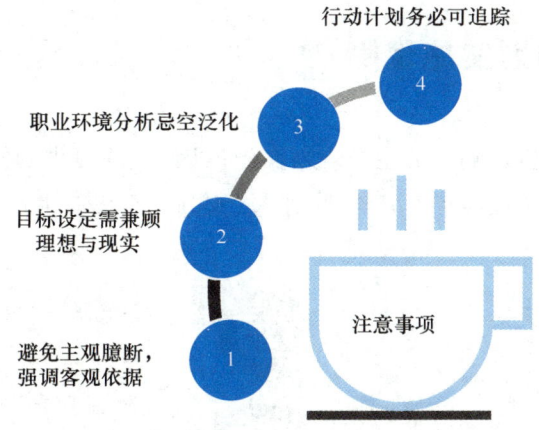

图 6-6　大学生职业生涯规划撰写注意事项

(一)避免主观臆断,强调客观依据

警惕过度美化自我认知,自我分析时切忌仅凭主观感受来判断自己的能力,需结合职业测评结果、实践成果及他人反馈综合判断自己的优/劣势。慎用标签化结论。避免直接套用"我适合做会计/律师"等笼统的结论,应具体说明性格特质、能力结构与目标岗位的逻辑关联。

(二)目标设定需兼顾理想与现实

长期目标需拆解为可操作的阶段性任务,避免口号式目标。规避"唯兴趣论"陷阱。在设定目标时,需兼顾理想与现实。

(三)职业环境分析忌空泛化

拒绝"百度百科式"描述。分析职业环境时应参考权威数据及政策文件,而非仅复述大众常识。关注隐性竞争要素。除了关注目标岗位的学历、技能要求外,还需分析目标岗位的软性要求。

(四)行动计划务必可追踪

细化任务节点与验收标准。避免使用"提高英语水平""积累实践经验"等模糊表述,应明确"在大二时雅思成绩达到 6.5 分""每学期完成 1 份对口岗位实习"等具体指标。在职业生涯规划撰写过程中,需统筹时间与资源,合理安排学习、参加社团、兼职等的时间。

第二节 职业生涯规划实施保障及其作用

在职业生涯规划过程中,职业生涯规划实施保障尤为重要。

一、职业生涯规划实施保障

从多个维度深入分析影响职业生涯规划实施的因素,并提供切实可行的保障具有重要意义。职业生涯规划实施保障需要从个人、学校、家庭三个层面进行,如图 6-7 所示。

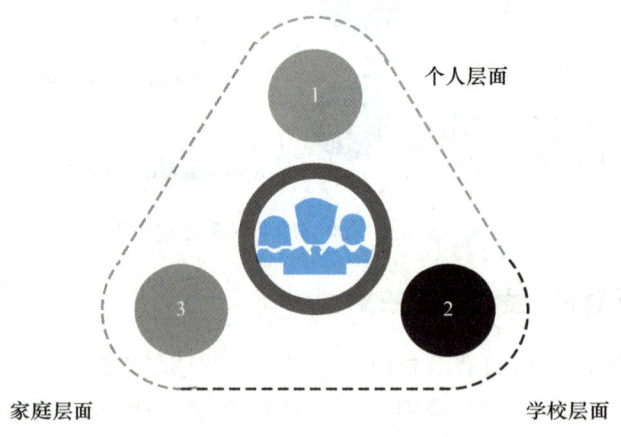

图 6-7 职业生涯规划实施保障

(一) 个人层面

1. 自我管理

制订详细的学习和工作计划,合理分配时间,确保各项任务按时完成。例如,每天安排固定的时间用于学习专业知识、参加实践活动和提升各种技能。面对困难和挫折时,要学会调整心态,保持积极乐观的情绪。可以通过运动、听音乐、与朋友交流等方式缓解压力,避免因负面情绪影响职业生涯规划的实施。

2. 自我提升

根据职业生涯规划的目标,有针对性地学习专业知识,考取相关证书。例如,如果计划从事会计工作,那么需要考取初级会计证等证书,同时不断学习相关技能。注重培养自己的沟通能力、团队协作能力、领导能力等。积极参加社团活动、社会实践等,在实践中锻炼自己,为未来职业发展打下坚实基础。

根据以上知识,请你说一下怎样才能在个人层面使职业生涯规划得以实施。

(二)学校层面

1. 课程体系建设

学校应开设系统的职业生涯规划课程。课程内容包括自我认知、职业探索、职业决策、职业素养培养等方面,以让学生全面了解职业生涯规划。

2. 就业指导与服务

学校应通过就业信息网、微信公众号等渠道,及时发布各类招聘信息,举办招聘会、宣讲会等活动,为学生提供丰富的就业机会。

(三)家庭层面

家庭应为孩子提供必要的学习和生活费用,确保孩子能够顺利完成学业。如果孩子在参加培训、考证、实习等时需要支付额外的费用,那么家庭应给予适当的经济支持。另外,家庭还应关注孩子的心理状态,在其遇到困难和挫折时,给予支持,鼓励其按照自己的兴趣和特长选择职业,尊重其职业选择,避免将自己的意愿强加给孩子。

二、职业生涯规划实施保障的作用

职业生涯规划实施保障具有重要作用(图6-8),是个人实现职业目标、提升职业能力和实现人生价值的关键因素。职业生涯规划实施保障是一个由个人、学校、家庭、社会等多主体协同构建的综合性支持系统,对个人成长具有深远意义。

(一)帮助大学生明确职业方向,增强职业发展内驱力

通过系统的职业生涯规划课程与咨询服务,深入开展自我评估与职业探索,可以清晰地认识自身兴趣、能力与价值观,从而明确职业方向。以某高校为例,在引入职业测评系统后,超过80%的大学生表示对未来职业目标有了更清晰的认知,这种明确的方向感极大地增强了学生在学业和实践中的内驱力,使得大学生主动学习专业知识、参与实习实践的积极性显著提高。

(二)帮助大学生提升能力,增强职场竞争力

学校提供了多元化的能力培养路径。大学生在学校内可参加丰富的实践活动,如学科竞赛、企业实习、创新创业项目等。以参加"互联网+"大学生创新创业大赛为例,在项目筹备与实施过程中,学生不仅提升了专业技能,还锻炼了团队协作、沟通表达、问题解决等综合能力。

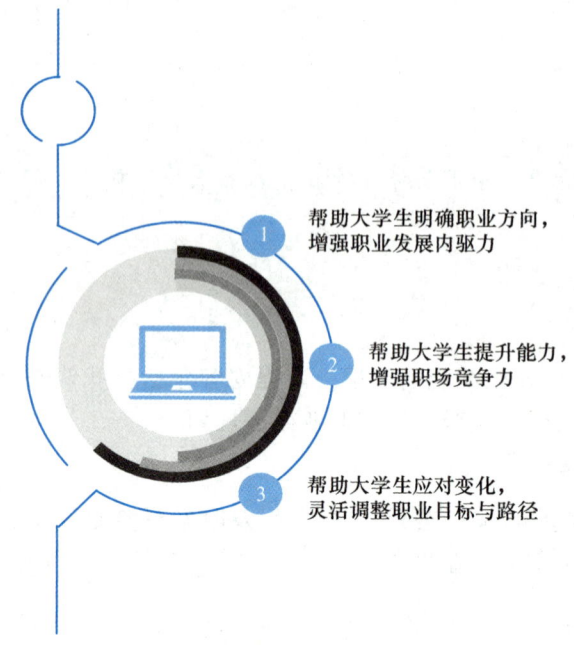

图 6-8　职业生涯规划实施保障的作用

（三）帮助大学生应对变化，灵活调整职业目标与路径

职业发展环境复杂多变，学生要及时感知并应对变化。通过行业发展论坛，学生可了解行业最新趋势，再根据环境变化调整职业规划。另外，学生要适应特殊时期的就业环境，主动审视自身职业发展状况，灵活调整职业目标与路径，确保职业发展的可持续性。

课堂互动

> 职业发展与人生价值的实现紧密相连，在实现职业目标的过程中，你是否能够将自己的兴趣、能力和价值观与工作相结合，为社会做出贡献，并以此实现人生价值的最大化？

实现职业目标和人生价值是职业生涯发展的终极追求，职业生涯规划实施保障为实现这一追求提供了有力支持。通过明确职业目标、提升职业能力和增强竞争力，个人能够在职业生涯中不断取得进步和成就，逐步实现自己的职业目标。个人的职业目标得以实现，不仅能够带来物质上的回报，还能够使人获得精神上的满足感和成就感，实现自我价值的提升。

实践与思考

1. 职业生涯规划撰写任务

根据模板完成个人职业生涯规划,重点突出目标分解与规划实施保障方案。

2. 保障体系设计

针对"五年内成为数据分析师"的目标,制订系统的学习计划、资金预算。

3. 案例分析与优化

选取一篇存在逻辑漏洞的职业生涯规划案例,提出修改建议,如补充风险预案、细化时间节点。

 **拓展阅读**

1.《高效能人士的七个习惯》

作者:史蒂芬·柯维,高新勇、王亦兵、葛雪蕾译

出版社:中国青年出版社

出版时间:2011年

推荐理由:该书列举了高效能人士的七个习惯,在强调品行修养的同时,介绍为人处事的技巧,书中传授的内容不是某种管理技巧,而是经过了时间考验并且能够指导行为的基本原则。

书中金句:人生最值得投资的就是磨炼自己。工作本身并不能带来经济上的安全感,一个人只有具备良好的思考、学习、创造与适应能力,才能立于不败之地。

2.《少有人走的路:心智成熟的旅程》

作者:斯科特·派克,于海生译

出版社:吉林文史出版社

出版时间:2007年

推荐理由:该书分为自律、爱、成长与信仰、恩典四个部分,讲述了作者如何灵活运用传统心理分析方法去解决人生和难题,并提出了一系列人类心灵治疗方面的解决方案。

书中金句:勇气是尽管你感觉害怕,但仍能迎难而上;尽管你感觉痛苦,但仍能直接面对。

第七章 职业能力发展策略

项目导图

第七章　职业能力发展策略
├──学习目标
├──案例导入
├──第一节　专业能力的精进路径
│　　　├──学科知识体系构建
│　　　├──行业前沿动态追踪
│　　　├──资格认证与能力证明
│　　　└──策略制订
├──第二节　通用技能的提升方案
│　　　├──核心通用能力模型构建
│　　　├──分场景训练
│　　　└──借助数字化工具
├──实践与思考
│　　　├──自我反思
│　　　├──专业能力精进计划
│　　　└──理论与实践
└──拓展阅读

学习目标

1. 了解职业能力发展的重要性。
2. 掌握专业能力的精进路径。
3. 设计并实施通用技能的提升方案。

案例导入

案例名称：小张的晋升之路。

案例描述：某互联网公司的程序员小张在工作 3 年时遇到了瓶颈——编程能力强但缺乏架构思维，难以承接复杂项目。通过"参与开源项目→获取阿里云架构师认证→主导公司的微服务重构项目"三步法，小张 1 年内从普通开发人员变为技术骨干。

第一节 专业能力的精进路径

专业能力精进是一个系统性、多维度的成长过程，需结合认知升级、实践深化以及资源整合。综合行业经验与学习方法论，可以得出以下理论与实践相结合的精进路径。

第七章第一节

一、学科知识体系构建

学科知识体系构建是将碎片化知识整合为系统化框架的关键过程，具体如下：以专业核心教材为根基，掌握理论精髓，在专业能力上筑牢基础认知，并在此基础上，通过行业报告、企业案例库等实现理论与实践的有效衔接；追踪行业前沿动态，把握学科发展趋势；借助思维导图，梳理知识脉络，标注掌握程度与应用方向，定期复盘，构建动态、完整的学科知识体系。

分层学习法作为构建学科知识体系的核心方法，通过阶梯式推进实现学习深度与广度的拓展（图 7-1）。它将学习过程划分为基础层、拓展层和前沿层，每个层次的目标明确、方法各异，助力学习者从入门到精通的全过程。

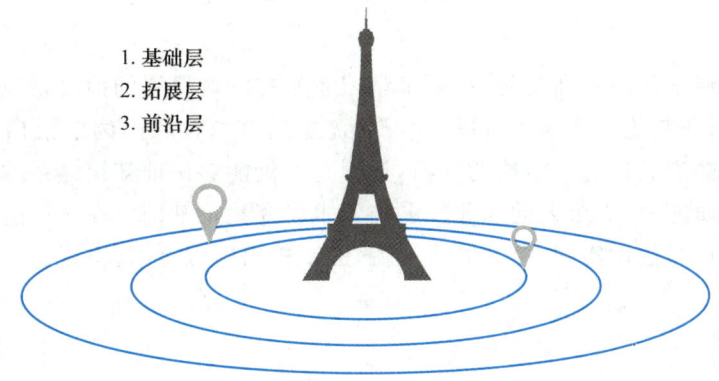

图 7-1 分层学习法

1. 基础层

基础层是学习的根基，其稳固程度直接影响后续知识的吸收与应用。在此阶段，要以专业教材为核心，逐章逐节研读基础理论与概念，深入理解专业知识的基本原理与逻辑框架。在学习过程中，应注重概念的理解与辨析，借助课后习题与简单案例巩固所学的知识，及时查缺补漏，确保对基础知识的全面掌握。

课堂互动

如果你是会计学专业的大学生,那么《企业会计准则》便是基础层的核心教材。你是否会通过精读此书,掌握会计核算、财务报表编制等基础理论与方法,为后续深入学习奠定坚实基础呢?

2. 拓展层

在基础层打好基础后,便会进入拓展层。这一阶段旨在打破知识的局限性,将理论与实践紧密结合,拓宽知识的应用场景。可通过研读行业报告、经典案例、权威文献等,了解专业知识在实际工作与研究中的应用方式与应用效果。在这一阶段,学习者应积极参与实践项目和培训,在实际操作中积累经验,锻炼解决问题的能力,实现从理论到实践的跨越。

课堂互动

如果你是市场营销专业的大学生,你会通过分析可口可乐的品牌营销案例,研读艾瑞咨询的行业报告,学习市场调研、品牌推广、营销策略制订等方面的实践经验,加深对市场营销理论的理解吗?

3. 前沿层

前沿层是分层学习法的高阶阶段,要求学习者站在学科发展的前沿,关注最新的研究成果、技术动态与行业趋势。在这一阶段,学习者需主动获取领域内的前沿信息,了解学科的发展方向与研究热点。通过前沿层的学习,学习者不仅能够保证知识体系的时效性,还能培养创新思维与科研能力,为个人的职业发展与学术研究奠定基础。在这一阶段,建议学习者积极参与学术研讨与创新实践,多与同行交流,尝试提出新观点、新方法。

课堂互动

如果你是计算机科学专业的大学生,那么你是否会关注 NeurIPS、CVPR 等顶级学术会议,了解人工智能、机器学习等前沿技术的最新进展呢?

分层学习法通过基础层、拓展层与前沿层的有机结合,为学习者提供了一条系统、科学的学习路径。它不仅有助于构建完整的学科知识体系,还有助于培养自主学习能力与创新思维,使个人在不断变化的社会环境中保持竞争力,实现个人的持续成长与发展。

实施分层学习法需要一定的工具或资源,如图 7-2 所示。

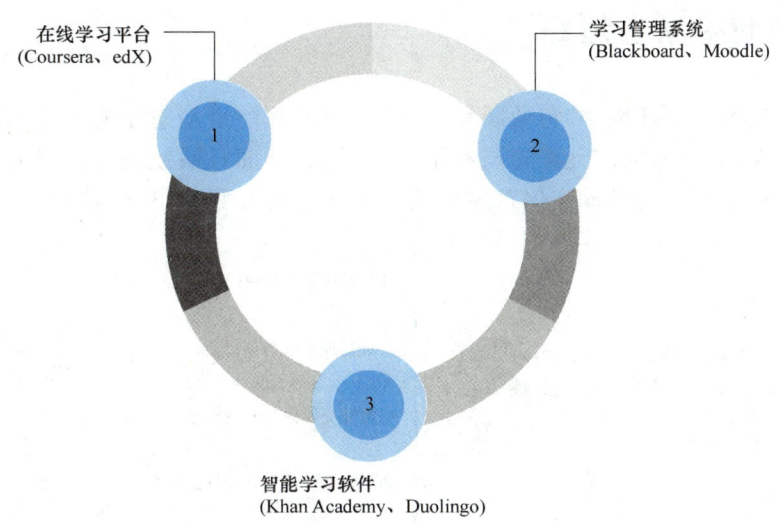

图 7-2　实施分层学习法所需的工具或资源

1. 在线学习平台

① Coursera：被全球顶尖大学和机构使用，提供丰富的课程，课程内容分为不同级别，适合不同层次的学习者。例如，该平台既有基础的编程入门课程，也有高级的专项课程。

② edX：由哈佛大学和麻省理工学院联合创立，提供大量免费的在线课程，课程分为基础、进阶和高级等不同层次。例如，该平台既有面向初学者的代数、几何等基础课程，也有面向专业人士的高等数学、数学建模等高级课程。

2. 学习管理系统

① Blackboard：被教育机构广泛使用。教师可在此系统上创建不同层次的学习模块、发布作业和测试，并根据学生的学习进度和成绩对其进行分层管理和辅导。

② Moodle：开源的学习管理系统，支持教师设计个性化的分层学习活动，如讨论区、小组项目等，可针对不同层次设置不同的参与要求和评价标准，促进分层学习和互动。

3. 智能学习软件

① Khan Academy：提供涵盖多个学科的视频教程和练习，能够根据学习者的答题情况判断其知识掌握程度，并推送适合该学习者的学习内容。例如，在数学学习中，该软件能针对学习者的薄弱环节提供个性化的练习和讲解。

② Duolingo：主要用于语言学习，采用游戏化的方式，能够根据学习者的语言水平动态调整学习内容和学习难度，从基础的词汇、语法学习过渡到高级的写作、口语练习。

通过学习以上内容，你对实施分层学习法所需的工具或资源了解多少呢？这些工具或资源在你的学习过程中是否能够发挥一定的作用呢？

二、行业前沿动态追踪

在快速变化的职业环境中,行业瞬息万变,持续追踪前沿动态是避免能力过时、保持竞争力的关键所在,只有借助多元渠道与科学方法,构建全面且敏锐的行业感知体系,才能在浪潮中顺势前行。行业前沿动态追踪主要从以下几方面入手,如图 7-3 所示。

订阅行业报告与新闻

参加行业会议与研讨会

利用社交媒体与专业论坛

利用数据分析工具对行业数据进行深度挖掘

图 7-3　行业前沿动态追踪

① 订阅行业报告与新闻是获取权威信息的重要开端。专业机构定期发布的深度行业报告涵盖市场趋势预测、竞争格局分析等方面的内容,订阅者可借此了解行业全景图。例如,科技行业从业者可订阅 IDC 的年度技术趋势报告,提前洞察云计算、人工智能等领域的发展走向,精准规划自身的职业方向。

如果你计划进入金融行业,那么你是否会关注与金融行业相关的信息呢?是否会实时掌握政策法规变动、企业动态等一手资讯,为职业生涯决策提供依据呢?

② 参加行业会议与研讨会是促进交流的重要途径。此类会议汇聚了行业内的领军人物、资深专家与创新先锋,参会者可以与他们面对面交流最新的技术、商业模式以及政策。

③ 社交媒体与专业论坛是不可忽视的信息阵地。例如,在 LinkedIn、知乎等平台上,众多行业专家、意见领袖以及一线从业者会分享自己的见解、经验与最新发现。因此,在社交媒体、专业论坛上追踪行业前沿动态是切实可行的。

④ 利用数据分析工具对行业数据进行深度挖掘,能够从海量数据中提炼出有价值的信息。例如,运用 Google Analytics 追踪行业网站流量的变化情况,分析用户行为,可判断新兴业务领域的发展走向。

行业前沿动态追踪是一场持续的旅程,只有保持好奇心与求知欲,综合运用多种渠道与工具,将获取的信息转化为自身的知识储备,不断提升实践能力和职业能力,才能在激烈的职场竞争中站稳脚跟,实现职业的可持续发展。

三、资格认证与能力证明

在职场竞争日益激烈的当下,资格认证与能力证明已成为职业竞争力的核心要素,它们不仅是专业能力的权威背书,更是突破职业瓶颈、拓展发展空间的重要支撑。

(一)资格认证

资格认证作为行业对从业者能力的标准化评估,具有高度的权威性与公信力。资格认证涵盖职业资格、专业技术、行业准入等多个方面,不同类型的认证对应不同的职业需求与发展方向(图7-4)。

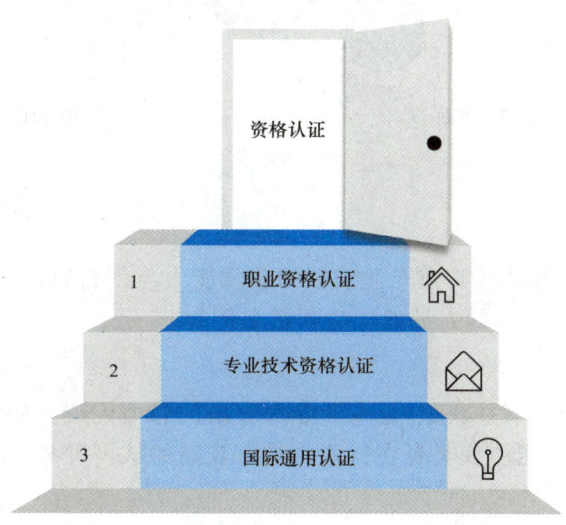

图7-4 资格认证

1. 职业资格认证

职业资格认证具有法定效力,是从事特定职业的必备条件,如教师资格认证、医师资格认证、注册会计师认证等。以教师资格认证为例,它细分为幼儿园教师资格认证、小学教师资格认证、中学教师资格认证等,不仅是教育行业的准入条件,还体现了从业者在对应领域的专业能力。

2. 专业技术资格认证

专业技术资格认证聚焦特定技术领域,旨在证明持证人在某一专业方向的深度与熟练度。例如:IT领域的AWS认证、Cisco认证;工程领域的一级建造师认证、造价工程师认证;等等。这些认证能够确保持证人具备解决复杂技术问题的能力。

3. 国际通用认证

在全球化背景下,部分国际认证成为跨区域、跨行业的"硬通货"。例如,CFA认证在全球金融行业备受认可,PMP认证则是项目管理领域的权威认证。此类认证有助于从业者打破地域限制,提升国际竞争力。

(二)能力证明

除了资格认证之外,能力证明也是实现专业能力精进的路径之一,它同样能够直观展现个人价值,且更注重实践成果与创新能力。能力证明主要体现在实践成果方面、奖项方面、知识成果方面,如图7-5所示。

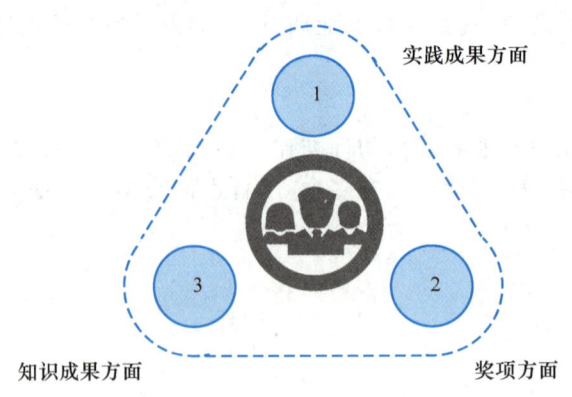

图 7-5 能力证明

1. 实践成果方面

个人的实践成果能够呈现其在专业领域的实践能力与创新思维,如设计师的作品集、程序员的 GitHub 开源项目、市场人员的成功营销案例等。

2. 奖项方面

参与行业内的权威赛事并获奖,是专业能力突出的有力佐证。如建筑领域的鲁班奖、设计领域的红点奖等,往往能使获奖者在行业内具有较高的认可度和较大的影响力。

3. 知识成果方面

将经验转化为知识成果,如撰写专业论文、书稿,开发培训课程等,不仅能够提升自身在行业内的话语权,还能体现自己的知识整合能力。

课堂互动

学术论文能够彰显个人的专业能力,对个人的职业生涯发展具有重要作用。在校期间,你是否在感兴趣的行业期刊上发表过论文?

四、策略制订

为充分发挥资格认证与能力证明在职业发展中的作用,需制订周全且针对性强的策略,从锚定职业目标,到确保资格认证的权威性,再到积累实践成果与借助社交平台,每一步都紧密相扣,共同助力个人竞争力的稳步提升(图 7-6)。

(一)锚定职业目标

锚定职业目标是提升竞争力的基石。在规划初期,应深度剖析自身的兴趣、优势与价值观,通过职业测试(如霍兰德职业兴趣测试、MBTI 性格测试)以及与行业前辈进行深入交流,明确职业发展路径。

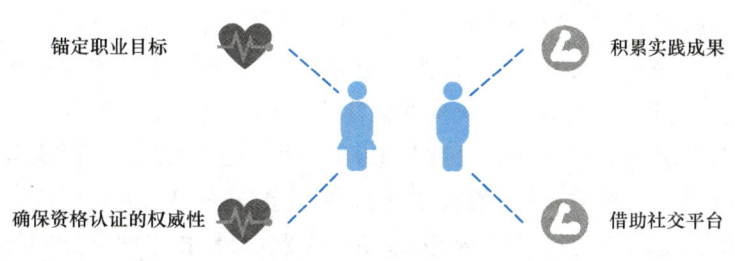

图 7-6　策略制订

（二）确保资格认证的权威性

资格认证的权威性直接关乎其在行业内的认可度与价值。在进行资格认证时，务必对认证机构的背景、行业口碑以及认证标准的严格程度进行全面考察，优先选择认可度高的认证机构。相较而言，在一些缺乏公信力的认证机构取得证书的难度较低，但此类证书在求职与职业晋升中所能发挥的作用极为有限。因此，确保资格认证的权威性，是为专业能力背书、筑牢职业信誉根基的关键举措。

课堂互动

> 如果你对数据比较敏锐且热衷于解决复杂问题，目标是成为数据科学家，那么你是否要获取 CDA 认证和 SAS 认证？这些认证不仅能系统强化你的数据分析与建模能力，还能让你与岗位高度契合。

（三）积累实践成果

实践成果是能力的直接体现，持续积累并更新实践成果对于提升竞争力不可或缺。日常工作中，应积极参与各类项目，尤其是具有挑战性与创新性的项目。例如，市场营销人员可通过参与从市场调研、方案策划到活动执行与效果评估的全过程，积累实践成果。同时，要注重在项目中运用创新思维，如引入新兴营销技术，以提升项目成效。

课堂互动

> 在竞赛或活动中获得的奖项会被纳入能力证明范畴，不断丰富能力展示的维度，而且会让用人单位从多个视角了解你的实践能力与创新潜力。在校期间，你是否参与过创新竞赛或者实践活动？

（四）借助社交平台

在数字化时代，一个人利用各类社交平台展示自己的专业能力，能够极大地扩大自身影响力的范围。

在全球知名的职场社交平台 LinkedIn 上，用户可详细填写工作经历、教育背景、所获认证等信息，并通过发表专业文章、参与行业讨论等方式，展示个人的专业见解与实践经验，吸引全球范围内同行、潜在雇主与合作伙伴的关注。

同样，在国内著名的职场社交平台脉脉上，用户可通过完善个人资料、与行业内的专业人士交流、分享项目成果等方式，积累人脉资源，提升在国内职场的知名度。此外，用户还可搭建专业技术博客，针对自身专业领域，分享项目实践心得、技术解决方案等内容，将自己塑造为行业内的知识输出者，为职业发展创造更多的机遇。

第二节 通用技能的提升方案

在当今复杂多变的职场环境中，通用技能已成为职业发展的核心竞争力。与专业技能不同，它并非孤立存在，而是相互关联、相互支撑的能力体系，涵盖沟通表达、团队协作、问题解决、时间管理等多个维度。本节将从核心通用能力模型构建、分场景训练以及借助数字化工具等方面，介绍全面且可操作的通用技能提升方案。

第七章第二节

一、核心通用能力模型构建

为提升通用技能，需构建科学的核心通用能力模型，如图 7-7 所示。

图 7-7 核心通用能力模型构建

（一）沟通表达能力构建

沟通表达能力是信息传递的桥梁，是职场中最基础、最重要的能力之一。其关键行为包括清晰地表达观点、有效地倾听反馈意见、根据沟通的对象调整说话风格等。

（二）团队协作能力构建

团队协作能力强调在集体目标下的角色定位与协同配合。优秀的团队成员应该主动承担责任、积极分享资源、化解团队冲突。

(三) 问题解决能力构建

问题解决能力体现个体在面对复杂情境时的分析、决策与执行能力。问题解决能力构建的核心步骤包括界定问题、分析原因、提出解决方案以及评估实施效果。

(四) 时间管理能力构建

时间管理能力关乎工作效率提高与目标达成。要想实现有效的时间管理，需结合"四象限法则"确定任务的优先级，运用"番茄工作法"提升专注度，并通过计划制订与进度监控确保任务按时完成。

> **课堂互动**
>
> 通过学习时间管理能力构建的相关内容，你是否会将重要但不紧急的任务纳入长期计划，避免因忙于紧急任务而忽视个人成长呢？任务完成率能反映时间管理效果吗？

(五) 学习能力构建

学习能力是个体适应变化、持续成长的关键。其核心要素包括学习新知识的速度、知识迁移能力及自我反思优化能力。例如：通过"费曼学习法"向他人讲解所学内容，可以检验知识掌握程度；利用"PDCA 循环"(计划—执行—检查—处理)可以优化学习过程。可通过新知识掌握速度、知识应用效果等指标评估学习能力。

二、分场景训练

若要提升通用技能，需结合具体的场景。以下将从常见的职场场景出发，提供可操作的训练策略(图7-8)。

图 7-8　分场景训练

(一) 汇报与演讲场景

① 结构化表达训练：学习"金字塔原理"，按照"结论—论点—论据"的逻辑组织内容。例如，在项目汇报中，首先明确项目成果(结论)，然后再从数据、案例等方面展开论述(论点

与论据)。

② 视觉化呈现:运用图、表等工具辅助表达,将复杂的信息转化为直观的视觉元素。例如,用柱状图展示业绩增长趋势,用流程图说明工作流程。

③ 模拟演练:通过角色扮演进行模拟汇报,邀请同事或导师提出反馈意见,重点从语言流畅度、肢体语言表达及时间把控等方面进行改进。

(二)团队协作场景

① 通过团队角色测评明确自身在团队中的定位,学习如何与扮演不同角色的成员协作。例如,若测评结果为"协调者",则需强化目标管理与资源整合能力。

② 设计跨部门协作案例,练习运用"观察事实—共情需求—实现目标"三步法化解矛盾。

③ 在项目结束后组织复盘会议,从目标达成、过程管理等方面总结提升团队协作能力的策略。

(三)问题解决场景

① 收集行业内经典的问题解决案例,运用"STAR法则"(情境—任务—行动—结果)拆解分析,学习其解决思路与方法。

② 针对实际工作问题,组织团队开展头脑风暴,鼓励团队成员提出创新性解决方案。

③ 在解决问题的过程中,遵循"不批评、不打断、数量优先"的原则。

④ 通过模拟真实的业务场景,进行问题解决的全流程演练,检验方案的可行性并优化细节。

(四)时间管理场景

大学是储备知识、提升技能、进行职业探索的关键阶段,合理的时间管理至关重要。以下从技能提升的不同方面,拆解时间管理场景(图7-9)。

图7-9 时间管理场景

1. 提升学习能力

在课程学习与考试准备方面,可制订学期计划,将课程重点、交作业的截止日期、考试时间标注清楚。例如:每周预留2~3个固定时间段用于预习和复习,采用"康奈尔笔记法"整理课堂内容,提高学习效率;针对考试周,提前4~6周划分复习阶段,首先梳理知识点,然后再通过刷题、测试查漏补缺。

2. 提升实践技能

如果要提升编程、设计、数据分析等实践技能,可采用"项目驱动学习法"。例如,将计划3个月学会使用Python语言编程拆解为:第1个月学习基础语法(每天学习1小时);第2个月参与小型开源项目(每周2次,每次2小时);第3个月独立完成实战项目(主要利用周末时间)。

3. 拓展综合素质

拓展综合素质的途径如下:每周用3~4小时参与社团活动,在活动中锻炼能力;利用碎片化时间学习演讲技巧;每月参加1~2场学术讲座,拓宽视野,记录收获并思考与自身发展相关的结合点。

4. 明确职业方向

从大二、大三开始,需逐步明确职业方向,可做的事情如下:每周预留2小时进行职业探索,通过企业实习、行业访谈了解目标岗位的要求;定期更新简历,每完成一项成果要及时补充;在求职季前3~6个月制订计划,分阶段准备网申、笔试、面试,例如每天练习1~2道面试题。

5. 保持身心健康

保持身心健康是高效学习的基础,具体方法如下:每天运动30分钟,将运动与社交结合起来,如加入羽毛球社团;设定固定的休息时间,避免连续学习超过2小时;每周预留半天的自由时间,用于娱乐或与朋友聚会,以缓解压力和保持学习动力。

6. 制订计划

要学会运用甘特图、日程表等工具制订周计划与日计划,将大目标拆解为可实现的小目标。例如:将"完成年度报告"分解为资料收集、大纲撰写、初稿修改等具体步骤,并设定时间节点;采用"番茄工作法"进行定时专注练习,并搭配使用Forest等App,以避免手机干扰,逐步提升工作效率。要记录每日工作任务及所耗时间,分析时间分配是否合理,找出低效环节并进行针对性改进。

课堂互动

通过分场景训练,你学习了哪些技能?请你在表7-1中为自己打分(每个场景25分,共100分)。

表 7-1 分场景训练

分数	分场景技能
汇报与演讲场景	结构化表达训练
	视觉化呈现
	模拟演练
团队协作场景	角色定位
	协作
问题解决场景	拆解分析
	解决思路和方法
	优化细节
时间管理场景	提升学习能力
	提升实践技能
	拓展综合素质
	明确职业方向
	保持身心健康
	制订计划

三、借助数字化工具

在数字技术深度渗透教育与职业发展的时代背景下,数字化工具已成为提升通用技能的重要赋能载体。

(一)数字化工具

数字化工具分为时间管理工具、学习与知识管理工具、沟通协作工具,如图 7-10 所示。

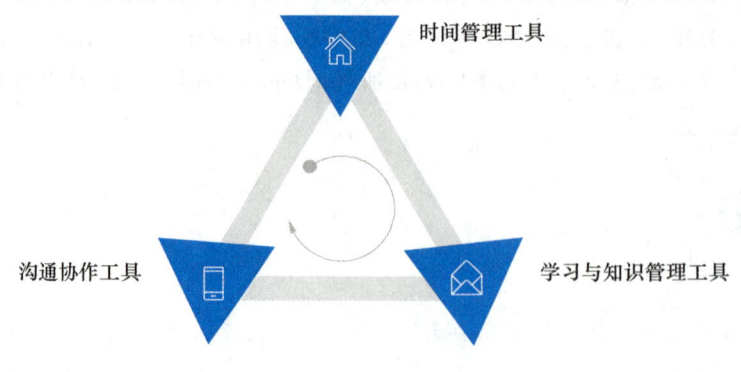

图 7-10 数字化工具

1. 时间管理工具

① 日程管理 App:包括嘀嗒清单、飞书日历等,支持任务创建、提醒设置及日程共享,能

够帮助用户合理规划时间。可将任务与四象限法则结合起来,设置优先级标签。

② 效率追踪工具:包括 RescueTime、Toggl 等,能够自动记录用户在不同应用上的使用时长,生成效率分析报告,识别时间浪费点。

③ 专注力辅助工具:包括 Forest、番茄 ToDo 等,能够通过种树、打卡等游戏化机制,帮助用户专心工作。

2. 学习与知识管理工具

① 在线学习平台:包括 Coursera、edX 等,能够提供海量优质课程,涵盖沟通技巧、项目管理等通用技能领域。学习者可根据自身需求选择课程并制订学习计划。

② 知识笔记工具:包括 Notion、印象笔记等,支持文本、图片、链接等多种格式的知识存储与整理,可以通过标签、数据库功能实现高效检索。例如,可以通过建立"沟通技巧"专题笔记,分类整理演讲技巧、谈判话术等内容。

③ 思维导图工具:包括 XMind、MindMaster 等,能够帮助用户梳理知识结构并构建能力体系框架。例如,通过绘制通用技能关系图,可以直观展示各能力间的逻辑关联。

3. 沟通协作工具

① 即时通信工具:包括企业微信、钉钉等平台,支持多端同步、群组协作与文件共享,方便团队实时沟通。例如,通过群公告快速传达任务要求,利用在线文档实现多人协同编辑。

② 视频会议工具:包括 Zoom、腾讯会议等,支持屏幕共享、会议录制等,适用于远程汇报与跨地域协作。使用时需注意画面构图、音频质量及互动管理,以提升线上沟通效果。

③ 项目管理工具:包括 Jira、Trello 等,可实现任务分配、进度跟踪与风险预警,能够帮助团队高效协作。例如,通过看板视图直观展示任务状态,利用自动化流程减少重复性工作。

在实践过程中,如何根据行业变化与个人需求动态调整技能提升策略?

(二)数字化工具赋能

数字化工具通过其智能化、可视化与协同化的特性,重构了通用技能学习与应用的模式。在数字化时代,借助数字化工具可大幅提升通用技能培养的效率。数字化工具赋能主要体现在以下几方面,如图 7-11 所示。

图 7-11 数字化工具赋能

1. 理论方面的数字化工具赋能

数字化工具通过"技术中介学习"机制优化技能发展路径。例如,思维导图软件可将抽象的知识体系转化为可视化图谱,辅助用户进行知识整合与逻辑梳理。此外,数字化工具可以通过数据追踪与反馈机制,实现技能训练的精准化。例如,学习分析系统可记录用户的在线学习行为,生成个性化学习报告,帮助其识别能力短板,制订有针对性的技能提升计划。

2. 应用路径方面的数字化工具赋能

数字化工具围绕通用技能的不同维度形成差异化赋能。在信息处理方面,智能文献管理工具可自动抓取、分类学术资源,辅助用户高效撰写文献综述;数据可视化工具则可将复杂数据转化为直观的图表,使用户更容易分析数据。在沟通协作方面,视频会议软件支持多端实时互动,可结合虚拟白板功能,实现远程团队的高效讨论与创意碰撞。在时间管理方面,日程规划类应用可设置任务优先级、自动提醒,结合番茄工作法实现时间的精细化分配;专注类 App 可通过游戏化机制提高用户的专注力。

3. 通用技能提升方面的数字化工具赋能

大学生通用技能提升需借助数字化工具实现多维赋能。通过 Python 数据分析与可视化技术,可高效处理信息并形成决策逻辑;借助 Microsoft Office 系列及项目管理软件,可实现跨学科资源整合,培养协作能力与问题解决能力;将智能推荐算法与职业测评工具结合在一起,可以精准优化个性化发展路径,提升职业竞争力。

4. 动态评估方面的数字化工具赋能

若要提升通用技能,需建立动态评估机制,借助学习行为分析系统,实时监测技能发展情况并及时进行调整。此外,还需主动探索数字化工具的功能,建立"工具—技能—场景"的对应关系。例如,在课程作业、竞赛项目、实习实践中,可以根据需求选择合适的数字化工具,实现技能提升与工具应用的良性互动。

课堂互动

> 在使用数字化工具时应避免陷入"技术依赖"的误区,那么,是否应保持对其功能的批判性思考,理解其优势与劣势呢?是否需注重数字伦理与信息安全意识的培养?在使用数字化工具处理数据、传播信息时,是否应严格遵守学术规范与法律法规呢?

综上所述,数字化工具为通用技能提升提供了创新路径。通过合理选择工具、深度融入实践、完善保障机制,能够突破传统学习的时空限制,实现技能发展的智能化、个性化与终身化,从而在数字化时代构建核心竞争力。

实践与思考

1. 自我反思

反思自己在职业能力发展方面的优势和劣势。

2．专业能力精进计划

制订一个针对专业能力精进和通用技能提升的具体计划。

3．理论与实践

在实际工作中,通过调整计划来适应不断变化的工作需求。

拓展阅读

1.《能力陷阱》

作者:埃米尼亚·伊贝拉,王臻译

出版社:北京联合出版公司

出版时间:2019 年

推荐理由:该书探讨了过度依赖自身技能可能导致的职业发展瓶颈,提倡多元化能力培养。书中强调了领导能力的重要性,建议通过建立广泛的人际关系和接受新挑战来避免陷入能力陷阱。

书中金句:改变思想要从行动开始,只有先行动起来,才能知道自己真正需要什么,而不仅仅是思考。

2.《精进:如何成为一个很厉害的人》

作者:采铜

出版社:江苏凤凰文艺出版社

出版时间:2016 年

推荐理由:该书是自我提升方面的书籍,为读者提供了时间、选择、行动、学习、思维、才能、成功七个方面的精进路径,解答了大多数人在成长过程中经常遇到的问题,并且提出了一种有效的提升自我的方法。

书中金句:只要使用非常小的力量,就能达到意想不到的效果,这便是精进。

第八章　职业素养提升工程

项目导图

第八章　职业素养提升工程
├──学习目标
├──案例导入
├──第一节　职业道德体系构建
│　　├──职业道德概述
│　　├──职业道德体系的构建维度和构建框架
│　　├──职业道德的培养途径
│　　├──职业道德的培养过程
│　　└──职业道德培养的实施
├──第二节　职业适应能力培养
│　　├──职业适应能力的内涵与重要性
│　　├──职业适应能力的构成要素
│　　└──职业适应能力的培养途径
├──实践与思考
│　　├──职业道德自检任务
│　　├──适应能力训练设计
│　　└──案例优化分析
└──拓展阅读

学习目标

1. 理解职业道德的内涵与评价标准,能够在职场中践行职业操守。
2. 掌握职业适应能力的关键维度,学会通过场景化训练提升职场适应能力。
3. 能够结合案例分析,制订个人职业素养提升计划并对其进行持续优化。

案例导入

案例名称：从"职场新人"到"团队核心"的素养进阶之路。

案例描述：应届生小王入职某金融公司后，因缺乏职业素养而屡遭批评。

问题1：未遵守保密协议，向亲友透露未公开的业务数据（职业道德缺失）。

问题2：跨部门协作时沟通方式强硬，和同事产生矛盾（职业适应能力不足）。

通过参与公司"职业素养提升计划"，小王系统地学习职业道德规范，并完成沟通模拟训练与压力管理沙盘演练。一年后，他因严谨的职业态度与高效的协作能力晋升为项目主管。

第一节 │ 职业道德体系构建

在现代职业活动中，职业道德体系不仅仅是立身之本，更是维系行业健康发展、推动社会进步的重要基石。职业道德体系涵盖职业观念、职业态度、职业行为规范等多个层面，它通过内化于心的价值准则与外化于行的行为标准，能够使人们在复杂的职业环境中坚守底线、履行职责。本节将从职业道德的内涵与实践意义等出发，系统阐述职业道德体系的构建维度、构建框架等内容，提供全面且可操作的理论与方法指导。

第八章第一节

一、职业道德概述

职业道德既体现了社会道德的普遍要求，又具有鲜明的行业特性。

（一）职业道德的内涵界定与理论溯源

职业道德是指在职业活动中形成的具有职业特征的道德规范和行为准则，是社会道德在职业领域的具体体现。它以职业责任为核心，通过行业公约、规章制度、职业守则等形式，规范从业者的职业态度、职业行为和职业关系。

1. 职业道德的内涵界定

职业道德不仅可以调节从业者与服务对象、同事、社会之间的关系，也是维护行业秩序、促进职业发展的重要保障。从理论层面来看，职业道德的内涵融合了伦理学、社会学与职业教育学等多重维度，如图 8-1 所示。

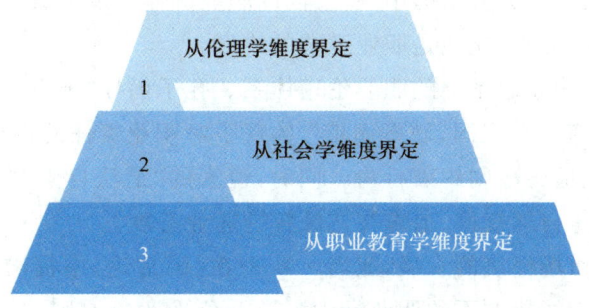

图 8-1 职业道德的内涵界定

① 从伦理学维度界定，职业道德包含义务论、目的论与美德论等多元伦理基础。义务论强调职业行为的规范性与责任性，如医生遵循希波克拉底誓言，教师恪守师德规范；目的论关注职业行为对社会福祉的贡献，如工程师追求技术创新，以推动社会进步；美德论则聚焦于从业者个人品质（如诚信、敬业、责任感等）的塑造。

如果你的职业规划是做一名医生，那么从伦理学维度分析职业道德该如何界定？

② 从社会学维度界定，职业道德是职业群体的文化符号与身份标识。不同行业形成的职业规范，如会计行业的《会计人员职业道德规范》、法律行业的《律师执业行为规范》，不仅约束了从业者的行为，还构建了行业的集体认同与声誉体系。此外，职业道德还具有动态演化特征，伴随着社会价值观变迁与技术革新，其内涵不断丰富。例如，在数字经济时代，职业道德新增了数据隐私保护、算法伦理等方面的要求。

③ 从职业教育学维度界定，职业道德被视为职业能力的重要构成。联合国教科文组织提出的"关键能力"框架将社会责任、职业伦理等素养纳入核心要素，强调职业道德与专业技能的协同发展。

职业道德教育是职业社会化的关键环节，能够帮助大学生完成从"学生身份"到"职业人身份"的角色转换，在这个转换过程中你是如何完成的？又是如何理解职业道德与专业技能协同发展的？

2. 职业道德的理论溯源

职业道德的理论渊源可追溯至人类早期社会分工与道德观念的交融。在原始社会末期，随着生产力的发展和社会分工的出现，不同的职业群体为规范成员行为、保障群体利益，自发形成了特定的行为准则，这便是职业道德的雏形。

在古代，儒家思想构建起系统的职业伦理体系。孔子倡导"敬事而信"，将敬业与诚信视为职业活动的核心，"道千乘之国，敬事而信"体现了对职业责任的重视；孟子提出"仁、义、礼、智"，要求从业者用道德准则约束行为。同时，道家的"道法自然""无为而治"理念，也影响着传统手工艺人尊重自然规律、追求技艺纯粹的职业态度。

随着工业革命与市场经济的发展，亚当·斯密在《国富论》中提出"经济人"假设与"看不见的手"理论，强调市场机制下的职业行为需遵循公平竞争原则；马克思则从劳动异化理论出发，揭示资本主义制度下职业活动的矛盾，为构建符合劳动者权益的职业道德体系提供批判视角。这些思想共同推动职业道德理论从经验性规范向系统化、科学化的规范发展，从而形成现代职业道德理论的多元框架。

(二)职业道德的核心价值与实践意义

职业道德的核心在于从业者恪守承诺、言行一致,对工作尽责、对客户负责,凭借精湛的技能与持续的学习提升服务品质,从而共同构筑职业行为的道德基石,保障行业健康发展。职业道德在实际应用中具有重要的作用,强调对现实世界产生的具体影响和实际效果。

1. 职业道德的核心价值

职业道德是职业活动中的基本准则与精神内核,其以责任为根基、以诚信为准则、以专业为追求、以奉献为导向。职业道德的实现既需要个体自律内化核心价值,也需要社会协同构建尊重规则、敬畏责任的文化生态,最终实现个人成长、行业发展与社会文明的良性互动。职业道德是个人职业发展的根基、行业可持续发展的保障、社会文明进步的基石,如图 8-2 所示。

图 8-2　职业道德的核心价值

(1) 个人职业发展的根基

职业道德是个人职业竞争力的深层支撑。研究表明,具有良好职业道德的从业者更易获得晋升机会与职业成就。例如:诚信品格有助于建立职业信用,使个体在商业谈判、团队协作中获得信任;敬业精神表现为对工作的专注与执着,能够驱动个人持续提升专业能力。

课堂互动

> 你是如何理解职业道德为职业选择提供价值指引的?它是否能帮助我们明确职业方向?是否能帮助我们避免因功利主义倾向而陷入职业倦怠?请展开讨论。

(2) 行业可持续发展的保障

职业道德是维护行业秩序、促进行业创新的重要力量。以医疗行业为例,医生遵循职业道德规范,能够减少过度医疗、医患纠纷,维护行业公信力。同时,职业道德激励从业者突破职业边界。

(3) 社会文明进步的基石

职业道德承载着社会伦理的价值取向。当每个职业群体恪守职业道德时,社会将形成良性运转的职业生态。例如,教育从业者践行师德,能够培养德才兼备的人才。此外,职业道德对社会风气具有示范效应,从业者的道德行为可激发公众的价值共鸣,推动社会主义核心价值观的实践落地。

2. 职业道德的实践意义

职业道德为职业活动提供明确的价值指引与行为准则,具有多维度的积极影响,其实践意义如图8-3所示。

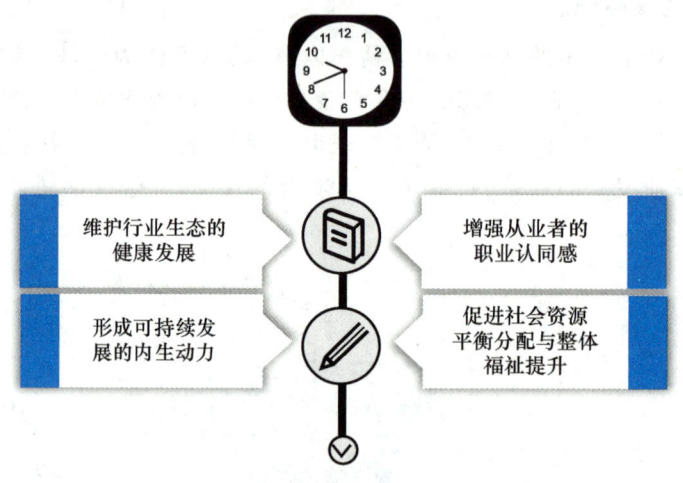

图8-3 职业道德的实践意义

① 职业道德通过规范从业者的行为边界,保障工作流程的合规性与有序性,维护行业生态的健康发展。

② 职业道德以诚信、责任等价值观为纽带,构建从业者与客户、同行及社会的信任关系,增强从业者的职业认同感,降低社会协作成本,提升资源整合效率。

③ 职业道德要求从业者以专业精神驱动自我完善,通过持续学习优化服务质量,从而推动技术创新与行业标准升级,形成可持续发展的内生动力。

④ 职业道德倡导的奉献理念引导从业者超越狭隘的功利主义世界观,注重社会效益与公共价值,从而促进社会资源平衡分配与整体福祉提升。

职业道德不仅是职业尊严的守护者,还是社会文明进步的基石,那么你计划如何在实践中践行职业道德,实现个人价值与社会价值的和谐统一?

二、职业道德体系的构建维度和构建框架

大学生职业生涯规划中,职业道德体系的构建是一项系统性工程,涉及认知、情感、行为

等多维度要素的协同发展。该体系不仅是个人职业价值观的具象化呈现,也是职业素养与社会规范深度融合的产物。

(一)职业道德体系的构建维度

职业道德体系的构建需从职业价值观塑造、行业规范与制度建设、道德情感与自我约束、职业伦理决策能力四个维度入手,形成"知、情、意、行"的有机统一(图8-4)。

图 8-4　职业道德体系的构建维度

1. 职业价值观塑造

职业价值观是职业道德的内核,决定了从业者的行为方向。它包括对职业意义的认知、对利益关系的判断以及对责任边界的界定。例如,教师的职业价值观强调"立德树人",要求从业者以培养学生全面发展为己任,不能单纯追求教学业绩。

2. 行业规范与制度建设

行业规范与制度是职业道德的具体化表现,通过明确的行为准则指导从业者实践。例如:《中国注册会计师职业道德守则》对审计独立性、保密义务等作出了详细规定;《中国新闻工作者职业道德准则》要求记者恪守真实性原则,杜绝虚假报道。

3. 道德情感与自我约束

道德情感是驱动行为的内在动力,包括职业荣誉感、责任感与同理心等。例如,医护人员在抗疫一线的坚守,不仅源于职业规范,还源于对生命的敬畏与守护他人健康的使命感。自我约束则体现为从业者的自律意识,从业者要具有"慎独"精神,在无人监督时仍坚守道德底线。

4. 职业伦理决策能力

面对复杂的道德困境,从业者须具备理性分析与价值判断的能力。例如:当企业利益与环境保护发生冲突时,企业需权衡短期经济收益与长期社会责任;在患者家属要求隐瞒病情时,医生需在尊重患者的知情权与保护其心理状态之间寻求平衡。这种职业伦理决策能力需要通过案例分析、伦理推理训练等方法来培养。

> 课堂互动
>
> 你认为职业道德体系构建从上述四个维度入手是否正确？你对"知、情、意、行"的有机统一是如何理解的？

（二）职业道德体系的构建框架

职业道德体系需围绕理论基础、核心要素、实践策略三个层面构建，如图8-5所示。

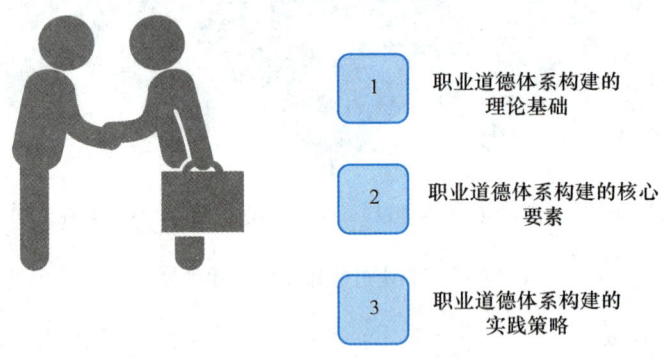

图8-5　职业道德体系的构建框架

1. 职业道德体系构建的理论基础

职业道德体系的构建需依托伦理学、社会学与职业心理学的理论。

① 从伦理学视角来看，职业道德遵循义务论、目的论与美德论等的伦理逻辑：义务论要求从业者遵守行业准则与法律规范；目的论注重行为后果的社会价值，倡导职业活动服务于公共利益；美德论注重对诚信、友善、敬业等核心美德的培育。

② 在社会学领域，职业社会学理论指出，职业道德是职业群体文化的重要组成部分，通过职业社会化过程实现代际传承；符号互动理论强调，从业者在职业活动中通过互动形成对职业道德的共同认知与实践标准。

③ 职业教育学研究表明，职业道德的内化与个体职业认同、职业承诺密切相关，影响职业决策与职业发展路径选择。

2. 职业道德体系构建的核心要素

职业道德体系构建的核心要素包括以下五个方面，如图8-6所示。

（1）职业价值观要素

职业价值观是职业道德体系的核心导向，反映个体对职业意义、价值与目标的认知。其内涵包括三个维度：一是社会价值导向，如追求职业对社会进步的贡献；二是个人价值实现，如通过职业发展满足自我成长需求；三是伦理价值坚守，如秉持公平正义、诚实守信等原则。

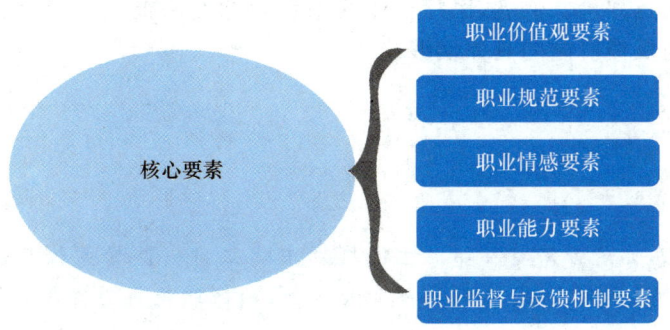

图 8-6　职业道德体系的核心构建要素

你如果是教育行业的从业者,那么是否会以"立德树人"作为职业价值观?是否会自觉将师德规范融入教学实践之中?你如果是环保行业的从业者,那么是否会秉持"可持续发展"理念?是否会在职业活动中注重资源保护与生态平衡?请展开讨论。

（2）职业规范要素

职业规范是从业者的行为准则,具有强制性与约束性。其构成包括:行业法律法规,如《中华人民共和国劳动法》《中华人民共和国医师法》等;组织规章制度,如企业员工手册、单位内部管理制度;职业技术标准,如工程建设规范、医疗操作流程等。职业规范通过明确行为边界,保障职业活动的合法性、公正性与专业性。例如,会计行业的《中国注册会计师职业道德守则》要求从业者遵循财务核算规范,避免财务造假。

（3）职业情感要素

职业情感是从业者对职业的认同感、责任感与归属感,是职业道德内化的心理基础。积极的职业情感能够激发从业者的内在动力,促使其主动践行职业道德。例如,教师对教育事业的热爱会转化为对学生的关怀与对教学的投入。职业情感的培养需通过职业体验、榜样示范与情感共鸣实现,例如,聆听优秀从业者的事迹分享等活动可增强从业者与职业的情感联结。

（4）职业能力要素

职业能力不仅包括专业技能,还涵盖伦理判断能力、冲突解决能力等软技能。伦理判断能力要求从业者在复杂情境中识别道德问题,运用伦理原则做出决策;冲突解决能力涉及在职业活动中平衡多方利益,化解道德困境。例如,当企业面临经济效益与环境保护的冲突时,从业者需运用伦理判断能力评估决策后果,选择符合社会利益的解决方案。职业能力需通过案例教学、情景模拟等方式培养。

（5）职业监督与反馈机制要素

职业监督与反馈机制是职业道德体系的保障系统,通过外部约束与内部反思可促进从业者的行为修正。外部监督包括行业协会监管、舆论监督、法律制裁等;内部反馈依赖从业者的自我反思与同行评价。例如,医疗行业的患者满意度调查、学术领域的同行评审制度,均属于职业监督与反馈机制的具体实践。

作为大学生,你是否需要在职业生涯规划中建立自我监督意识?是否需要通过实习评价、职业行为记录等方式及时调整职业行为,确保职业行为符合职业道德要求?

3. 职业道德体系构建的实践策略

职业道德体系的构建需兼顾理念引导与制度约束,形成系统化、动态化、可操作的实践行为。并且,职业道德体系的构建需实现"价值共识-制度保障-技术支撑"三元融合,形成从理念倡导到行为约束的完整闭环,最终推动职业道德从外部规训转向内生自觉,为可持续发展与社会体系加固提供持久动力。职业道德体系构建的实践策略如图 8-7 所示。

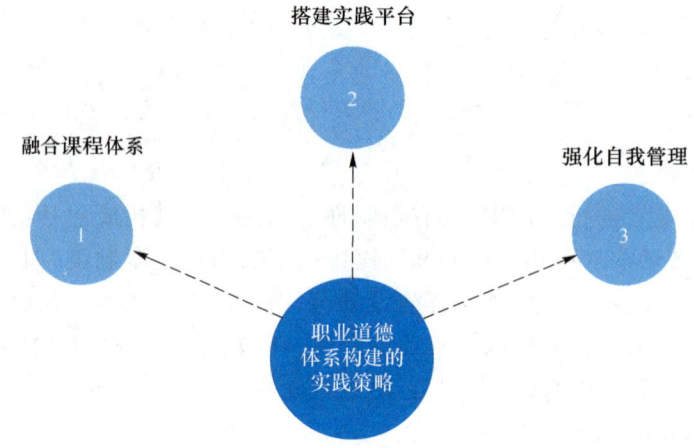

图 8-7 职业道德体系构建的实践策略

(1) 融合课程体系

在专业课程中,学生可结合行业案例理解职业道德规范,如在法学课程中,分析法律伦理困境;在计算机课程中,探讨数据安全责任;在通识课程中,学习职业伦理与社会责任等,系统理解伦理学理论与职业伦理知识。同时,可采用案例教学、小组讨论、角色扮演等方法,增强学生对职业道德的理解与应用能力。

(2) 搭建实践平台

实习实践是职业道德体系构建的关键环节。可在实习过程中对学生开展职业伦理教育。学生可听导师讲解行业道德规范,参加职业行为模拟训练,积极参与志愿服务、社会实践项目,以在服务社会中强化责任意识与培养奉献精神。此外,通过参加职业技能竞赛、创新创业项目,学生可培养在竞争与合作中的道德素养。

(3) 强化自我管理

学生可将职业道德内化于日常学习与生活。例如:学生可通过制订个人职业发展规划,明确职业道德目标;利用职业日志记录职业行为与反思,定期评估自身道德表现;通过参与职业社团、行业论坛等活动,与同行交流职业伦理经验,拓宽职业视野。同时,学生可以关注行业动态与伦理争议,如人工智能伦理、绿色发展等议题,培养具有前瞻性的职业道德思维。

在职业道德体系的构建过程中,需整合职业价值观、职业规范、职业情感、职业能力以及职业监督与反馈机制等核心要素,协同推进课程教育、实践锻炼与自我管理,实现职业道德从认知到行为的转化。

通过以上学习,你是如何理解职业道德体系的完善不仅有助于自己实现个人职业理想,还对维护行业秩序、推动社会进步具有深远意义的?

三、职业道德的培养途径

在职业生涯规划中,职业道德培养是塑造全面发展的职业人才的关键环节。下面从图 8-8 所示的三方面讲述职业道德的培养途径。

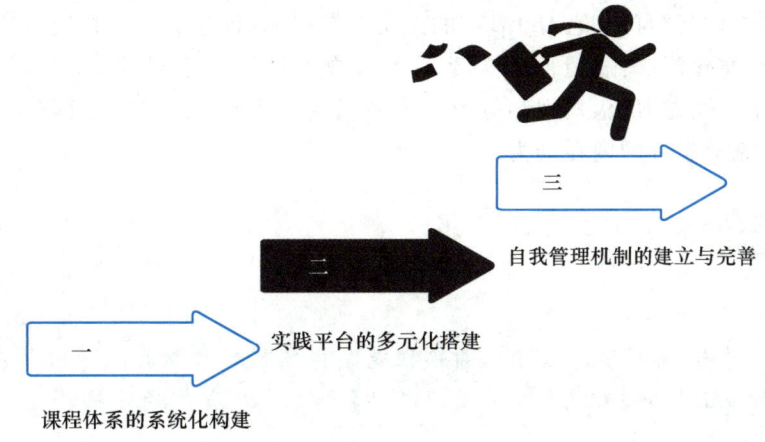

图 8-8　职业道德的培养路径

1. 课程体系的系统化构建

通识课程筑基:通过"职业伦理与社会责任""法律与职业道德"等通识必修课,系统学习伦理学的基本理论、职业伦理规范及法律责任。通过案例分析、小组辩论等形式,理解职业道德的核心价值。例如,以"企业数据泄露事件"为案例,探讨数据安全伦理与从业者责任。

专业课程融合:在专业教学中嵌入职业道德内容,将行业规范、职业标准与课程内容深度融合。例如,医学专业结合希波克拉底誓言讲解医患伦理,工程专业通过工程事故案例分析职业责任与技术伦理,让大学生在专业学习中潜移默化地形成职业操守。

实践课程深化:通过职业模拟实践课程,利用虚拟仿真技术构建职场场景。例如,通过模拟商务谈判、项目管理等情境,可以让大学生在解决实际问题的过程中体验职业道德困境,学习伦理决策方法,培养在复杂环境中坚守道德底线的能力。

2. 实践平台的多元化搭建

实习实训强化：在校企合作建立的实习基地中，将职业道德培养纳入实习考核体系。在实习过程中，指导大学生遵守行业规范，例如，在会计实习中强调财务信息真实性原则，在新闻实习中强调新闻客观性准则。通过实习总结与反思报告，可将实践经验转化为道德认知。

社会实践拓展：参与志愿服务、社会调研等实践活动，在服务社会中培育责任意识与奉献精神。例如，大学生可通过参与乡村支教活动培养教育情怀，通过参与社区环保调研活动强化可持续发展理念，使职业道德从职业领域延伸至社会生活。

竞赛活动激励：参加职业伦理主题竞赛活动，如"职场伦理案例分析大赛""职业道德情景剧展演"等，以赛促学。在竞赛准备过程中深入研究行业伦理问题，在展示与交流中提升道德判断能力与表达能力。

3. 自我管理机制的建立与完善

职业价值观塑造：制订个性化职业生涯发展规划，明确职业目标与道德准则。通过职业测评、生涯访谈等方式，探索自身价值观与职业的契合点，例如，利用"职业价值观卡片"工具，引导梳理诚信、创新、服务等核心价值观，形成职业行为指南。

反思与评估体系：建立职业行为反思日志制度，要求大学生定期记录实习、学习中的道德实践心得与困惑，分析自身行为与职业道德要求的差距。同时，引入同伴互评、教师点评等多元评价方式，构建"自我-他人-环境"的三维反馈机制，促进大学生持续进步。

榜样引领与文化浸润：邀请行业楷模、优秀校友开展职业伦理讲座，分享职业成长经历与道德坚守故事。通过海报、短视频等形式传播职业道德理念，营造崇尚职业精神的校园氛围，激发大学生见贤思齐的内在动力。

通过以上学习，你对职业道德培养路径是怎样理解的？职业道德培养是否会助力你形成稳固的职业操守，为将来职业发展与社会贡献奠定坚实的基础？

四、职业道德的培养过程

职业道德的培养是一个长期且系统的过程，需从教育引导、实践锻炼、构建长效约束机制等多维度协同推进，如图 8-9 所示。

图 8-9 职业道德的培养过程

1. 教育引导

课程体系建设：在职业教育与培训中设置专门的职业道德课程，结合行业特点讲解职业规范与伦理案例。

案例教学法：选取真实的职业道德案例进行分析，讲述行为后果与道德责任。

榜样示范：邀请行业楷模分享职业经历，发挥其示范引领作用。

2. 实践锻炼

岗位实践：将职业道德要求融入具体工作流程。

项目化学习：让从业者参加包含道德困境的实践项目。

志愿服务：鼓励从业者参与社会公益活动，从而增强其社会责任感。

3. 构建长效约束机制

组织监督：建立职业道德监督委员会，定期检查行为的合规性。

社会监督：通过媒体曝光、消费者投诉等方式形成外部压力。

自我反思：引导从业者通过定期开展职业道德自评、撰写反思报告、参与小组讨论等方式发现自身不足。

【课堂互动】

职业道德培养是一个长期且系统的过程，你计划如何从教育引导、实践锻炼、构建长效约束机制等多维度协同推进？

五、职业道德培养的实施

下面从理论依据、核心原则与保障机制三个维度介绍职业道德培养的实施，如图 8-10 所示。

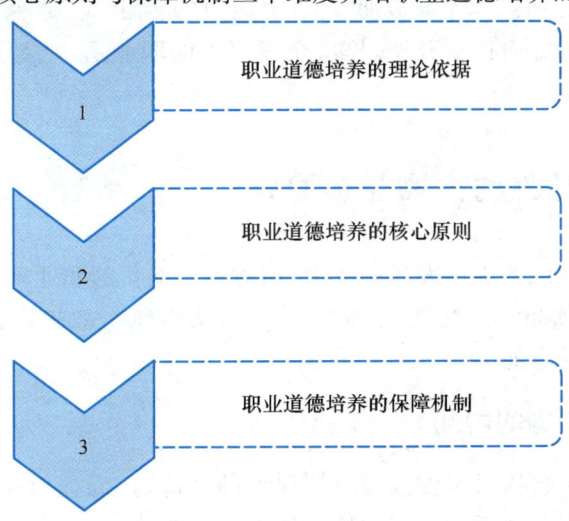

图 8-10　职业道德培养的实施

1. 职业道德培养的理论依据

职业道德培养的理论依据根植于马克思主义关于人的全面发展理论，它强调职业道德是个人社会化与价值实现的核心环节。市场经济需要具备责任意识、团队精神的从业者，在企业用人标准中职业道德的权重超过专业技能的现实印证了其必要性。

2. 职业道德培养的核心原则

职业道德培养需遵循知行合一、循序渐进、个性化引导三大原则，将理论认知与实践体验相结合，根据成长规律分阶段推进，并关注个体职业发展需求差异。

3. 职业道德培养的保障机制

师资队伍建设：加强教师职业道德教育能力培训，鼓励教师开展职业伦理教学研究，将最新行业案例与研究成果融入教学。建立跨学科教学团队，整合伦理学、法学、社会学等学科资源，提升教学的专业性与深度。

校企协同育人：高校与企业共建职业道德培养基地，共同制订培养方案、开发课程资源、设计实践项目。企业为学生提供真实的职场场景，高校为企业输送具备道德素养的人才，双方形成互利共赢的育人模式。

政策与制度支持：高校制订职业道德培养专项规划，将其纳入人才培养质量评价体系。设立专项经费支持相关课程开发、实践活动与研究项目，完善激励机制，对在职业道德培养中表现突出的师生给予表彰与奖励。

在职业道德培养过程中，需通过课程教育筑牢理论根基，依托实践平台深化行为体验，借助自我管理实现持续成长，并依靠多元保障机制确保实施效果。

第二节 职业适应能力培养

在当今快速发展的社会经济环境下，职业适应能力已成为职业生涯成功发展的核心要素之一。本节将从职业适应能力的内涵、重要性、构成要素以及培养途径等方面进行介绍，提供全面深入的职业适应能力培养指导。

第八章第二节

一、职业适应能力的内涵与重要性

职业适应能力是在职业生涯发展过程中，面对不断变化的职业环境、工作任务和人际关系，能够主动调整自身知识、技能、态度和行为模式，从而有效完成工作任务、实现职业目标、促进个人职业发展的综合能力。

（一）职业适应能力的内涵

职业适应能力不仅包括对工作岗位具体要求的适应，还涵盖对组织文化、行业变革、职场人际关系等多方面因素的适应。职业适应能力是一个动态的、发展性的概念，它随着职业经历的丰富和职业环境的变化在不断演变。下面从心理学角度和社会学角度分析职业适应能力的内涵，如图 8-11 所示。

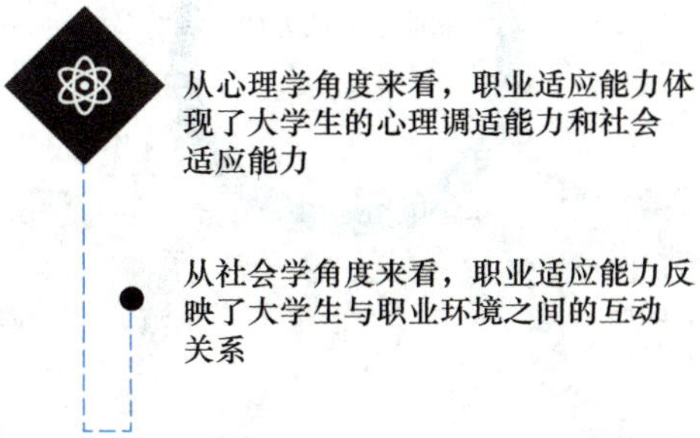

从心理学角度来看，职业适应能力体现了大学生的心理调适能力和社会适应能力

从社会学角度来看，职业适应能力反映了大学生与职业环境之间的互动关系

图 8-11　职业适应能力的内涵

从心理学角度来看，职业适应能力体现了大学生的心理调适能力和社会适应能力。在面对新的职业情境时，需要克服由环境变化带来的焦虑和不安，通过积极的认知调整和行为改变，建立起与新环境相适应的心理状态和行为模式。

　　如果你是一名员工，要从传统制造业岗位转向智能制造业岗位，那么你是否需要学习新的技术知识和操作技能、调整工作思维方式，以适应智能化生产的节奏和要求？这一过程中所展现出的心理调适能力和行为改变能力，就是职业适应能力的重要体现。这些能力你是否具备？

从社会学角度来看，职业适应能力反映了大学生与职业环境之间的互动关系。在职业活动中，需要与同事、上级、客户等建立良好的人际关系，融入组织文化，遵循行业规范和职业道德。良好的职业适应能力有助于在职业群体中找到自己的位置，获得他人的认可和支持，从而更好地实现个人职业价值。

（二）职业适应能力的重要性

职业适应能力是大学生从校园迈入职场、实现角色转换的核心竞争力，其重要性体现在促进职业成长、增强职业竞争力与提升职业满意度三个层面，是应对快速变迁的职业生态、实现可持续成长的关键素养（图 8-12）。

1. 促进职业成长

在职业生涯中，具备较强的职业适应能力有助于大学生较快地掌握新的工作技能、适应新的工作岗位要求，从而获得更多的职业发展机会。职业适应能力能够帮助大学生在不同的职业阶段和岗位之间顺利过渡，不断拓展自己的职业领域，实现职业成长。

2. 增强职业竞争力

在激烈的就业市场竞争中，职业适应能力是个体脱颖而出的关键因素之一。企业在招聘人才时，越来越注重应聘者的综合素质和职业适应能力。应聘者如果具有良好的职业适

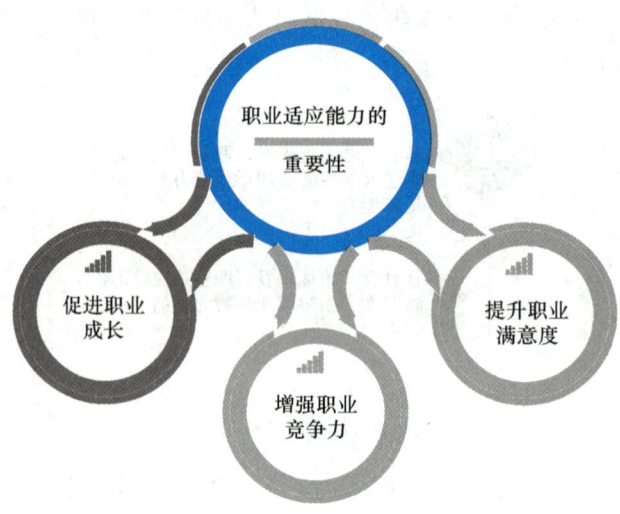

图 8-12　职业适应能力的重要性

应能力,则能够在面对复杂多变的工作任务时,迅速调整状态,展现出较强的工作能力和应变能力,从而在众多竞争者中占据优势。

在一些跨行业、跨领域的项目中,你是否能够快速适应新行业、新领域的工作要求,更容易成为项目的核心成员,为企业创造更大价值,同时提升自身的职业竞争力?请展开讨论。

3. 提升职业满意度

一个人如果能够顺利适应职业环境,高效完成工作任务,就会获得成就感和满足感,从而提升职业满意度。职业适应能力强的人能够更好地处理工作中遇到的问题,保持积极的工作态度和心理状态。职业适应能力不足的人往往会在工作中感到力不从心,产生焦虑、抑郁等负面情绪,从而降低工作积极性和职业满意度。

职业适应能力是抵御职业不确定性、实现自我价值与组织目标动态契合的"软实力"。大学生只有把自己塑造成"适应力驱动型"人才,才能接受未来职业世界中的复杂性与流动性挑战。

二、职业适应能力的构成要素

职业适应能力是在职业环境中实现角色转换、持续发展的综合素养,下面从知识与技能、心理与态度、社会与环境、持续发展与适应四个维度来讲其构成要素,各维度相互关联、动态协同,共同支撑个体职业适应能力的有效提升(图 8-13)。

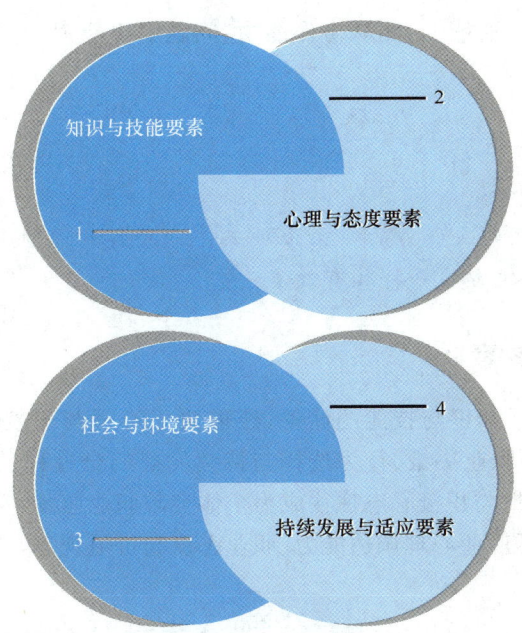

图 8-13 职业适应能力的构成要素

（一）知识与技能要素

职业适应能力是在职场中立足与发展的核心支撑，其本质是知识储备与技能应用的有机统一。知识与技能并非孤立存在，知识是技能的理论根基，技能是知识的实践外化，二者的动态融合构成职业适应能力的完整图谱。知识与技能要素包括图 8-14 所示的两方面。

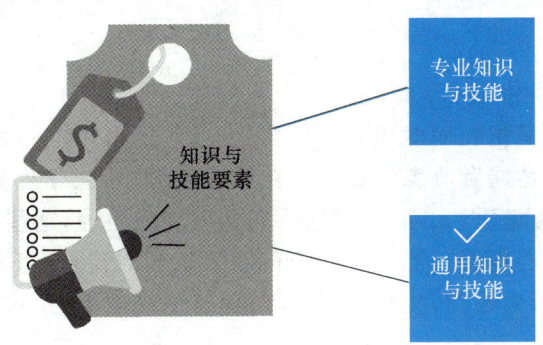

图 8-14 知识与技能要素

1. 专业知识与技能

扎实的专业知识是适应职业岗位的基础。不同的职业岗位对专业知识与技能有不同的要求，大学生只有具备与职业岗位相匹配的专业知识与技能，才能胜任工作任务，实现职业适应。

2. 通用知识与技能

除了专业知识与技能外，通用知识与技能也是职业适应能力的重要组成部分。通用知识包括语文、数学、外语、计算机等基础知识，这些知识是个体进行学习、工作和生活的基本工具。通用技能则涵盖沟通能力、团队协作能力、问题解决能力、时间管理能力等。

> 你是如何理解问题解决能力的?在面对工作中的各种问题和挑战时,你是否能够迅速分析问题、提出解决方案并将其有效实施?

(二)心理与态度要素

职业能力不仅取决于知识与技能的储备,还取决于心理与态度。心理与态度要素是职业能力的隐性支撑,贯穿职业决策、行为选择与持续发展的全过程。尤其在存在高度不确定性的职业环境中,心理韧性与积极心态往往成为个体突破职业瓶颈、实现价值跃迁的核心竞争力。心理与态度要素包括职业心理调适能力、职业态度与价值观等,如图8-15所示。

图8-15 心理与态度要素

1. 职业心理调适能力

职业心理调适能力是指在面对职业环境变化、工作压力和挫折时,能够调整自己的心理状态,保持积极、稳定的情绪和心态的能力。在职业生涯中,大学生不可避免地会遇到各种困难和挑战,如工作任务繁重、人际关系紧张、职业发展受阻等,这些都可能对心理产生负面影响。具备良好的职业心理调适能力有助于正确认识和对待这些困难和挫折,通过积极的心理暗示、情绪调节和行为改变,缓解心理压力,保持乐观向上的心态。

> 当你面对工作任务紧急、压力较大的情况时,你是否能够通过合理安排工作时间、调整工作节奏、进行适当的运动和休息等方式,调节自己的情绪和心理状态,避免因过度焦虑而导致工作效率下降?

2. 职业态度与价值观

职业态度是对职业活动的看法和行为倾向,它直接影响工作积极性和工作绩效。积极的职业态度表现为对工作充满热情、认真负责、勇于担当、乐于奉献等。

如果你是一名教师，怀着对教育事业的热爱和责任感，全身心投入教学工作中，精心备课、认真授课、耐心辅导学生，那么这种积极的职业态度是否有助于在教育岗位上取得良好的教学效果，实现职业适应和发展？

职业价值观是对职业价值的认识和评价，它影响着职业选择和职业行为。不同的人具有不同的职业价值观，有些人重视职业的稳定性和安全感，有些人追求职业的成就感和社会地位，有些人注重职业与个人兴趣和生活的平衡。明确自己的职业价值观，有助于选择适合自己的职业，并在职业生涯中保持坚定的信念和方向，更好地适应职业环境。

（三）社会与环境要素

职业适应能力的形成与发展始终嵌套于社会网络与经济环境的复杂系统中。大学生不仅仅是知识与技能的承载者，更是社会关系的参与者、环境变迁的应对者。在培养职业适应能力的过程中，须将社会嵌入性与环境适应性置于核心地位，构建开放、动态的育人生态系统。社会与环境要素包括人际关系适应能力、组织文化与环境适应能力等，如图 8-16 所示。

图 8-16　社会与环境要素

1. 人际关系适应能力

在职业活动中，需要与各种人（包括同事、上级、客户等）建立良好的人际关系。人际关系适应能力是指在不同的人际关系环境中，与他人和谐相处、有效沟通、相互协作的能力。具有良好的人际关系适应能力有助于获得他人的支持和帮助，提高工作效率和工作质量，同时也能创造一个愉快、和谐的工作氛围。

2. 组织文化与工作环境适应能力

每个企业都有其独特的组织文化和工作环境，包括企业的价值观、经营理念、管理模式、工作氛围等。当进入一个新的企业或组织时，需要适应其组织文化和工作环境，这样才能更好地融入其中，发挥自己的才能。组织文化与工作环境适应能力是指大学生能够理解和接受企业的组织文化和工作环境，调整自己的行为和思维方式，使其与企业的要求相符合的能力。

（四）持续发展与适应要素

在技术迭代加速、行业边界模糊的现代职场中，一次性知识储备已无法满足职业发展需求,持续学习与自我革新能力成为职业适应能力的终极保障。持续发展与适应要素包括图 8-17 所示的三方面。

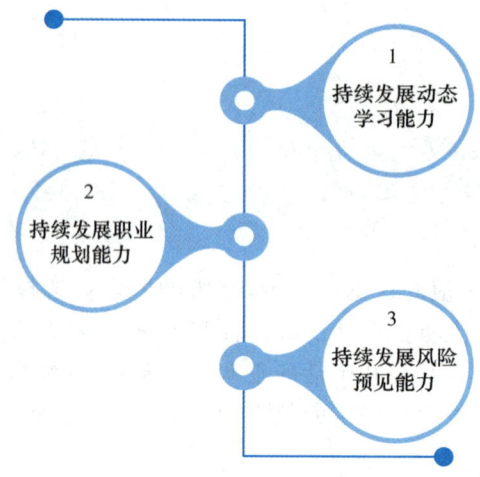

图 8-17 持续发展与适应要素

1. 持续发展动态学习能力

持续发展动态学习能力要求建立开放的知识更新系统,可通过行业报告研读、在线课程学习、技术社群参与等方式追踪前沿趋势。

2. 持续发展职业规划能力

持续发展职业规划能力强调基于环境的变化动态调整目标,需定期评估能力与岗位的匹配度,识别职业瓶颈的早期信号,并通过技能补充或路径转换实现职业价值重塑。

3. 持续发展风险预见能力

持续发展风险预见能力则体现为对技术替代、政策调整等外部冲击的前瞻性应对,要求增强行业洞察力与培养跨界思维,从看似无关的信息碎片中识别潜在危机。

职业适应能力的各个维度构成相互关联的动态系统:心理适应提供应对挑战的内在稳定性,技能适应赋予解决问题的实践工具,社会适应搭建组织协作的关系网络,持续发展驱动能力体系的迭代升级。教育与实践的双向赋能可帮助大学生构建面向未来职业世界的适应能力体系。

三、职业适应能力的培养途径

培养职业适应能力需从职业认知、实践积累、核心职业素养培养、心理调适及资源整合五个方面系统推进,具体培养途径如下。

(一)明确职业定位,构建发展框架

职业适应能力的根基在于清晰的职业规划。应通过行业调研、岗位分析明确职业目标,结合个人兴趣与市场需求制订分阶段发展路径。例如,可参加职业生涯规划课程、企业开放

日活动等,加深对职业生态的认知,将抽象的职业理想转化为具体的行动计划。

(二)强化实践历练,积累职场经验

实习与兼职是跨越校园与职场鸿沟的关键桥梁。通过在真实工作场景的浸入式体验,大学生不仅能掌握专业技能,还能学习工作流程规范、组织文化适应等隐性知识。建议选择与目标岗位关联度高的实践机会,并在过程中主动观察、记录与反思,如可在实习日志中总结跨部门协作的经验或与客户沟通的技巧。

(三)培养核心职业素养

增强复合能力:除了需学习专业知识外,还需增强沟通表达、团队协作、问题解决等通用能力。例如,可通过参与辩论赛提升逻辑表达能力,通过科创项目锻炼项目管理能力,借助社团活动培养领导力。

建立持续学习机制:建立"行业趋势分析+技能迭代"的学习闭环,利用慕课平台学习前沿技术,定期阅读行业白皮书,参与专业认证考试,以保持竞争力。

培养创新思维:通过参加案例研讨会、商业模拟竞赛等方式训练批判性思维,学会在复杂情境中提出创新解决方案。

(四)强化心理韧性建设

职业适应过程本质上是心理调适过程。需建立"变化即机遇"的认知模式,通过压力管理训练、挫折情景模拟提升抗压能力。同时,需加强自我认知,通过职业测评工具了解自己的性格特质与职业倾向,从而减少因角色模糊而导致的适应障碍。

(五)构建职业支持网络

整合校内外资源,形成赋能体系:与专业教师探讨行业动态,向校友咨询职场生存法则,通过 LinkedIn 等平台连接行业专家。积极参与企业参访、职业沙龙等活动,建立动态更新的职业信息库,为适应不同的职场环境储备资源。

职业适应能力是职业生涯实现可持续发展的关键能力。在当今快速变化的社会经济环境下,提升职业适应能力具有重要意义。通过持续学习、积极参与社会实践、培养良好的心理素质和职业态度等多种途径,可以有效地培养和提升职业适应能力。希望通过对本节内容的学习,大学生能够更好地理解职业适应能力的内涵和重要性,掌握职业适应能力的培养途径,在职业生涯中不断提升自己的职业适应能力,实现个人职业目标和人生价值。

实践与思考

1. 职业道德自检任务

根据所学知识完成自我评估,列出三种职业道德培养方法。

2. 适应能力训练设计

针对"跨文化团队协作"场景,设计一套包含角色分工与冲突解决流程的模拟方案。

3. 案例优化分析

假设某员工因缺乏抗压能力而频繁离职,请为其提出包含心理辅导与技能培训的干预计划。

 **拓展阅读**

1.《玩转 DISC:做职场与人生的赢家》

作者:桓佳笈

出版社:上海交通大学出版社

出版时间:2018 年

推荐理由:该书从行为心理学的角度切入,介绍了如何运用"DISC"这一行为风格测评工具了解自我、认识他人,进而对自身的行为方式做出调适。该书将理论注解和案例分析相结合,详尽解析了 D、I、S、C 四种行为风格类型的划分标准和特征,并进一步针对人际沟通、压力管理、职业选择、婚姻关系、子女培养等几大主题,为每一种类型的人提供了具体的建议,并辅以多种练习和测评实例,意在帮助读者借助这一心理认知的工具,在人际交往、职业规划等人生"课题"中成为更好的自己。

书中金句:每个人都有自己独特的 DISC 组合,这些组合反映了每个人在决策、沟通、社交等方面的偏好和特点。通过了解自己的 DISC 组合,我们可以更好地认识自己,从而在工作和生活中做出更明智的选择。

2.《非暴力沟通》

作者:马歇尔·卢森堡,阮胤华译

出版社:华夏出版社

出版时间:2009 年

推荐理由:该书向读者阐述了语言的暴力,扩大了读者对语言暴力的认知范围,同时描述了一种沟通方式,依照它来谈话和聆听,能使人们情意相通、和谐相处,这就是"非暴力沟通"。

书中金句:非暴力沟通(NVC)的目的是通过建立联系使我们能够理解并看重彼此的需要,然后一起寻求方法满足双方的需要。换言之,NVC 提供具体的技巧来帮助我们建立联系,使友爱互助成为现实。

参考文献

[1] Spady W. Outcome-based education:critical issues and answers[M]. Arlington:The American Association of School Administrators. 1994.

[2] 顾佩华.基于"学习产出"(OBE)的工程教育模式——汕头大学的实践与探索[J].高等工程教育研究,2014(1):27-37.

[3] 李志义,朱泓,刘志军,等.用成果导向教育理念引导高等工程教育教学改革[J].高等工程教育研究,2014(2):29-34,70.

[4] Holland J L. A theory of vocational choice[J]. Journal of Counseling Psychology,1959,6(1):35-45.

[5] 朱其慎.OBE视角下应用型本科工商管理类学生双创能力实证研究[J].滁州学院学报,2021(4):104-109.

[6] 教育部.国家中长期教育改革和发展规划纲要(2010—2020年)[EB/OL]. http://www. moe. gov. cn/jyb_xwfb/s6052/moe_838/201008/t20100802_93704.html.

[7] 岑逾豪.大学生成长的金字塔模型——基于实证研究的本土学生发展理论[J].高等教育研究,2016(10):74-80.

[8] 窦丽华.职业生涯规划教育困境与对策研究[J].贵州师范大学学报(社会科学版),2013(5):138-142.

[9] 高建华,杜学元.浅谈如何指导大学生进行职业生涯规划[J].内蒙古师范大学学报(教育科学版),2006(9):116-118.

[10] 高寒.基于OBE理念下辅导员引领大学生职业生涯规划实践体系研究——以吉林化工学院为例[J].农家参谋,2020(16):44.

[11] 梅文静,万慧琳.职业生涯辅导对大学生自我发展作用的案例研究——基于OBE教育理念的视角[J].吉林教育,2018(28):42-44.

[12] 康仕林.大学生的职业规划与就业指导——评《大学生职业生涯规划与就业创业指导》[J].高教发展与评估,2018(5):127.

[13] 钱思宇.探研基于OBE理念下的大学生职业生涯规划指导[J].大众标准化,2019(16):40,42.

[14] 刘文.基于OBE理念下辅导员引领大学生职业生涯规划实践研究[J].科技视界,2020(27):168-169.

[15] 张英.当代大学生职业价值观的形成与职业价值观教育途径探索[J].产业与科技论坛,2014(22):168-169.

[16] 郑洁,阎力.职业价值观研究综述[J].中国人力资源开发,2005(11):11-16.

[17] 侯祎,李永鑫.研究生职业价值观的定量比较研究[J].社会心理科学,2005(20):5-7.
[18] 何秋霞.职业价值观研究综述[J].南昌教育学院学报,2012(8):141,145.
[19] 王玉珅,柳楠.职业价值观研究综述[J].人力资源管理,2014(6):53-55.
[20] 张存库.九十年代大学生的职业价值观[J].青年探索,2000(1):42-45.
[21] 刘广珠,赵淑萍.职业价值观的研究与应用[J].青岛化工学院学报(社会科学版),2001(1):47-49.
[22] 罗秀英,熊书银.大学生职业价值观研究述评[J].重庆科技学院学报,2006(2):111-112,123.
[23] 张强.职业素养训练手册[M].北京:机械工业出版社,2021.
[24] 卢森堡.非暴力沟通[M].刘轶,译.北京:华夏出版社.2021.
[25] 人力资源和社会保障部.企业员工职业道德建设白皮书[R].2023.
[26] 李华.职场适应力模型构建与实证研究[J].中国人力资源开发,2022(5):45-52.
[27] 金鑫.基于OBE理念的大学生思想教育与素质发展研究[J].现代职业教育,2017(7):22-23.
[28] 林振昊,陈雯.OBE理论视角下中职专业建设策略研究——以新能源汽车维修技术专业为例[J].机械职业教育,2017(2):14-18.
[29] 于珊.基于OBE理念的高职《建筑企业经营管理课程标准》的研究与实施[J].内蒙古教育(职教版),2016(8):58-59.
[30] 陈燕升,李宗儒,吴忠坤,等.OBE视角下的高职工科类专业教育模式研究设计[J].广东轻工职业技术学院学报,2017(3):54-57.
[31] 陆杰."学习产出"教育模式在高校教育中的应用研究[J].中国教育信息化,2017(6):48-50.
[32] 乔燕."学习产出"模式在地方高校人才培养中的实践[J].教学探索,2018(5):72-74.
[33] 张男星,张炼,王新凤,等.理解OBE:起源、核心与实践边界——兼议专业教育的范式转变[J].高等工程教育研究,2020(3):109-115.
[34] 邹琼.工程教育中推行OBE模式的问题与思考[J].高等理科教育,2017(4):72-76.
[35] 韩姗杉,王征."以OBE理念推动人才培养持续改进"——北理工专业建设工作推进纪实[EB/OL].[2017-12-01].http://www.bit.edu.cn/xww/lgxb21/148360.htm.
[36] 李扬,顾佩华.汕大将与汕头一同腾飞[N].汕头日报,2016.
[37] 段雄春.应用型本科教育课程设置与开发[J].东莞理工学院学报,2017(6):104-107.
[38] 徐坚.成果导向教育对建设我国高职院校质量保障体系的启示[J].职教论坛,2017(18):11-18.
[39] 王晓典,田文君,陈桂香.成果导向教育的理论内涵及对高职教育改革的启示[J].职业技术教育,2018(8):26-31.
[40] 刘苗苗.职业教育改革行稳致远[J].新华月报,2018(5):54-56.
[41] 丁荣晖.高职院校人才培养模式改革研究——基于成果导向的教育理念[J].科教导刊,2017(22):7-8.
[42] 郝双美.基于顶层设计的高职院校教学改革路径探索——以大连职业技术学院为例

[J].辽宁高职学报,2017(2):48-51.

[43] 教育部,财政部.关于实施中国特色高水平高职学校和专业建设计划的意见[EB/OL].[2019-04-01].http://www.moe.gov.cn/srcsite/A07/moe_737/s3876_qt/201904/t20190402_376471.html.

[44] 曹乃志.OBE理念在我国高等职业教育改革中的应用研究[J].职业教育研究,2025(4):28.

[45] 姚裕群,刘家珉.职业生涯规划与发展[M].3版.首都经济贸易大学出版社,2009.

[46] 马雷.职业生涯规划[M].北京:电子工业出版社,2022.

[47] 胡涛.多元主体协同的专业学位授权点自我评估框架体系研究[J].北京教育,2020(11):15.

[48] 李家成.论教育活动中他人评价与自我评价的结合[J].教育评论,1999(1):36.

[49] 沈烈荣,姜金伟.他人评价、自我同一性发展与青少年逆反心理成因分析[J].心理,2011(2):178.

[50] 马欣,隋中,王淑华.建立新型的教师评价制度[J].工会论坛,2004(4):92.

[51] 辜美惜.中国大学生自我验证动机和自我提高动机研究[J].社会心理科学,2023(96):55-56.

[52] 庄小满.小学教师职业自我概念与校园人际互动[D].武汉:华中师范大学,2007.

[53] 朱海英.儿童自我概念与重要他人评价的相关研究[D].广州:华南师范大学,2002.

[54] 王晓霞.高三学生考试焦虑影响因素调查[D].太原:山西大学,2006.

[55] 刘婕纾.高职院校青年教师职业适应性提升路径探究[J].辽宁高职学报,2024(2):20.

[56] 诸鑫鑫,虞杰.聚焦职业适应性,打造"成长会客厅"协同育人德育模式[J].中小学心理健康教育,2023(7):21.

[57] 潘自影.探析职业适应性研究[J].继续教育研究,2013(11):50-53.

[58] 刘权.高职毕业生职业素质对职业适应性的影响与对策[J].机械职业教育,2023(9):45-49.

[59] 李政.增强职业技术教育适应性:理论循证、时代内涵和实践路径[J].西南大学学报(社会科学版),2022,48(2):133-143.

[60] 卢晓中,吴结.职业教育人才培养适应性评价指标设计及其应用路径[J].教育发展研究,2015(1):76-79.

[61] 徐莉亚.职业教育专业设置与产业结构适应性分析[J].教育与职业,2016(3):5-8.

[62] 赵晶晶,张智,盛玉雪.我国高等职业教育区域布局动力因素与适应性特征研究[J].国家教育行政学院学报,2020(10):78-85.

[63] 徐国庆.职业教育课程论[M].上海:华东师范大学出版社,2015.

[64] 西伦.制度是如何演化的:德国、英国、美国和日本的技能政治经济学[M].王星,译.上海:上海人民出版社,2010.

[65] 王星.走向技能社会:国家技能形成体系与产业工人技能形成[M].北京:中国工人出版社,2021.

[66] 李政,刘宁.我国终身职业教育与技能培训制度构建:一个嵌入性视角的分析[J].职

业技术教育,2021(13):32-37.

[67] 郝天聪,石伟平.从松散联结到实体嵌入:职业教育产教融合的困境及其突破[J].教育研究,2019(7):102-110.

[68] 庄西真.技能人才成长的二维时空交融理论[J].职教论坛,2017(34):20-25.

[69] 闫广芬,石慧.改革开放40年来职业教育"中国模式"的内生重构[J].西南大学学报(社会科学版),2019(1):1-89.

[70] 李政,徐国庆.我国职业教育治理结构转型:内涵、困境与突破[J].西南大学学报(社会科学版),2020(4):78-85.

[71] 徐国庆.职业教育实现现代化的关键是完善国家基本制度[J].华东师范大学学报(教育科学版),2021(2):1-14.

[72] 魏新凯.马克思恩格斯职业道德教育思想研究[J].新课程研究(中旬刊),2014(11):6-8.

附录
霍兰德职业兴趣测试

美国心理学家霍兰德认为职业兴趣有六种类型——现实型（R）、研究型（I）、艺术型（A）、社会型（S）、企业型（E）、常规型（C），并因此编制了一份职业兴趣测量表，它可以指导人们进行正确的职业选择，帮助个人了解哪种类型的工作比较适合自己，同时也可以协助个人了解工作的内容及环境。

一、霍兰德职业兴趣测量表

霍兰德职业兴趣测量表（附表1）一共有90道题，做完这些题目大约需要花费10～15分钟。请根据对每一道题目的第一印象作答，不必仔细推敲，答案没有好坏、对错之分。具体的填写方法是，根据自己的情况选择符合或不符合（在符合或不符合下打"√"）。

附表1 霍兰德职业兴趣测量表

题号	题目	符合	不符合
1	强壮而敏捷的身体对我很重要		
2	我必须彻底地了解事情的真相		
3	我的心情受音乐、色彩和美丽事物的影响极大		
4	和他人的关系丰富了我的生命并使它有意义		
5	我自信会成功		
6	我做事必须有清楚的指引		
7	我擅长自己制作、修理东西		
8	我可以花很长的时间去想通事情的道理		
9	我重视美丽的环境		
10	我愿意花时间帮别人解决个人危机		
11	我喜欢竞争		
12	我在做一件事情前会花很多时间去计划		
13	我喜欢使用双手做事		
14	探索新构思使我满意		
15	我会寻求新方法来发挥我的创造力		
16	我认为能把自己的焦虑和别人分担是很重要的		
17	成为群体中的关键任务执行者对我很重要		

续表

题号	题目	符合	不符合
18	我对于自己能重视工作中的所有细节感到骄傲		
19	我不在乎工作把手弄脏		
20	我认为教育是个发展及磨炼脑力的终身学习过程		
21	我喜欢非正式的穿着,喜欢尝试新颜色和新款式的衣服		
22	我常能体会到某人想要和他人沟通的需要		
23	我喜欢帮助别人不断改进		
24	我在决策时,通常不愿冒险		
25	我喜欢购买小零件,并把它们做成成品		
26	有时我长时间阅读,玩拼图游戏,冥想生命本质		
27	我有很强的想象力		
28	我喜欢帮助别人发挥天赋和才能		
29	我喜欢监督事情,直至完工		
30	我如果面对一个新情景,则会在事前做充分的准备		
31	我喜欢独立完成一项任务		
32	我渴望阅读或思考任何可以引发我好奇心的东西		
33	我喜欢尝试创新的概念		
34	如果我和别人发生矛盾,那么我会不断尝试化干戈为玉帛		
35	我认为要成功就必须定高目标		
36	我喜欢为重大决策负责		
37	我喜欢直言不讳,不喜欢转弯抹角		
38	我在解决问题前,必须对问题进行彻底分析		
39	我喜欢重新布置我的环境,使其与众不同		
40	我经常借着和别人交谈来解决自己的问题		
41	我常想起草一个计划,但想让别人完成这个计划的细节		
42	准时对我来说非常重要		
43	从事户外活动令我神清气爽		
44	我总是不断地问为什么		
45	我喜欢自己的工作能够抒发我的情绪和感觉		
46	我喜欢帮助别人找可以和他人相互关注的办法		
47	我认为能够参与重大决策是件兴奋的事情		
48	我经常保持清洁,喜欢有条不紊		
49	我喜欢周边环境简单而实际		
50	我会不断地思索一个问题,直到找出答案为止		
51	大自然的美深深地触动我的心灵		
52	亲密的人际关系对我很重要		
53	升迁和进步对我极为重要		

续表

题号	题目	符合	不符合
54	当把每日工作计划好时,我会较有安全感		
55	我不害怕过重的工作负荷,且知道工作的重点		
56	我喜欢能使我思考、给我新观念的书		
57	我希望能看到艺术表演、戏剧性好的电影		
58	我对别人的情绪低落相当的敏感		
59	能影响别人使我感到兴奋		
60	当答应一件事时,我会尽力监督所有细节		
61	我希望粗重的肢体工作不会伤害任何人		
62	我希望能学习所有感兴趣的科目		
63	我希望能做些与众不同的事		
64	我对别人的困难乐于伸出援手		
65	我愿意冒一点险以求进步		
66	当遵循成规时,我感到安全		
67	我在选车时,最先注意的是好的引擎		
68	我喜欢能刺激我思考的话		
69	当从事创造性的工作时,我会忘掉一切旧经验		
70	我对社会上有许多人需要帮助感到关注		
71	我认为说服别人依计划行事是件有趣的事情		
72	我擅长检查细节		
73	我通常知道如何应付紧急事件		
74	我认为阅读新发现的书是一件令人兴奋的事情		
75	我喜欢美丽、不平凡的东西		
76	我经常关心孤独、不友善的人		
77	我喜欢讨价还价		
78	我花钱时小心翼翼		
79	我用运动来保持强壮的身体		
80	我经常对大自然的奥秘感到好奇		
81	我认为尝试不平凡的新事物是一件相当有趣的事情		
82	当别人向我诉说他的困难时,我是个好听众		
83	做事失败后,我会再接再厉		
84	我需要确切地知道别人对我的要求是什么		
85	我喜欢把东西拆开,看看能否修理他们		
86	我喜欢研读所有的事实,再有逻辑地做出决定		
87	没有美丽事物的生活,对我而言是不可思议的		
88	人们经常告诉我他们的问题		
89	我常能借着资讯网络和别人取得联系		
90	我认为小心谨慎地完成一件事是一件有成就感的事情		

二、评分标准

根据不同职业兴趣对应的题号(附表2),进行计分。一种职业兴趣代表一种职业类型。一个类型所得分数越高,说明你越适合这种类型的职业。

附表2 不同职业兴趣对应的题号

现实型	1	7	13	19	25	31	37	43	49	55	61	67	73	79	85
研究型	2	8	14	20	26	32	38	44	50	56	62	68	74	80	86
艺术型	3	9	15	21	27	33	39	45	51	57	63	69	75	81	87
社会型	4	10	16	22	28	34	40	46	52	58	64	70	76	82	88
企业型	5	11	17	23	29	35	41	47	53	59	65	71	77	83	89
常规型	6	12	18	24	30	36	42	48	54	60	66	72	78	84	90

注:表中的数字代表附表1中的题号。

请算出每种类型打"√"的数目,并填在下面:

现实型_____ 研究型_____ 艺术型_____ 社会型_____ 企业型_____ 常规型_____。

将上述分数从高到低依次排好,并填在下面:

第一位_____ 第二位_____ 第三位_____ 第四位_____ 第五位_____ 第六位_____。

霍兰德认为,大多数人都并非只有一种性向(比如,一个人的性向中很可能同时包含社会性向、现实性向和研究性向三种性向)。一个人根据自己感兴趣的方向选择工作,就能更加积极地、愉快地从事该工作。

三、测试结果与职业匹配对照表

附表3为测试结果与职业匹配对照表。

附表3 测试结果与职业匹配对照表

类型	职业
RIA	牙科技术员、陶工、建筑设计员、模型工、细木工、制作链条的专业人员
RIS	厨师、林务员、跳水员、潜水员、染色员、电器修理工、眼镜制作工、电工、纺织机器装配工、服务员、装玻璃的工人、发电厂工人、焊接工
RIE	建筑和桥梁工程工作人员、环境工程工作人员、航空工程工作人员、公路工程工作人员、电力工程工作人员、信号工程工作人员、电话工程工作人员、一般机械工作人员、自动工程工作人员、矿业工程工作人员、海洋工程工作人员、制图员、家政经纪人员、计量员、农民、农场工人、农业机械操作工作人员、清洁工、无线电修理工、汽车修理工、手表修理工、管工、线路装配工、工具仓库管理员
RIC	船上工作人员、接待员、杂志保管员、牙医助手、制帽工、磨坊工、石匠、机器制造人员、机车(火车头)制造人员、农业机器装配工、汽车装配工、缝纫机装配工、钟表装配和检验工、电动器具装配工、鞋匠、锁匠、货物检验员、电梯维修工、装配工、托儿所所长、钢琴调音员、印刷工、钢筋工、卡车司机

续 表

类型	职业
RAI	手工雕刻工、玻璃雕刻工、制作模型人员、木工、制作皮革品人员、手工绣花工、排字工、印刷工、图画雕刻工、装订工
RSE	消防员、警察、门卫、理发师、房间清洁工、屠夫、锻工、开凿工人、管道安装工、出租车驾驶员、货物搬运工、送报员、勘探员、娱乐场所服务员、起卸机操作工、灭害虫者、电梯操作工、厨房助手
RSI	纺织工、编织工、农业学校教师、某些职业课程（诸如艺术、商业、技术、工艺课程）的教师、雨衣上胶工
REC	抄水表员、保姆、实验室动物饲养员、动物管理员
REI	轮船船长、航海领航员、船舶驾驶员、实验员
RES	旅馆服务员、家畜饲养员、渔民、渔网修补工、水手长、收割机操作工、搬运行李的工人、公园的服务人员、救生员、登山导游、火车工程技术员、建筑工作人员、铺轨工人
RCI	测量员、勘测员、仪表操作者、农业工程技术人员、化学工程技师、民用工程技师、石油工程技师、资料室管理员、探矿工、煅烧工、烧窑工、矿工、炮手、保养工、磨床工、取样工、样品检验员、纺纱工、漂洗工、电焊工、锯木工、刨床工、制帽工、手工缝纫工、油漆工、染色工、按摩师、木匠、农民建筑工作人员、电影放映员、勘测员助手
RCS	公共汽车驾驶员、一等水手、游泳池服务员、裁缝、建筑工作工人、石匠、烟囱修建工、混凝土工、电话修理工、邮递员、矿工、裱糊工人、纺纱工
RCE	打井工、吊车驾驶员、农场工人、邮件分类员、铲车司机、拖拉机司机
IAS	普通经济学家、农场经济学家、财政经济学家、国际贸易经济学家、实验心理学家、工程心理学家、心理学家、哲学家、内科医生、数学家
IAR	人类学家、天文学家、化学家、物理学家、医学病理学家、动物标本剥制者、化石修复者、艺术品管理者
ISE	营养学家、饮食顾问、火灾检查员、邮政服务检查员
ISC	侦察员、电视播音室修理员、电视修理服务员、验尸员人员、编目录者、调查研究者
ISR	水生生物学者、昆虫学者、微生物学家、配镜师、矫正视力者、细菌学家、牙科医生、骨科医生
ISA	实验心理学家、普通心理学家、发展心理学家、教育心理学家、社会心理学家、临床心理学家、目标学家、皮肤病学家、精神病学家、妇产科医师、五官科医生、医学实验室技术专家、民航医务人员、护士
IES	细菌学家、生理学家、化学专家、地质专家、地理物理学专家、纺织技术专家、医院药剂师、工业药剂师、药房营业员
IEC	档案保管员、保险统计员
ICR	质量检验技术员、地质学技师、工程师、法官、图书馆技术辅导员、计算机操作员、医院听诊员
IRA	地理学家、地质学家、声学物理学家、矿物学家、古生物学家、石油学家、地震学家、气象学家、原子和分子物理学家、电学和磁学物理学家、设计审核员、人口统计学家、数学统计学家、外科医生、城市规划师、气象员
IRS	流体物理学家、物理海洋学家、等离子体物理学家、农业科学家、动物学家、食品科学家、园艺学家、植物学家、细菌学家、解剖学家、动物病理学家、作物病理学家、药物学家、生物化学家、生物物理学家、细胞生物学家、临床化学家、遗传学家、分子生物学家、质量控制工程师、地理学家、兽医、放射性治疗技师
IRE	化验员、化学工程师、纺织工程师、食品技师、渔业技术专家、材料和测试工程师、电气工程师、土木工程师、航空工程师、行政官员、冶金专家、原子核工程师、陶瓷工程师、地质工程师、电力工程量、口腔科医生

续 表

类型	职业
CIE	打字员、统计员、支票记录员、订货员、校对员、办公室工作人员
CIR	校对员、工程职员、海底电报员、检修计划员
CSE	接待员、通讯员、电话接线员、卖票员、旅馆服务员、商学教师、旅游办事员
CSR	运货代理商、铁路职员、交通检查员、办公室通信员、出纳员、银行财务职员
CSA	秘书、图书管理员、办公室办事员
CER	邮递员、数据处理员、办公室办事员
CEI	推销员、经济分析家
CES	银行会计、记账员、法人秘书、速记员、法院报告人
ECI	银行行长、审计员、信用管理员、地产管理员、商业管理员
ECS	信用办事员、保险人员、进货员、海关服务经理、售货员,购买员、会计
ERI	建筑物管理员、工业工程师、护士长、农场管理员、农业经营管理人员
ERS	仓库管理员、房屋管理员、货栈监督管理员
ERC	邮政局长、渔船船长、机械操作领班、木工领班、瓦工领班、驾驶员领班
EIR	科学、技术和有关周期出版物的管理员
EIC	专利代理人、鉴定人、运输服务检查员、安全检查员、废品收购人员
EIS	警官、侦察员、交通检验员、安全咨询员、合同管理者、商人
EAS	法官、律师、公证人
EAR	展览室管理员、舞台管理员、播音员、驯兽员
ESC	理发师、裁判员、政府行政管理员、财政管理员、工程管理员、售货员、职业病防治人员、商业经理、办公室主任、人事负责人、调度员
ESR	家具售货员、书店售货员、公共汽车的驾驶员、日用品售货员、护士长
ESI	博物馆管理员、图书馆管理员、古迹管理员、饮食业经理、地区安全服务管理员、技术服务咨询者、超级市场管理员、零售商品店的店员、批发商、出租车服务站调度员
ESA	博物馆馆长、报刊管理员、音乐器材售卖员、导游、轮船上的事务长、飞机上的服务员、船员、法官、律师
ASE	戏剧导演、舞蹈教师、广告撰稿人、报刊专栏作者、记者、演员、英语翻译
ASI	音乐教师、乐器教师、美术教师、管弦乐指挥、合唱队指挥、歌星、演奏家、哲学家、作家、广告经理、时装模特
AER	新闻摄影师、电视摄影师、艺术指导人员、录音指导人员、丑角演员、魔术师、木偶戏演员、骑士、跳水员
AEI	音乐指挥、舞台指导、电影导演
AES	流行歌手、舞蹈演员、电影导演、广播节目主持人、舞蹈教师、口技表演者、喜剧演员、模特
AIS	画家、作家、编辑、评论家、时装艺术大师、新闻摄影师、演员、文学作者
AIE	花匠、皮衣设计师、工业产品设计师、剪影艺术家、复制雕刻品大师
AIR	建筑师、画家、摄影师、绘图员、雕刻家、环境美化工、包装设计师、绣花工、陶器设计师、漫画工
SEC	社会活动家、退伍军人服务官员、教育咨询者、宿舍管理员、旅馆经理、饮食服务管理员
SER	体育教练、游泳指导

续 表

类型	职业
SEI	大学校长、学院院长、医院行政管理员、历史学家、经济学家、职业学校教师、资料员
SEA	娱乐活动管理员、国外服务办事员、社会服务助理、一般咨询者、宗教教育工作者
SCE	部长助理、福利机构职员、生产协调人员、环境卫生管理人员、戏院经理、餐馆经理、售票员
SRI	外科医师助手、医院服务人员
SRE	体育教师、职业病治疗者、体育教练、专业运动员、房管员、儿童家庭教师、警察、引座员、传达员、保姆
SRC	护理员、护理助理、医院勤杂工、理发师、学校儿童服务人员
SIA	社会学家、心理咨询者、学校心理学家、政治科学家、大学或学院的系主任、大学或学院的教育学教师、大学农业课程的教师、大学法律课程的教师、大学建筑课程的教师、大学数学教师、医学教师、物理教师、大学社会科学教师、生命科学教师、研究生助教、成人教育教师
SIE	营养学家、饮食学家、海关检查员、安全检查员、税务稽查员、校长
SIC	描图员、兽医助手、诊所助理、体检检查员、娱乐指导者、监督缓刑犯的工作者、咨询人员、社会科学教师
SIR	理疗员、救护队工作人员、医生、职业病治疗助手

霍兰德职业兴趣测量表作为一种有效的职业兴趣评估工具,对于个人的生涯规划具有重要的借鉴意义。它不仅能够帮助个人更好地了解自己,还能够提供科学的依据,指导个人在职业选择、职业发展和教育决策中做出更合适的选择。通过该表的指导,个人可以更清晰地规划自己的职业生涯,实现个人与职业的最佳匹配,从而获得更高的职业满意度和生活质量。